ein Ullstein Buch

Vom gleichen Autor
in der Reihe der
Ullstein Bücher:

Liebe im Schnee (2638)
Deutschland kann lachen (2736)

Ullstein Buch Nr. 3005
im Verlag Ullstein GmbH,
Frankfurt/M – Berlin – Wien

Originaltitel:
»Venus mit Herz und Köpfchen«
»Müssen Berliner so sein . . .«
Vom Autor bearbeitete Auswahl

Umschlagentwurf:
Bodo Köchel

Mit Genehmigung der
Argon Verlags GmbH, Berlin

Printed in Germany
Gesamtherstellung: Ebner, Ulm
ISBN 3 548 13005 4

S. Fischer-Fabian

Berlin-Evergreen

Bild einer Stadt
in sechzehn Porträts

ein Ullstein Buch

Inhalt

Müssen Berliner so sein . . .

»Einjeborner, jehm Se mal die Sense her, ick will 'n bißken Edelweiß mähn.«

Ob sie so sein müssen, die Berliner, das fragte sich das restliche Deutschland seit jenem Tag, da man ihre Stadt zur Hauptstadt des Reiches gemacht hatte. Und seit Anno 1871 pflegten viele Deutsche bei dieser Frage den Kopf zu schütteln. Denn die Berliner waren — geben wir es ruhig gleich zu — nicht überall beliebt. Wo sie auftraten, war Lärm, wo sie den Mund öffneten, war Überheblichkeit. In Berlin ging das ja noch. Da fiel die große Schnauze keinem weiter auf, da war man unter sich — von den paar Provinzlern, die man schlicht »Kaffern« nannte, abgesehen. Schlimm aber wurde das, wenn der Berliner auf Reisen ging. Da entstand dann der Typ des »Ham-Se-kein-Jrößern?«-Berliners. Der reiste durch die Lande mit dem festen Vorsatz, sich auf keinen Fall imponieren zu lassen. Das wäre doch jelacht. Der ewige Schnee auf den alpenglühenden Zinnen des Salzkammerguts veranlaßte ihn lediglich zu der Bemerkung: »Zu Hause sind wir froh, wenn wir'n los sind, und hier soll ick mir freuen, det er noch da is.« Und ist der schiefe Turm von Pisa noch so schief, Herr Krause aus Schöneberg klopfte nach einem winzigen Augenblick der Verblüffung dem Fremdenführer auf die Schulter und sagte: »Unsa Funkturm steht kerzenjrade, Jott sei Dank, stänta aber schief, würda zehnmal so schief stehn, Männeken!« Auf diese Art macht man sich nicht beliebt. Und der Schlaganfall jenes Bajuwaren wird verständlich, der nach einer Rundfahrt durch die Märchenlandschaft um Berchtesgaden den berlinischen Kommentar hören mußte: »Immer, wenn wir wat sehen wollten, kam'n Berg dazwischen.«

Selbstverständlich waren nicht alle Berliner so. Aber die wenigen, die damals das Jelände außerhalb ihres Dunstkreises unsicher machten — das Reisen war ja noch nicht Mode geworden —, wurden als Repräsentanten Berlins angesehen. Dabei war dieses Sich-nicht-imponieren-lassen im Grunde nichts anderes als eine zu einer Untugend übertriebene Tugend. Dahinter stand und steht jenes trotzig-skeptische »Na und?!«, ohne das der Berliner wohl gar nicht mehr sein konnte. Es hat ihm geholfen, auch die lausigsten Zeiten zu überstehen. Weltkriege zum Beispiel, Inflationen, Bomben, Braune, Rote,

Sektoren, Blockaden und Freistadtpläne. Goethe hat es gemerkt, als er nach seinem Berlin-Trip das berühmte Wort vom verwegenen Menschenschlag sprach, bei dem man mit der Delikatesse nicht weit reiche, sondern Haare auf den Zähnen haben müsse, um sich über Wasser zu halten. Auch der berüchtigte italienische Hochstapler Cagliostro bekam diese Skepsis zu spüren; was aus der ätzenden Bemerkung hervorgeht, mit der er der Spree damals den Rücken kehrte: »Berlin — ekelhafte Stadt! Kein Mensch glaubt einem was.«

Berlin stieß eben ab, oder es zog an. Beides aber, das Anziehende und das Abstoßende, äußerte sich immer mit elementarer Wucht. Es gab ein kräftiges »Nein!« oder ein leidenschaftliches »Ja!« zu dieser Stadt, es gab nie ein lauwarmes »J-ein«. Der hohe kirchliche Herr, der im Jahre 1505 in der kurfürstlichen Metropole weilte, gehört entschieden zu den Nein-Sagern.

»Die Einwohner hier«, grollte er, »sind gut, aber zu rauh und ungelehrt, sie lieben mehr die Schmausereien und den Trunk als die Wissenschaften. Selten findet man einen Mann, der die Bücher liebt, sondern aus Mangel der Erziehung ziehen sie die Gesellschaften, den Müßiggang und die Pokale vor. Die Ausschweifung im Trinken wird von ihnen nicht für ein Laster gehalten, doch gibt es auch viele unter ihnen, die sich dessen enthalten, und die Einzöglinge aus Franken und Schwaben, wie ich oft bemerkte, sind noch mehr dem Soff ergeben als die Landeseinwohner. Im übrigen kann man von ihnen sagen, daß sie durch die vielen Festtage und durch ihre Faulheit zur Armut gebracht werden und daß sie durch das viele Fasten und den Soff ihren Tod beschleunigen, zumal sie hierin alle übrigen Teutschen übertreffen ...«

Das ist starker Tobak. Aber da wir gerade dabei sind, wollen wir mal weiter aufs Schlimme hauen. Der Herr Burgtheaterdirektor Heinrich Laube zum Beispiel muß ein dickes Haar in der Spreeathener Suppe gefunden haben, denn anders lassen sich seine Worte aus dem Jahre 1837 nicht erklären.

»Der Berliner«, schimpft er erbittert, »ist grob, zanksüchtig, ohne Sentimentalität, eitel; mit Berlin und dessen Weise ist für den Berliner alles erschöpft; er hat keinen Maßstab als diesen. Er weiß nicht nur alles, er weiß alles besser. Alles, was anders ist, ist schlecht.«

Ernst Moritz Arndt war ähnlicher Meinung. Er protestierte gegen die arrogante Behauptung, daß von Berlin »das deutsche Licht und jedes edlere Streben« ausgegangen sei. »Nein, vom Süden her und aus der Mitte Germaniens«, rief Arndt, »kam deutsche Kraft und jede edlere Bildung. Die Berliner, ähnlich wie die Gaskogner, haben häufig die Ausrufer dessen gemacht, was anderswo getan und gemacht war.«

Der russische Revolutionär Michail Alexandrowitsch Bakunin, der nach 1841 lange Zeit in Berlins Mauern weilte, fand zwar das Leben preiswert und das Theater gut, die Einwohner selbst dagegen bezeichnete er als schreckliche Philister und höchst lächerliches Volk. Zum Beweis führte er unter anderem das Schild am Hause eines Berliner Schneiders an. Über dem Bildnis des preußischen Adlers standen dort die sinnigen Worte: »Unter deinen Flügeln kann ich ruhig bügeln.« Auch sonst scheint manches zu dieser Zeit faul gewesen zu sein im Städtchen Berlin.

»Hierorts kannst du unaufhörlich deine Nase im Schnupftuch tragen«, heißt es in einem Brief aus der Wende vom achtzehnten zum neunzehnten Jahrhundert, »denn gegen Morgen duften noch die Ausbeuten der in die Rinnsteine entleerten Nachtstühle dir entgegen. Wenig sieht man darauf, tote Hunde und Katzen zu entfernen. Die Straßen sind so schlecht gepflastert, daß jeder Fremde über Schmerzen in den Fußsohlen klagt.«

Es sind also allerhand Brennesseln unter den Lorbeeren, die sich Berlin im Laufe der Jahrhunderte verdient hat. Daß man sie in einem Buch über die Berliner unbedenklich servieren darf, spricht für unsere Hauptdarsteller. Die sind viel zu selbstbewußt, um deshalb auf die nächste Barrikade zu steigen.

Wenn sie gerührt sind, zeigen sie es nicht gern. Es gibt da eine wundervolle Geschichte von einem Schaffner, der am Totensonntag auf seinem Bus Dienst macht. Die Buslinie führt an vielen Friedhöfen vorbei, seit sechs Stunden drängt sich der Mann beim Kassieren durch schwarzgekleidete Fahrgäste, die düstere Mienen und streng duftende Kränze tragen; draußen nieselt's, und es ist überhaupt alles so trostlos. Und als der Bus wieder mal vor dem Portal eines Gottesackers hält, da ruft der Schaffner mit halblauter Stimme aus: »Lankwitz Friedhof — heute am Totensonntag wieder mal ganz groß.«

Sentimentalität gestatten sich Berliner nur, wenn sie fern von Havel und Panke ihr Heimweh nach'n Kudamm rausschluchzen. Dann aber gründlich! Die hellen Kullertränen laufen ihnen in die gefüllten Whiskygläser, wenn in irgendeiner wirtschaftswunderlichen Bar gegen Morgen das Lied vom Koffer ertönt, der noch in Berlin steht; oder wenn einer Robert Gilberts wehmutsvoll-schnoddrige» Erinnerungen« rezitiert.

Ick möcht so jerne mal in Werder wieder
zur Baumblüte sein
beim Johannisbeerwein.
Der fährt wie een süß-saurer Schreck in die Jlieder,
und am Weje nach Haus
fährt er jleich wieder 'raus.

Ick möcht so jerne mal in Wannsee wieder
ins Freibad jehn
und Kulickes planschen sehn.
Dann kriegt meine Braut den jeklemmten Flieder,
und ick krieg'n Kuß
und 'ne Weiße mit'n Schuß.

Ick möcht so jerne uff'n Haveldampfer
die Havel lang
mit Männerjesang.
Auf der Pfau'ninsel riecht et nach Sauerampfer
und in Sanssouci
nach dir, Marie.

Ick hätte so jerne noch manches jerochen,
selbst det Stullenpapier
im Paulsborner Revier.
Da konnten Familien Kaffee kochen,
und der Kaffee — nee,
det war keen Kaffee.

Det Klo war am Restaurant anjewinkelt,
da durfte man dann
für'n Sechser pro Mann.
Und Vater saachte: Die Mark wird verpinkelt,
dann hauen wir ab —
ja, 's Geld war schon knapp.

Und zum Briefträjerball in de Hasenheide,

mit'n Chemisett
wie'n Büjelbrett.
Und die Meechen die reine Augenweide,
noch im Knospenalter,
ohne Büstenhalter.

Und die letzte Runde in der Budike
morjens um sechs —
prost, Aujust — ex!
Und dann zu der Rumpelwagenmusike
von Meester Bolle
die Abschiedsmolle.

Ja, mir fährt so ein Sehnen oft rund um die Jlieder,
und tief im Jemiet,
da wo keener mir sieht,
da is mir, als möcht' ick und müßt' ick mal wieder —
doch wat da mal war,
is schon längst nich mehr wahr.

Über fünfhunderttausend Exilberliner haben zur Zeit in der Bundesrepublik noch Gelegenheit zu solchen Klagegesängen. 500 000 — das ist einmal ganz Dresden oder Duisburg, oder zweimal Wiesbaden, oder dreimal Bielefeld. »Es hat viele Austreibungen ganzer Völker und Stämme in der Geschichte gegeben«, schrieb die »New Yorker Staatszeitung« einmal zu diesem Thema, »aber ist es jemals vorgekommen, daß rund ein Achtel der Bewohner einer Weltstadt sich gezwungen sah, im eigenen Lande außer Landes zu gehen und außer Landes zu bleiben?!«

Niedersachsen, Schleswig-Holstein und Hamburg sind am stärksten von den Spreeathener Emigranten unterwandert. Aber auch in den übrigen Ländern gibt es keine Stadt und kein Städtchen, in denen sie nicht in irgendeiner Position sitzen. Meist sind es sogenannte führende Positionen. Denn es waren nicht die schlechtesten, die aus ihrer Heimatstadt auswanderten. Was zur Folge hatte, daß der Anteil der Rentner und Schwerbeschädigten in Berlin den höchsten Prozentsatz in ganz Deutschland erreichte. Die Stammberliner, jene also, die ihren Fahnen in allen Stürmen treu geblieben sind, waren deshalb nicht immer gut zu sprechen auf die Deserteure. Doch kennt Not kein Gebot, und wer in der Heimat sein Brot nicht findet, muß es sich in der Fremde suchen.

Im Grunde ist es eine Art Wiedergutmachung, die Berlin hier leistet. Jahrhundertelang hat es den Besten Exil gewährt und die Begabtesten aus den anderen deutschen Stämmen abgezogen. Es ist erregend, sich vorzustellen, daß um das Jahr 1700 durch den Zustrom der Hugenotten jeder fünfte Berliner ein Franzose war. Kaum einer dieser Réfugiés ist zurückgegangen in seine eigentliche Heimat. Sie blieben in Berlin, und sie vermittelten jenen Schuß Esprit und Eleganz, dessen die schwerblütige berlinisch-märkische Urbevölkerung bedurfte. Böhmen, Polen, Wallonen, Holländer, Schweizer ließen ihre Elite an die Spree abwandern. Aus den Berlin umgebenden Marken, aus Pommern, aus West- und Ostpreußen strömten die unternehmungslustigsten Männer und Frauen herbei. Um 1900 war jeder zwölfte Einwohner aus Schlesien zugewandert; ein Phänomen, das der Volkswitz in das Sprichwort prägte: »Was ein echter Berliner ist, stammt aus Breslau.« Sie alle wurden von dem gewaltigen Schmelztiegel an der Spree zu dem umgeformt, was wir heute unter dem Begriff »der Berliner« verstehen. Der »Große Meyer« aus dem Jahre 1885 schildert mit leicht komischer Ernsthaftigkeit die guten und die schlechten Eigenschaften, die der Berliner diesem Völkerbabel verdankt.

Er habe, so meint Meyer, »die Ausdauer, Zähigkeit und Gemütlichkeit des Deutschen, aber auch das Phlegma, die Schwerfälligkeit und Rechthaberei des Germanen; die Tapferkeit, Leichtlebigkeit und den Esprit des Franzosen, aber auch gallische Heißblütigkeit, Eitelkeit, Großsprecherei und Rauflust; die Anstelligkeit, Sprachfertigkeit und schnelle Fassungsgabe der Slawen, aber auch ihre Sorglosigkeit, Launenhaftigkeit und Genußsucht. Von Natur ist der Berliner gutmütig, leicht gerührt, in hohem Grad wohltätig und unter Umständen großer Opfer fähig. Dagegen ist er ebenso leicht aufbrausend, zum Streit geneigt, rechthaberisch und spottsüchtig. Er kann keinen guten oder schlechten Witz unterdrücken; das ›nil admirari‹ findet unter den Berlinern zahlreiche Vertreter.«

Fangen wir mit seinem Witz an. Er ist, man möchte fast sagen, weltberühmt, doch wäre das eine echt berlinische Übertreibung, denn kein Stammeshumor ist in fremde Sprachen zu übersetzen. Soweit aber die deutsche Zunge klingt, so weit schätzt man ihn über die Maßen. Die Schweizer delektieren sich daran genauso wie die Österreicher, und selbst Bayern sollen gelegentlich das Gesicht zu einem Lächeln verzogen haben. Wie göttergleich befreiend der Berliner Humor wirken kann, das werden alle bestätigen, die mit einem Berliner zusammen waren: im Schützengraben, auf endlosen Märschen, im Luftschutzkeller oder in sonst einer trostlosen Situation. Da ist zum Beispiel das alte Ehepaar im Schreckenswinter 46; im Jrunewald stehn se vor dem ihnen vom Majistrat zugeteilten Kiefernstubben, ein winziges Rollwägelchen neben sich, der Stubben ist wie Jranit und verhöhnt jeden Beilhieb, der Mann hat offene Frostbeulen an den Flossen, bei ihr kieken die Zehen 'raus, beide haben sie nischt im Magen, und wenn sie ein Thermometer hätten, würden sie minus zwanzig Grad ablesen können. Schließlich nehmen sie ihr Wägelchen und lassen den Stubben Stubben sein. Beim Weggehen meint der Mann: »Sind selber schuld, det wa noch leben, Mutter. Bomben sind schließlich jenug jefalln.«

Das ist Berlin in einer Nuß: dieser unglaubliche Behauptungswille, der nie in Pathos mündet, sondern meist in einer dreckigen Bemerkung. Dazu gehört auch die Schlagfertigkeit, diese Gabe, mit geradezu unheimlicher Präzision und Geschwindigkeit »den Punkt« zu treffen. Man denke etwa an den Portier des Warenhauses, der von einem Herrn aus der Provinz angepflaumt wird: »Sagen Sie mal, führen Sie eigentlich auch Affen?« und, ohne eine Sekunde zu überlegen, antwortet: »Verzeihung, aber ich darf von meinem Platz nicht weg.« Hier ist das Nonplusultra geistiger Schaltfähigkeit erreicht. Hier wird so schnell reagiert, daß nur der die Pointe mitkriegt, der ebenso schnell schalten kann.

Einen erstaunlichen Gegensatz zu dieser Begabung bildet der sehr berlinische Begriff »Immer mit die Ruhe«. Tucholsky erzählt da von einem Insassen der »Plötze« (des großen Gefängnisses in Plötzensee), der folgenden philosophischen Grundsatz hatte: »Hier muß eener 'ne Ruhe haben. Sehn Se, da war mein Freund Orje Bergmann mit die acht Jahre. Wie der ankam — da war ich ooch zufällig hier —, da sage ick: ›Na, Orje‹, sage ick, ›wie lange bringste denn mit?‹ ›Et jeht, Karl‹, sagte er, ›acht Jahre sind et.‹ ›Na‹ sage ick mit meine Ruhe, ›denn jehst du ja bald!‹«

Er hat die Ruhe weg, aber er hat immer zu tun: »Die Linden lang, Galopp, Galopp, mit der Uhr in der Hand, mit dem Hut auf'm Kopp; keine Zeit, keine Zeit, keine Zeit!«, wie Walter Mehring in den zwanziger Jahren sang. Die Berliner Luft, die von führenden Balneologen als »Champagnerluft« bezeichnet wird, reizt ihn zu niederschmetternder Schaffenskraft. Plötzlich aber bleibt er stehn und hat auf einmal furchtbar viel Zei-et. Da wird jebuddelt, oder 'ne Dampframme wummert, da ist 'n herrliches Astloch, wodurch man auf eine neue Baustelle kneisten kann.

Und manchmal beschert ihm der Zufall eine richtige Keilerei: wie einst bei Homer beschimpfen sich die Helden ausführlich, um die nötige Wut zu kriegen; die kriegen sie aber selten in Berlin; unser Mann drängelt sich mang die Zuschauer, und wenn es trotz Ellenbogen nicht zu einem Logenplatz reichen will, dann ruft er von hinten: »Lauter schimpfen, hier versteht keen Aas wat!«

Für Schimpfen hat der Berliner viel übrig. In einer Kolonialstadt wie Berlin war man gezwungen, sich stets seiner Haut zu wehren, und wenn es nicht mit Fäusten sein konnte, dann eben mit dem Mund. Außerdem kommt das Schimpfen seiner Lust am Worte sehr entgegen. Als ausgesprochener Sprachschöpfer begnügt er sich nie mit sogenannten nackten Schimpfwörtern. Es ist unter seiner Würde, den anderen einen schlichten »Ochsen« oder einen »Esel« zu titulieren. Er fragt ihn lieber, ob ihn jemand als Kind mal fallen jelassen habe oder ob unter seinem Pony vielleicht 'ne Meise picke. Bei Drohungen treibt seine Phantasie geradezu abenteuerliche Sprachblüten. Der Satz »Een Schlag, und du kiekst durch die Rippen wie 'n Affe durchs Jitter« ist an Bildkraft so wenig zu überbieten wie die Feststellung, daß jeder zweite Schwinger bereits Leichenschändung sei.

Dem Volke zu lauschen, lohnt sich deshalb in Berlin besonders. Auf einem unkrautigen Ruinengrundstück in der Nähe des Potsdamer Platzes steht Orje, ein Straßenhändler, und redet mit heiserer Stimme auf sein Auditorium ein.

Orje: »Also, meine Herrschaften, det is der berühmte Bernsteinkitt, in Fachkreisen ooch Kristallpalastkitt jenannt, weil man nach dem jroßen Brand damals in London ernsthaft erwogen hatte, den janzen Kristallpalast damit wieder zusammenzukitten. Er leimt, klebt, kittet nämlich wirklich alles. Die Mannepullation is janz einfach. Man hält ihn über 'ne brennende Flamme, denn schlägt man 'nen Teller kaputt, det man wat zu kitten hat, und denn kittet man ihm. Det hält wie Eisen, sage ick Ihnen. Da kann 'n überschwerer Amipanzer drüber fahren, es schadt ihm nischt. In keene Wirtschaft sollte deswejen mein Kitt fehlen. Es kann vorkommen, det der Mann jejen Morjen völlig knille nach Hause kommt, Drachenfutter in de

Jackettasche, versteht sich, die Frau will aber nischt wissen von die Tafel Schokolade, sie jreift zum Nudelholz und hält dem Ölkopp 'ne Jardinenpredigt, bei welcher der bekannt jriechische Redekünstler Demostheenius blaß vor Neid jeworden wäre. Der Olle hört sich det an, und denn jeht er in tiefes ‚Schweijen uff'n Küchenschrank zu, nimmt det Porzellan mit die kleenen Fehler und macht aus de Wirtschaft Jänseklein. Die Frau aber bleibt janz stieke, mitten in das Gesplitter von die Scherben sagt sie, Eduard, sagt sie, ick würde mir uffrejen über dein befremdendes Benehm', aber ick reje mir nich uff, denn in meinem Besitze befindet sich noch eine kleine Tube Bernsteinkitt. Der Kitt leimt, klebt, kittet nämlich wirklich alles. Der hält wie Eisen, sage ick Ihn', da kann 'n überschwerer Amipanzer drüberfahrn . . .«

Die Zuhörer: »Es schadt ihm nischt!«

Orje: »Jawoll, meine Herrschaften, da kann wirklich 'n überschwerer . . .«

Zuhörer: ». . . Amipanzer drüberfahrn, es schadt ihm nischt.«

Orje: »Und wenn Sie ooch zum dritten Mal 'n überschweren Amipanzer drüberfahrn lassen, meine Herrschaften, det schadt ihm immer noch nischt. Also, wer will nu' den berühmten Kitt?«

Wer dem Mann eine halbe Stunde zugehört hat, wird über die professionellen Kulturpessimisten lächeln, die seit einigen Jahren behaupten, das Berlinertum stehe auf dem Aussterbeetat, der berlinische Dialekt werde vom feineren Hochdeutsch immer mehr an die Wand gedrückt, und »richtige Berliner« gebe es bald überhaupt nicht mehr. Wobei gerechterweise zugestanden sei, daß man um den Dialekt, das Berlinern, tatsächlich etwas in Sorge sein kann. Es gibt wohl keinen deutschen Stamm, der den eigenen Mutterlaut derart verfolgt, wie der Berliner es tut. Stuttgarter Mütter, die ihren Kindern das Schwäbeln verbieten, kann man sich genauso schwer vorstellen wie Münchnerinnen, die etwas gegen das Bayerische haben. In Berlin aber tönt der strenge Tadel allzu häufig: »Berlinere nicht so furchtbar, Junge!« In Schule und Elternhaus wird den kleenen Berlinern eingebleut, daß sie keineswegs so sein *müssen*. Und unausrottbar scheint die Ansicht, das Berlinische sei keine Mundart, sondern verderbtes Deutsch. Darüber hat sich schon der Professor Hans Meyer vom Grauen Kloster aufgeregt, der um die Jahrhundertwende den Mut hatte, für die Sprache seiner Heimatstadt mit einem wissenschaftlich fundierten Wörterbuch einzutreten.

»Nicht selten«, schreibt Meyer, »wird die Meinung ausgesprochen, ein gebildeter Mensch könne sich mit dem Berlinischen höchstens zum Spaß abgeben. Diesem Vorurteil kann nicht scharf genug widersprochen werden. Denn abgesehen davon, daß die Sprache der drei Millionen Einwohner Groß-Berlins das Recht hat, ernst genommen zu werden, ist diese Sprache eine *Sprache* so gut wie jede andere, eine natürlich erwachsene Mundart mit eigenem Gepräge und eigenen Gesetzen. Mit ihr verglichen, ist unsere hochdeutsche Bildungssprache ein künstliches Erzeugnis.«

Das Berlinische, das ja aus einer Verbindung des Niederdeutschen (das die ersten Kolonisten mitbrachten) mit dem Obersächsischen (das um 1500 als Amtssprache eingeführt wurde) entstanden ist, galt noch im achtzehnten Jahrhundert als durchaus hoffähig. Der Soldatenkönig berlinerte kräftig, und wenn sein Sohn, der große Friedrich, mal zufällig deutsch sprach statt französisch, dann geschah es selbstverständlich in der Spreeathener Heimatsprache. In den Briefen der beiden wimmelt es von verwechselten Mirs und Michs. Wobei der Ausdruck »verwechselt« eigentlich fehl am Platze ist. Der richtige Berliner sagt immer »mir«, auch dann, wenn es richtig ist. Er ist so stark überzeugt von der Alleingültigkeit seines Idioms, daß er den emphatischen Ausruf eines Schauspielers auf der Bühne »Leontine, ich liebe dich!« mit den nachsichtig-ironischen Worten kommentierte: »*Dich* is jut.«

Als die zu Reichtum gekommenen Kleinbürger in der zweiten Hälfte des neunzehnten Jahrhunderts neben ihren alten Gewohnheiten auch ihren Dialekt ablegen wollten, da wurde es schlimm. Mit panischer Furcht mieden sie den Dativ und gebrauchten grundsätzlich den Akkusativ: sie »michten« auf Teufel komm 'raus. Auch das »J« in der jut jebratenen Jans, die bekanntlich mit joldene Jabeln jejessen wird, wurde ihnen verdächtig. Sie mieden es wie die Pest und sagten zur Sicherheit »Guwelier« statt Juwelier. Und Frau Neureich sprach von ihrem Sohn als dem »Guniorchef«.

Jottlob hat es bis in die höchsten Kreise immer genug Berliner gegeben, die ihre Heimatsprache nicht als ordinär empfanden, sondern sie bewußt sprachen. Der olle Schadow, von dem die Quadriga auf dem Brandenburger Tor stammt, berlinerte genauso wie Goethes Duzfreund Zelter. Liebermann gestand, daß sich seine besten Gedanken nur auf berlinisch ausdrücken ließen, und Zille berlinerte sogar, als die Herren von der Akademie ihn in einem feierlichen Festakt zum Professor ernannten.

Berliner hin, Berliner her, es gibt schließlich auch noch die Berlinerin. Will sagen, daß es höchste Zeit ist, ihr einige entscheidende Worte zu widmen. Schließlich ist die Stadt Berlin ohne sie nicht denkbar, ohne die Venus mit Herz und Köpfchen. Fangen wir gleich mit einem Huldigungsgedicht an.

Mädchen, kein Casanova
hätte dir je imponiert.
Glaubst du vielleicht, was ein doofer
Schwärmer von dir phantasiert?
Sänge mit wogenden Nüstern
Romeo, liebesbesiegt,
würdest du leise flüstern:
»Woll mit die Pauke jepiekt —?«
Willst du romantische Feste,
gehst du beis Kino hin . . .
Du bist doch Mutterns Beste,
du, die Berlinerin —!

Venus der Spree — wie so fleißig
liebst du, wie pünktlich dabei!
Zieren bis zwölf Uhr dreißig,
Küssen bis nachts um zwei.
Alles erledigst du fachlich,
bleibst noch im Liebesschwur
ordentlich, sauber und sachlich:
Lebende Registratur!
Wie dich sein Arm auch preßte:
gibst dich nur her und nicht hin.
Bist ja doch Mutterns Beste,
du, die Berlinerin —!

Das hat der Kurt Tucholsky für sie geschrieben, der Klassiker des Berliner Asphalts, der die Stadt an der Spree kannte wie kaum ein zweiter. Tucholsky war in Berlin verliebt. Und in die Berlinerin.

Mit dieser Liebe steht er nicht allein. Es gibt da eine ganze Reihe von Männern mit den Lorbeeren des Ruhmes auf dem gelichteten Haar, die Mutterns Beste besungen und gespriesen haben. Blättern wir einmal in diesem Buch der (Lob-) Lieder! Die Berlinerin kann sich darauf was einbilden. Die Gefahr, daß sie eingebildet wird, besteht kaum.

»Die Berlinerin ist das lebendigste, lustigste, liebenswürdigste, klügste, treueste, pikanteste, edelste, verständnisvollste, schönste und reizvollste Geschöpf der ganzen bewohnten Erde. Erscheint dies jemandem zuviel gesagt, so mag er von den hier angewandten Eigenschaftswörtern fünf oder sechs streichen, und es bleibt noch genug!«

So sprach Gerhart Hauptmann, der Berliner aus Schlesien. Im Almanach des Berliner Presseballs 1929 kann man es nachlesen.

Ein anderer Zugereister ist Carl Zuckmayer. Mit Hauptmann verbindet ihn nicht nur dasselbe Metier, sondern auch das Schicksal, daß er in Berlin bekannt wurde, weil er durchfiel. Bei Hauptmann hieß der Durchfall »Vor Sonnenaufgang«, bei Zuckmayer war es der »Kreuzweg«. »Zuck«, wie er bald mit seinem Spitznamen an der Spree genannt wurde, Zuck sah die Berlinerin als eine Frau, »die arbeitet, schafft, kämpft, marschiert, vorwärtsdrängt, still, tapfer, zäh, voll Zukunft«.

Der Mann, der den beiden half, das zu werden, was sie wurden, hieß Alfred Kerr. Seine Kritiken im »Berliner Tageblatt« entschieden manchmal über die Zukunft der Kritisierten. Er war erbarmungslos ungalant gegen Frauen, wenn er sie in Gestalt schlechter Schauspielerinnen traf — auch wenn es Berlinerinnen waren. Um so galanter behandelte er die Frauen von Berlin privat. Die hatten es ihm angetan. So sehr angetan, daß er sich hinsetzte und eine Ode auf sie schrieb. Eine Ode mit »Römisch eins« und »Römisch zwei« und »Römisch drei«. Das war dieselbe Art, mit der er in der Theaterkritik im »Berliner Tageblatt« seine Gemeinheiten unterteilte.

I.
Sie ist nicht zu flach und nicht zu hüglig.
Das Fleisch ist vorzüglich.

II.
Sie ist nicht pathetisch: sondern nett.
Sie ist nicht graziös: sondern adrett.
(Und dufte-beredt . . . mit »ick« und »det«.)

III.
Wißt Ihr, wo Ihr die wahre Type
(Knusprig und piepe)
Der wahren Berlinerin trefft?
Im Buttergeschäft. Im Buttergeschäft.

Machen wir der Lobhudelei ein Ende. Die Berlinerin mag es nicht, wenn man sie beweihräuchert. Wer sich ihr mit dicken Komplimenten nähert, dem kann es passieren, daß sie mit einem schrägen Blick vor sich hinmurmelt: »Der will mir wohl 'ne Locke ins Jemiet brennen . . .«

Rückt man der Berlinerin etwas näher auf die Pelle, das heißt: steigt man ihr nach in die Vergangenheit, so wird man bald feststellen, daß man nicht weit zu steigen braucht. Sie ist nicht gerade eine Frau ohne Vergangenheit, aber viel davon hat sie nicht, vielleicht gute zweihundert Jährchen, und das zählt nicht, vergleicht man es zum Beispiel mit den steinalten Traditionen der Wienerin, der Pariserin oder der Römerin.

Einige fanatische Berliner Lokalpatrioten behaupten allerdings, daß bereits die erste Frau der Weltgeschichte, Urmütterchen Eva, eine Berlinerin gewesen sei, ja: gewesen sein müsse! Sie begründen das mit folgender Geschichte: Als im Paradies die leidige Sache mit dem Apfel passiert war, eilte der Erzengel mit dem Flammenschwert herbei und trieb das sündige Pärchen zum Tor hinaus. Ein paar hundert Meter hinter dem Tor verpusteten sich Adam und Eva und guckten sich um. Der Erzengel fuchtelte noch immer sehr erregt mit seinem Flammenschwert, und da sagte die Eva zum Adam: »Wenn er 'ne Flieje jemacht hat, jehn wa wieda 'rin!«

In den siebenhundert Jahren Spreeathener Geschichte hat die Berlinerin die meiste Zeit im Schatten gelebt. Während die Wienerinnen höchst geschmeichelt den Minneschlagern Walthers von der Vogelweide lauschten, begleiteten die Frauen von der Spree ihren Alten beim Fischefangen. Während den Römerinnen in der Renaissance eine Welt zu Füßen lag, beugten sich die Berlinerinnen über das Haushaltsbuch und stellten fest, daß es wieder einmal nicht reichte, um in die Geschichte einzutreten. Während der Dichter Moliére den Pariserinnen ein dramatisches Denkmal nach dem anderen setzte, dachte in Preußen niemand daran, auch nur eine Zeile an die Berlinerin zu verschwenden.

Preußen, daran lag es eben, das war kein Staat für Frauen, hier galt das Wort von den Männern, die »die Geschichte machen«. Wenn man den Frauen wenigstens erlaubt hätte, *Geschichten* zu machen. Aber nein, das war Papperlapapp, waren Kinkerlitzchen, das war, nach Meinung der Männer, keineswegs staatserhaltend und deshalb — punktum!

Die Berlinerin kam also gar nicht dazu, ihre spezifisch spreeathenischen Liebreize an den Mann oder, wie man heute so (un)schön sagen würde, »zum Tragen zu bringen«. Die Männer waren dagegen. Wie sehr sie dagegen waren, zeigt eine Broschüre aus dem Jahre 1716, die die Gewissensfrage stellt, »ob es einem Berliner Ehemann, der ein Christ seyn will, erlaubt sey, sein Eheweib, welches entweder wahrhaftig böse ist oder welches er aus ungegründeten Ursachen für böse hält, entweder mit Ohrfeigen oder mit Prügeln oder mit Riemenpeitschen oder mit anderen gewaltthätigen Mitteln abzustrafen«.

Die einzige Frau, der es damals gelang, ihr Berlinertum zu entwickeln, die hieß Sophie Charlotte und war eine Königin. Das gab ihr die Möglichkeit dazu.

Manche Historiker bezeichnen deshalb die Sophie als die erste Frau Berlins, die eine Berlinerin gewesen sei. Darüber mag man sich streiten. Es sind zu wenig Tatsachen überliefert, als daß sie ein klares Bild ihrer Persönlichkeit ergäben. Das wenige allerdings zeigt sehr berlinische Züge.

Man stelle sich dieses Bild vor: Krönung in Königsberg, im alten Schloß die Edlen des Reiches, Friedrich trägt die Königswürde bereits, seine Gemahlin ist an der Reihe. Schon schwebt die goldene Krone über ihrem blauschwarzen Haar, gehalten von den zwei Alleredelsten, da sagt die Sophie in die Totenstille des Saales hinein: »Un moment, s'il vous plaît!«, nimmt aus einer silbernen Dose zwei Finger voll Schnupftabak, stopft sie sich in die Nase, niest kräftig und erklärt sich nunmehr für die heilige Handlung bereit.

Eine Anekdote vielleicht. Sei's drum. Wie alle Anekdoten zeigt sie Charakteristisches. Sophie Charlotte residierte draußen in Lützenburg, das später nach ihr Charlottenburg genannt wurde, fern von ihrem prunkliebenden Gatten, der außer einem miesen Charakter eine Maitresse sein eigen nannte. Hier, unter den Bäumen des riesigen Schloßparks, spazierte sie mit dem Philosophen Leibniz und löcherte ihn so mit Fragen, daß er schließlich diskret vor sich hinstöhnte: »Die will das Warum vom Warum wissen.«

Die »philosophische Königin« nannte man sie. Sie machte aus Charlottenburg so etwas wie einen Musenhof. Und das zu einer Zeit, da sich die Charlottenburger Bauern noch mit den Wilmersdorfern um die Kuhweiden prügelten. Ihr Witz fesselte Dichter und Gelehrte aus aller Kronen Ländern. Ihr verdanken wir die später so berühmte Akademie der Wissenschaften zu Berlin. Ihr letztes Bonmot hatte sie sich für das Sterbebett aufgehoben. Da saß neben ihr eine Ehrendame und zerfloß. Sophie Charlotte stemmte sich hoch und flüsterte sinngemäß: »Heuln Se nich, meine Gute! Mir fällt das gar nicht schwer, wenn ich daran denke, mit welcher Wonne der König aus mein' Begräbnis 'ne Attraktion machen wird.«

Venus mit Herz und mit Köpfchen, die Berlinerin, wo find' ick'n dir heute? Doch nicht etwa nur im Buttergeschäft, wie dieser Kerr behauptet, nein! Man trifft dich überall dort, wo das Berliner Leben noch echt und unverfälscht ist. Bei den Laubenpiepern zum Beispiel, den letzten Kolonisten, mang den Jrünkohl stehst du da und spürst dunkel im Blut die ackerbauenden Urgroßmütter. Man findet dich in freier Wildbahn noch in Neuköllns Ballhäusern: Hier sitzt de mit deine Freundin vor 'n kleenes Helles, tanzt ab und zu 'n Boogie und freust dir, daß morgen Sonntag is; dein dufter Herr bringt dir zurück an den Tisch, und du lispelst Susi'n zu: »Ville redt er ja nich, aber wat er sacht, is Keese.«

Sonntags stehst du manchmal auf dem Sportplatz und stellst fest, daß der Mittelstürmer, die Pfeife, anscheinend nicht alle Hühner auf der Stange hat. Oder du gehst über den Kudamm und siehst dir Dinge an, die du dir selten leisten kannst — was deinem Vergnügen aber keinen Schaden tut, Neid kennst du nämlich nicht.

Man trifft dich auf dem Wochenmarkt, vor dem Ladentisch und hinter dem Ladentisch. Im kleinen Kino an der Ecke und bei den großen Ausverkaufsschlachten. Man trifft dich auch auf dem Balkon, wo du die Geranien wässerst, die du nun schon das sechste Jahr im Keller über den Winter gebracht hast.

Auf einem Balkon trafen wir auch Elisabeth Krause. Der Balkon hing an einer jener grauen Mietskasernen, wie es sie im Norden Berlins immer noch zu Tausenden gibt: abbröckelnde Stuckfassade, ein Vorderhaus, zwei Seitenflügel. Im Flur der stille Portier: »Kulicke, Jedamski, Schnoor — 4. Stock — Braumüller, Plaschke, Pachulke — 3. Stock ...« Auf dem Hof drei Müllkästen, eine Teppichstange trägt das verrostete Schild: »Das Spielen von Kindern ist ... Der

Wirt.« In der Ecke bemühen sich zwei mickrige Rotdorne und eine Hortensie, den Ausdruck »Gartenhaus« zu erklären.

Den Namen Krause wird man sich nicht merken müssen. Er füllt im Berliner Adreßbuch etliche Seiten. Es ist ein ganz gewöhnlicher Berliner Name. Frau Krause ist ja auch eine ganz gewöhnliche Berlinerin. Aber sie hat alles erlebt, was dieser Stadt in einem halben Jahrhundert so zugestoßen ist. Damit verkörpert sie ein Stück Berliner Geschichte. Ein Stück deutsches Schicksal. Es lohnt sich schon, dieses Schicksal einmal aufzurollen.

Frau Krause in Berlin N

Die Geranien, die sind einfach herrlich diesmal. Frau Krause stellt die Gießkanne, die keine ist, sondern ein Kaffeekessel, auf den Balkontisch. Sie findet ihre Geranien in jedem Jahr »besonders herrlich«. Wenn sie nur nicht so stinken wollten! Aber das findet sie auch in jedem Jahr. Trotzdem kann sie es nicht lassen, daran zu schnuppern. Der Geruch könnte ja besser geworden sein. Sie nimmt einen Blechlöffel und lockert die Erde. Irgendwo läuten die Glocken. Das wird heute ein schöner Tag. Vom unteren Balkon meldet sich Herr Plaschke: »Es drippt wieder, Frau Krause!« Frau Krause beugt sich lebensgefährlich weit nach vorn, um sich zu entschuldigen, da klingelt es. Sie hakt die Kette aus und öffnet die Flurtür. Draußen steht die Nachbarin.

»Fisch jibt es«, keucht sie — vier Treppen sind nichts für Asthma —, »beeilen Sie sich aber, sonst . . .« Für den Rest reicht die Luft nicht mehr. Frau Krause versteht auch so. Sie hat das Pech gehabt, 1945 den falschen Sektor zu erwischen, und weiß, was das »Sonst« bedeutet. Sie nimmt das Netz vom Kleiderhaken und ruft in die Küche: »Na, denn komm man, Lumpi!« Lumpi ist ein zehn Jahre alter Dackel, der verfügt über einen treuherzig dämlichen Blick und über einen Bauch, der beim Laufen gelegentlich über den Boden schleift. Schön ist er nicht, und einen einwandfreien Stammbaum hat er auch nicht. Er gehört zur verbreiteten Familie der Berliner Asphaltmischungen. Frau Krause liebt ihn mit zärtlicher Rauheit. Seitdem sie ihren Mann vor zwei Jahren begraben hat, ist Lumpi ihre einzige Stütze.

Das stimmt übrigens nicht ganz, denn Frau Krause hat auch noch einen Sohn. Der ist verheiratet und wohnt im anderen Sektor, in Zehlendorf. Und nach Zehlendorf, dahin kann man nicht. Zehlendorf liegt zwar nicht auf dem Mond, aber für Frau Krause liegt es weiter als der Mond. Eher noch könnte man nach Scottsbluff im Staate Nebraska kommen, wohin ihre Tochter 1946 einem Ami ehelich gefolgt ist. Aber auch das ist ziemlich unwahrscheinlich für Frau Krause.

An der Säule links neben der Haustür hebt Lumpi das Bein. Er tut das seit Jahren und läßt sich nicht davon abbringen. Dabei hat er nichts gegen die Dame, die auf der Säule steht und mit ihren über dem Kopf verschränkten Armen den Türsims hält. Die Dame tut das seit 1895. Zusammen mit dem Haus hat man sie damals so hingestellt. Fassade war ja wichtig.

Frau Krause ist inzwischen an der Zeitungsbude angelangt. »Zwei Zeitungen«, sagt sie, »zwei große!« Der Zeitungsfritze steckt den Kopf aus dem Loch und gibt das Wechselgeld zurück. »Ach, Fisch jibt es heute«, sagt er.

Am Nachmittag kocht sich Frau Krause eine große Kanne Kaffee. Der Fisch will schwimmen. Unten auf dem Hof spielt einer Leierkasten. Das dröhnt so schön in dem engen Schacht.

». . . 'menblau ist der Himmel am herrlichen Rheiiiiii — ne«, singt sie mit, während sie am Herd hantiert. Ein einziges Mal in ihrem Leben war sie an dem so herrlichen Rheine. Das war zur Silberhochzeit. Sie hatte mit ihrem Mann die Hochzeitsreise nachgeholt. In den 25 Jahren davor hatte es nicht gereicht. Viel hatten sie sich ja aus den Reisen ohnehin nie gemacht. Der Mann war bei der Bahn und zufrieden, wenn er im Urlaub nicht Eisenbahn fahren mußte. Swinemünde, Braunlage, Spreewald, Werbellinsee, weiter war man nicht gekommen. »Viel schöner als die Müggelberge können die Alpen nicht sein«, hatte sie immer gesagt.

Der da unten hat jetzt den Petersburger Marsch auf der Walze: »Denkste denn, denkste denn, du Berliner Pflanze . . .« Fenster öffnen sich. Elisabeth Krause wickelt einen Groschen in ein Stück blauer Zuckertüte und wirft ihn in den Hofschacht.

Der soll aufhören mit diesem Marsch! Das erinnert einen so an die Vergangenheit. Und sie wollte nicht wieder ins Simelieren kommen. Sie gießt sich eine Tasse Kaffee ein und zieht die Romanbeilage aus der »Mottenpost«, die ihr die Nachbarin von der nahen Grenze besorgt. Doch ihre Gedanken irren bald ab. In das Berlin von 1905.

»Ich bin vom Verein der Freundinnen junger Mädchen« — die Dame im grünen Lodenmantel sah streng und gütig zugleich aus —, »wir würden Ihnen gern einen Rat geben.« Elisabeth guckte mißtrauisch an ihr vorbei. Es war kalt und zugig auf dem Stettiner Bahnhof. Man hatte sie vollgestopft wie eine Wurst mit Warnungen vor dem Sündenbabel Berlin. Jemand stieß sich an ihrer Reisekiepe und fluchte. Die Leute drängten rücksichtslos.

»Ich komm' aus Zäckerick an der Oder«, sagte sie schließlich, »ich geh' hier in Stellung.« Die streng-gütige Dame wollte wissen, ob sie eine Adresse habe, sie möge die Frage nicht verübeln, es geschehe alles zu ihrem Besten. 45 000 junge Dinger kämen Jahr für Jahr nach Berlin, nicht alle landeten dort, wo sie hinwollten, in einem Haushalt. Manche strandeten im Madgalenenasyl als Pennschwestern oder noch schlimmer: auf der Friedrichstraße, wenn sie nicht sogar die Komplicinnen von Dieben oder Zuhältern wurden.

Elisabeth verstand nur die Hälfte von diesen schlimmen Dingen. Aber die mit dem Lodenmantel schien Vertrauen zu verdienen. So kramte sie verschämt ihre Geldtasche unter dem Rock hervor, die sie sich mit einem Schal um den Leib gebunden hatte. In der Tasche war der Zettel mit der Adresse.

Eine gute Stunde später stand sie vor dem Haus Bayerischer Platz Numero 4. Das war wohl ein neues Viertel und beängstigend vornehm. Der Aufgang wie eine Kirche: überall Marmor, ein Kamin, ein großes Gemälde darüber, bunte Fenster. Da paßte sie nicht hin mit ihren schmutzigen Schnürstiefeln. Das fand der Portier auch, der sie barsch fragte, ob sie nicht lesen könne, was auf dem Schild da stehe: »Aufgang nur für Herrschaften«. Dann wurde er freundlicher und sagte: »Na, jeh man schon, Mächen, ick sehe ja, du bist 'n Landei.«

Im dritten Stock stand auf einem anderen Schild »Kommerzienrat Silberstein«. Aus dem Rachen eines Löwen baumelte ein Ring. War das eine Klingel? Elisabeth wagte nicht, daran zu ziehen. Ihr war erbärmlich um den Magen herum. Wenn sie doch bei den Eltern geblieben wäre! Dann dachte sie an die Plackerei und an das Elend in dem armseligen Oderdorf, an die sieben Geschwister, an die Hoffnungslosigkeit, dort jemals einen Mann zu finden — entschlossen griff sie dem Löwen in den Rachen und zog den Ring.

Fünf Jahre später fühlte sich Elisabeth Zechlin aus Zäckerick an der Oder wie zu Hause in Berlin. Es hatte lange gedauert, es hatte Tränen gekostet, aber jetzt ging es. Sie war längst nicht mehr bei

Silbersteins. Ein halbes dutzendmal hatte sie die Stelle gewechselt. Das bedeutete zwar immer eine hohe Gebühr bei der Vermittlerin, aber sie hatte nun eine »Lebensstellung«. In einem vornehmen Hause am Tiergarten. Sie schlief nicht mehr auf dem Hängeboden im Korridor, sondern im eigenen Zimmer. Sogar auf die hohe Kante hatte sie sich etwas gelegt. Von den zwanzig Mark Monatslohn war das nicht gegangen, aber Ministers gaben im Winter viele Feste, da klapperte das Trinkgeld. Und die Kaufleute drängten einem die Prozente geradezu auf, wenn man bei ihnen die Waren bestellte.

Sie war nicht so wie die anderen gewesen, so vergnügungswahnsinnig. Der Hut mit den Reiherfedern erschien ihr nicht als Lebensziel. Sie ließ sich nicht ins Palais de Danse locken und selten zu Schramm nach Wilmersdorf. Sie wehrte die Zudringlichkeiten des jungen Herrn genauso ab wie die Einladungen des Friseurgesellen. Dafür hatte sie auch was Festes. Sie ging mit einem Unteroffizier vom 3. Garderegiment. Die Soldaten dieses Regiments trugen gelbe Schulterstücke und wurden von den Berlinern »Käsefresser« genannt.

Albert Krause war ein propper Kerl, und ewig würde er nicht bei Preußens bleiben. War seine Zeit herum, so winkte ihm eine gute Stellung. Dann wurde geheiratet. Vorläufig versorgte sie ihn über die Wendeltreppe, die an ihrer hinteren Küchentür endete. Sie war auch hierin bescheidener als viele ihrer Kolleginnen, deren diverse Schätze die Zigarren des Hausherrn rauchten und sich den Sonntagskuchen der Gnädigsten schmecken ließen.

Elisabeth hatte sich in den fünf Berliner Jahren rausgemacht. Nicht nur körperlich und in der Kleidung, auch sonst: Sie wurde nicht mehr ständig rot, ließ sich die Butter nicht vom Brot nehmen und von keinem was vorflunkern; ihr gutes Herz hatte trotzdem nicht gelitten. Als sie einmal nach Zäckerick zu den Eltern fuhr, wurden die alten Freundinnen gelb vor Neid.

Dann kam die Sache mit dem Petersburger Marsch. Das erstemal spielten ihn ein paar von Alberts ehemaligen Regimentskameraden. Vor der Dankeskirche am Weddingplatz war das. »Denkste denn, denkste denn, du Berliner Pflanze . . .« sangen die Leute, die neugierig am Portal warteten. Elisabeth ganz in Weiß und das Gesicht rot vor Erregung. Alle Straßen waren geschmückt, der Kaiser feierte sein 25jähriges Regierungsjubiläum, und die junge Frau Krause nahm den Schmuck ein bißchen für sich in Anspruch. Willem zwei würde ihr das nicht verübeln.

Ach, sie fühlte sich im siebenten Himmel! Nicht nur, weil ihre neue Wohnung so hoch lag, im vierten Stock einer Mietskaserne, Müllerstraße. Es störte sie nicht, daß man das Haus nach dem Motto gebaut hatte: »Ersparte Bauzeit, gewonnene Miete!«, daß die gemeinsamen Toiletten im Flur lagen und die Hinterhöfe nicht größer waren als fünf mal fünf Meter. Albert, der bei der Bahn gelandet war, und Elisabeth, die nebenbei noch nähte, hatten ihr Auskommen und waren zufrieden.

Bis der Petersburger Marsch zum zweitenmal gespielt wurde. Und zwar wieder von Alberts Regimentskameraden. Aber diesmal marschierten sie, nebst Albert, und Elisabeth lief nebenher, die Frankfurter Allee entlang. »Denkste denn, denkste denn ...« sangen die Leute, die außer ihr nebenherliefen. Sie warfen Blumen und riefen »Auf Wiedersehn, Weihnachten!« Ach ja, denkste.

Zwei Wochen später kam sie an der Kriegsakademie vorbei. Dorotheenstraße. Da klebten die ersten Verlustlisten an der Wand. Sie traute sich nicht hinzugucken. Ihr wurde schlecht. Das lag nicht nur daran, daß sie ein Kind erwartete. Sie ließ sich von einer älteren Frau nach Hause bringen. Sie verstand die Welt nicht. Da mußte man wurachen und sparen, und wenn man soweit war, holten sie einem den Mann weg, und keiner konnte versprechen, daß er wiederkam. Sie hatte nichts gegen die Franzosen und auch nichts gegen die Russen. Der Kaiser meinte ja, die anderen hätten angefangen. Vielleicht stimmte das. Vielleicht war Albert Weihnachten wirklich wieder zu Hause.

Und dann war das zweitemal Weihnachten vorbei. Bloß der Krieg nicht. Der kleine Horst war bald ein Jahr alt. Albert kam einmal auf Urlaub. Viel erzählte er nicht. Bloß, daß er vor Verdun lag. Die Leute schrien nicht mehr hurra, wenn wieder eine Festung fiel, sie sangen auch nicht mehr »Die Wacht am Rhein«. Sie meckerten über das Klitschbrot mit seinem Kartoffelmehl. Später war Eichelmehl darin, und in ihren Kochtöpfen hatte Elisabeth nur noch Kohlrüben oder Dörrgemüse. Die Zeitungen gaben es auf, diese Nahrung als »höchst gesund« zu bezeichnen.

Eines Tages packte Elisabeth die alten Zinnteller ein und den Kupferkessel und brachte sie zur Sammelstelle. Die Sachen stammten noch von der Großmutter aus Zäckerick. Es war ihr nicht klar, wie die damit den Krieg gewinnen wollten. Aber man wollte seine Pflicht tun. Vielleicht half es Albert. Der war inzwischen noch mal auf Urlaub gewesen. Das Ergebnis war der kleine Herbert. Hoffentlich bekam sie den durch. Die Milch im Eckladen wurde immer blauer.

Auf dem Rückweg von der Sammelstelle holte sie die Eierkarten ab und die Fleischkarten. Das war das Neueste. Von Schokolade und Schlagsahne träumte man nur noch.

Zweimal im Monat, später öfter, fuhr Lisbeth nach Zäckerick. Da im Oderbruch hatten sie noch alles: Kartoffeln, dicke Speckseiten, Eingemachtes. Als sie einmal, es war kurz vor Ostern 1917, nach Zäckerick kam, trug die Mutter schwarze Kleider. Elisabeths ältester Bruder, der Ernst, war in Rußland gefallen. Der jüngste lag schon seit zwei Jahren auf dem Friedhof eines polnischen Dorfes mit einem unaussprechlichen Namen.

Jeder Krieg geht schließlich einmal zu Ende. Eines Abends klopfte es an die Wohnungstür. Draußen stand Albert. Er kam 'rein, warf den Tornister auf das gute Sofa und sagte: »So, da wär' ick wieder, Mutter.« Er tat, als käme er vom Frühschoppen. Elisabeth fand seine Wortkargheit zum erstenmal übertrieben. Sie ging in die Küche und kochte ihm was. Zwischendurch heulte sie ein bißchen. Als sie wieder 'reinkam, hatte er die Jungens auf dem Schoß und sagte: »Die Tressen haben se mir abjerissen, ›Kriegsverlängerer‹ haben se jesagt.« Nach dem Essen schob er den Stuhl zurück, streckte die Beine aus und sagte: »So. Und wat nu?« Ja, und was nun?

Es sollte sechs Jahre dauern, bis der wortkarge Albert »Na also!« sagen konnte. Denn da war man über den Berg. Man durfte wieder über die Linden gehen und über den Potsdamer Platz, ohne daß irgend jemand auf einen schoß. Die Kutscher brauchten nicht mehr zu fürchten, daß man ihnen, wenn sie einen Augenblick vom Bock stiegen, die Pferde ausspannte und zu Schnitzeln verarbeitete. Das Pfund Butter kostete wieder anderthalb Mark und nicht mehr anderthalb Millionen. Man hatte sogar wieder eine Regierung. Wenn auch keinen Kaiser. Horst und Herbert sagten ihren dämlichen Abzählvers nicht mehr auf: »Ick und du, Schiebers Ruh, ich schieb' Schmalz, und du schiebst Jold, ick schieb' Speck — eia, weia, weg.« Dafür mußte sich Lisbeth über ihre Schlager ärgern, die sie mit nach Hause brachten. »Der Neger hat sein Kind gebissen«, trällerte Herbert. Horst stellte die wichtige Frage, »was Herr Meyer am Himalaja mache«.

Man war über den Berg. Das Paradies war die andere Seite des Berges nicht. Man war aber bescheiden, freute sich, daß Albert wieder bei der Bahn arbeitete und alle satt zu essen hatten. Es reichte sogar gelegentlich zu einem Besuch im Kinematographentheater in der Müllerstraße, wo man sich den »Todeskuß unter Palmen« ansah. Zu Alberts Geburtstag fuhr man zu Carows 'raus in die Lachbühne und versuchte, sich die Sorgen wegzulachen. Davon hatte man noch genug.

Sechs Jahre später hatten Krauses nur noch Sorgen. Weltwirtschaftskrise nannte sich das diesmal. Albert gehörte zu den ersten Opfern. Er bekam als abgebauter Angestellter Wohlfahrtsunterstützung. Die »Wohle« reichte nicht zum Leben und nicht zum Sterben. Ein — anfangs unerwünschter — Nachkömmling hatte sich auch noch eingestellt: die kleine Gisela.

Frau Krause verzagte nicht. Mit der alten Singer-Nähmaschine ratterte sie bis spät in die Nacht hinein. Sie nahm einen Schlafburschen auf, der seine fünf Mark Wochenmiete auf dem alten Küchensofa lautstark abschnarchte. Sie kreuzte die Stellenangebote in der Zeitung an und schickte Albert damit auf Achse. Sie schnitt den Jungens selbst die Haare und kaufte die Butter acht Straßen weiter, weil sie dort drei Pfennig billiger war. Da sie beim Kaufmann nicht anschreiben ließ, blieb sie ohne Schulden. Aber es war kein Leben.

Im November 1932 waren Wahlen. Albert wählte wie üblich Sozi, und Elisabeth wählte, wie alle guten Berlinerinnen, dasselbe wie ihr Mann. Als sie diesmal in der Wahlzelle stand und auf die Liste guckte, da stand plötzlich ihr Kreuz in einem Kreis, hinter dem »Nationalsozialistische Deutsche Arbeiterpartei« vermerkt war. Sympathisch war der Mann ihr nicht, aber man konnte es ja mal versuchen. Vielleicht wurde es unter ihm besser. Bloß Albert nichts sagen.

Anfangs wurde es wirklich besser. Ihr Mann kam wieder bei der Bahn an. Für Horst fand sich bald eine Lehrstelle als Motorenschlosser. Die Arbeitslosen verschwanden allmählich von den Straßen. Für die Arbeiter taten die Neuen eine Menge. Albert schickten sie sogar mit einem piekfeinen Schiff nach Madeira. Er wäre viel lieber nach Zeuthen gefahren, um zu angeln und Skat zu spielen. Es half ihm nichts. Lisbeth tröstete ihn: »Da unten bei die Einjeborenen kannste ooch Skat spielen.« Das tat er dann auch.

Als Herbert, der auf die hohe Schule ging, 35 sein Abitur gemacht hatte, durfte er auf der Universität studieren. Mit einem dicken Stipendium. Dafür mußte er in die Partei eintreten. Das war Mutter Krause nun gar nicht recht. Dann sah sie in der »Berliner Illustrirten« den Prinzen August Wilhelm, den die Berliner Auwi nannten, in SA-Uniform. Da war sie etwas beruhigt: wenn sogar der Sohn vom Kaiser . . .

Auch Gisela, die Krabbe, trug jetzt einmal in der Woche Uniform. Wenn sie von ihrem BDM-Heimabend nach Hause kam, sang sie krähend: »Und heute jehört uns Deutschland und morjen die janze Welt.« Mutter Krause pflegte dann zu sagen: »Vorläufig jehörst du erst mal in die Falle.« Und Giselchen murrte beim Ausziehen: »Aba Mutta, wir sind doch dem Fiehrer seine braunen Batteljone.«

Es kamen immer wieder Zeiten, wo Lisbeth sich wunderte. Wo blieben eigentlich die Milliarden von der Winterhilfe? Die Armen mußten ja alle schon 'ne eigne Villa haben. Und warum gaben die mit ihrem Luftschutz so an? Das mit den Juden verstand sie auch nicht. Sie fragte Albert, und der sagte: »Kiek dir im Kino an, wie sie ihm die Hände schütteln, die Jroßen aus 'm Ausland. Scheint doch alles seine Ordnung zu haben.«

Es hatte seine grausige Ordnung. Am 1. September 1939 hörten sie seine Stimme aus dem Allstrom-Radioapparat für 35 Mark, der »Volksempfänger« genannt wurde. Albert saß da und sagte langsam: »Jetzt fängt die ganze Scheiße zum zweitenmal an.« Gisela sagte vorwurfsvoll: »Aber Vati!« Lisbeth sagte gar nichts und ging in die Küche. Wohin sie immer ging, wenn sie mit irgend etwas nicht fertig wurde. Abends saß sie vor dem Globus, den Gisela im Reichsjugendwettkampf gewonnen hatte. Sie drehte ihn, guckte sich Rußland an, guckte sich Amerika an und die englischen Kolonien, das waren alles ziemliche Farbkleckse; dann suchte sie Deutschland, sie suchte lange, endlich fand sie es, mein Gott war das ein winziger Fleck! Und sie dachte: Ob er det ooch weeß . . .?

Ein paar Wochen später brachte Frau Krause ihren Herbert zur S-Bahn. Der hatte einen Vulkanfiberkoffer und war ziemlich fröhlich. Das kam von der Flasche Dreisternigen, die er vorher mit Vatern geköpft hatte. Herbert stand zwar kurz vor seinem Dr. phil., aber das galt jetzt nichts mehr. Sein Bruder Horst war schon seit 37 beim Kommiß und sollte in diesem Jahr entlassen werden. Das galt nun auch nichts mehr.

Als Lisbeth zu Hause die Wohnungstür aufschloß, begrüßte sie ihr Mann mit dem Gesang »Heil dir im Siejerkranz, Mutterchen!« Er hatte sich den Rest von der Dreisternigen auf die Lampe gegossen. Mutter Krause brachte ihn behutsam ins Bett. So betrunken war Albert erst wieder, als drei Jahre später die Nachricht von Herbert kam.

Leningrad. Heldenfriedhof Wroslaczj ..., der Name war genauso unleserlich wie damals bei Lisbeths Bruder. Jemand schrieb, er hoffe, »daß es Ihnen in Ihrem schweren Leid ein Trost ist, daß der Uffz. Herbert Krause für Führer, Volk und Vaterland«, na und so weiter. Eine Woche später kam ein zusammengeschnürtes schmales Päckchen. Da war seine Brieftasche drin, das Taschenmesser, die Uhr, eine halbe Erkennungsmarke. Das war alles, was von ihrem Sohn übriggeblieben war. Am selben Abend klingelte es. Draußen stand der Blockwart mit todernstem Gesicht. Frau Krause drückte die Tür wieder ins Schloß und hakte die Kette ein.

Die Fanfarenstöße aus dem Volksempfänger verstummten nicht. Es wurde noch viel mehr gesiegt als im ersten Weltkrieg. Neu war, daß sie oft sogleich nach einer Siegesmeldung in den Keller mußten. Da war es nicht mehr so gemütlich wie am Anfang, als die Männer Skat kloppten und die Frauen strickten. Man horchte mit angehaltenem Atem auf das grelle Pfeifen der Zwanzig-Zentner-Bomben. Einer sagte: »Wenn die so weitermachen, können se sich ihre Häuser gleich selber mitbringen.« Ruinen waren längst keine Sehenswürdigkeiten mehr wie zu Anfang. War Lisbeth noch einmal davongekommen, so fegte sie in der Wohnung Scherben und vernagelte die Fenster mit Pappe. Albert sah sie nur noch selten. Der war ständig auf Eisenbahnachse. Gisela saß mit ihrer Schule unten im Sudetenland, in einem Lager.

November 1944 gehörte Frau Krause zur Loge der Zweimal-Ausgebombten und wohnte in der Wohnung geflüchteter Verwandten. Ihr Eigentum bestand aus einem Koffer in der Hand und sechs großen Kisten in einem pommerschen Dorf. Als sie noch einmal in die Müllerstraße ging, um irgend etwas aus dem Schutt herauszuklauben, mußte sie lachen. An einer Mauer stand in Kreide: »Alles im Arsch. Jehe bei Friedan. — Emil.« Ihr Nachbar benachrichtigte auf diese Art seine Familie.

Den Russen sah Frau Krause mit nicht allzuviel Angst entgegen: Für gewisse Dinge glaubte sie zu alt zu sein, und zu holen war bei ihr nichts mehr. Im übrigen war mit dem Auftauchen des ersten Rotarmisten der Krieg zu Ende. Nur das zählte.

Den Winter 46 auf 47 war Mutter Krause damit beschäftigt, den Rest ihrer Familie am Leben zu erhalten. Der Rest bestand aus

Albert und Gisela. Horst war in russischer Gefangenschaft; man hatte aber Nachricht.

Die strategische Planung begann morgens nach dem Aufstehen. Das Aufstehen ging schnell, da man sich bereits abends beim Hinlegen angezogen hatte. Auch das Waschen war, mit Rücksicht auf die Zimmertemperatur von minus 2 Grad, mehr eine symbolische Handlung. Außerdem stank es ziemlich im Badezimmer, in der Wanne mümmelten zwei Kaninchen.

Man setzte sich in die Küche um die Kochhexe, im Handel hieß sie »Sparherd«. Alle weinten ein bißchen, denn der Sparherd sparte nicht mit Rauch. Mit dem nassen Erlenholz, das Albert gestern im Park gestohlen hatte, wäre auch ein anderer Ofen nicht fertig geworden. Lisbeth servierte jedem einen Teller Roggenmehlsuppe (das Pfund Roggenmehl für 80 Mark) nebst einer Tablette Saccharin (»500mal süßer als Zucker«). Albert bekam eine Sonderzuteilung von einer aktiven Zigarette im Werte von 5 Mark. Er brauchte seine Nersen. Er mußte wieder stehlen gehen. Kohlen diesmal. Lisbeth war da unerbittlich. »Als zur Zeit stellungsloser Bahnbeamter müßtest du dich auskennen mit den Kohlenwaggons«, meinte sie. Gisela wurde zum Schlangestehen abkommandiert. Es gab auf Abschnitt klein f 150 Gramm Heringsrogen pro Kopf. Alle drei hatten sie Karte 5, die Sterbekarte.

Lisbeth selbst empfahl sich heute für ungewisse Zeit. Sie wollte nach Zäckerick, und niemand konnte sagen, wann sie zurück sein werde. Als sie allein in der Küche war, pustete sie die Kerze aus. Sie fand sich auch im Dunkeln zurecht. Der Strom kam diesmal erst gegen vier. Sie packte in den großen Rucksack drei Rollen Garn, eine alte Hose, einen Gartenschlauch, drei Päckchen Süßstoff. Sie malte auf eine Bäckertüte: »Seid artig und bangt Euch nicht. Gisela soll auf die Gasuhr gucken, es sind nur noch sechs Kubik. Küßchen, Mutti.«

Vier Stunden später saß sie auf dem Dach eines Zuges, der sich Meter für Meter aus der Halle des Stettiner Bahnhofs schob. Es war derselbe Bahnhof, auf dem sie vor vierzig Jahren in Berlin angekommen war. Lautsprecher dröhnten: »Die Reisenden werden nochmals gebeten, sofort die Zugdächer und die Puffer zu verlassen.« Die Frau neben Lisbeth lachte: »Die *Reisenden* is jut.«

Man war überhaupt sehr fröhlich da oben auf dem Dach. Es war ein bißchen zugig. Der Braunkohlenqualm, den die Lok ausstieß, schwärzte die Gesichter. Der Lokführer machte das wieder gut, indem er drei gellende Pfiffe losließ, wenn eine Brücke in Sicht kam. Dann legten sich die Leute auf dem Dach alle lang hin. Der Mann mit der Beinprothese saß mit dem Rücken zur Fahrtrichtung und spielte Mundharmonika. Er konnte zwei Lieder: »La Paloma« und »Wir lagen vor Madagaskar«. Und die konnte er schlecht. Den Refrain von der weißen Taube sangen die Frauen alle mit.

Mann, die haben vielleicht Nerven, die Frauen, dachte Elisabeth Krause aus Berlin N, aber recht haben se, wat kann eijentlich noch passieren? Janischt kann mehr passieren. Sie hatten den ersten Weltkrieg überstanden und die Hungerjahre danach, und die Weltwirtschaftskrise, und die Nazis, und den zweiten Krieg, und die Bomben, und die Russen und die drei anderen Sieger. Sie würden auch das hier überstehen. Mann, hatte sie plötzlich einen Mumm, eine Zuversicht, eine Hoffnung, einen Glauben.

Dann hielt der Zug. Ein Mann, der statt Frühstück Kartoffelsprit zu sich genommen hatte, grölte: »Solang noch Untern Linden die grünen Bäume blühn, kann nichts uns überwinden, Bäääärr — liiien bleibt doch Berlin.« Elisabeth Krause aus Berlin N schluckte den Kloß 'runter, den sie im Hals hatte. Und sie sagte: »Na, nu werde man nich sentemental, Dickerchen!«

Spiel mit Millionen

Lieber Leser, kenn' Se den? —

Also: Kurz nach dem ersten Weltkrieg waren die Schlafwagencoupés so knapp wie die Maikäfer im Dezember. Dem Bankier Fürstenberg war es nach unendlichen Mühen gelungen, ein Abteil zweiter Klasse zu ergattern. In dem anheimelnden Gedanken, die Nacht allein verbringen zu können, stand der Siebzigjährige auf dem Gang und blickte in das Getriebe des Anhalter Bahnhofs. Da trat ein Angehöriger der Familie Raffke auf ihn zu und gestikulierte aufgeregt: »Habe jehört, Herr Fürstenberg, ihr Oberbett ist frei, treten Se's mir ab, Geld spielt keine Rolle!« — Fürstenberg sah Herrn Raffke nachdenklich an, dann meinte er: »Na schön — aber lassen Sie's mich erst noch mal überschlafen.«

Wenn der Herr Leser ein Berliner ist, dann wird er ihn gekannt haben, denn es ist fast unmöglich, einen neuen Fürstenberg-Witz zu erzählen — so populär sind die. Es sei denn, man überträgt einen von

Max Liebermann oder von David Kalisch oder vom »Kladderadatsch«-Chef Dohm oder von anderen Berliner Originalen. Davon ist denn auch reichlich Gebrauch gemacht worden. Es ist ja etwas Merkwürdiges mit diesen Anekdoten um Fürstenberg: niemand winkt mit der bekannten So'n-Bart-Geste ab, wenn der andere anfängt, im C. F.-Fach der Witzkiste zu kramen; man freut sich über die ältesten, so wie man sich über alte, lange nicht mehr gesehene Bekannte freut. Man schmeckt gemeinsam die Pointe nach, als tränke man den letzten Schluck eines alten, guten Weines. (Wie schön zum Beispiel dieses Wort vom »ungedeckten Defizit« angesichts der tief, aber vergeblich ausgeschnittenen Frau Finanzminister! Und die Antwort, als man ihm von dem Manne erzählt, der von seiner jungen, bildhübschen Frau mit zwei Liebhabern betrogen wird: »Ich bin auch lieber mit 30% an einer guten Sache beteiligt als mit 100 an einer schlechten.« »Mir ist heute jeder recht«, sagte er an einem tristen Montag zu seinem Prokuristen, der ihn gerade gefragt hat, ob er schon wisse, wer gestorben sei.)

Dabei ist es nicht im Sinne des Erfinders, ein Lebensporträt von ihm mit einem seiner Bonmots anzufangen. Als Carl Fürstenberg Ende der zwanziger Jahre die Erlaubnis erteilte, seine Memoiren herauszugeben, da machte er es zur Bedingung, daß sie keinen einzigen Fürstenberg-Witz enthalten dürften. Er wollte nicht als professioneller Spaßvogel in die Geschichte eingehen. Was vielleicht eine unbegründete Vorsichtsmaßnahme war: denn zwischen 71 und 14, innerhalb eines Zeitraumes also, in dem aus einer preußischen Residenz eine Weltstadt wurde, geschah wenig unter den Schornsteinen an der Spree, woran dieser Mann nicht mitgewirkt hätte.

Der erste Schritt, den er auf dem Boden Berlins machte, gehörte zum klassischen Einzugszeremoniell des jungen Mannes aus der Provinz, der ausgezogen war, die Großstadt das Fürchten zu lehren: Vierter-Klasse-Abteil eines Personenzuges, Stettiner Bahnhof, in der Rechten die Reisetasche, in der Linken Mutterns Riesenwurstpaket, im Kopf große Rosinen und im Herzen bange Zweifel.

Zum Rüstzeug des achtzehnjährigen Carl Fürstenberg gehörten die kaufmännische Ausbildung in einem Danziger Comptoirgeschäft und der Segen des Vaters, eines Bernsteinhändlers, der aus den knurrigen Worten bestanden hatte: »Tu, was du für richtig hältst! Machst du mir aber Schande dort, dann, mein Sohn, wechsele deinen Namen!«

Vierzig Jahre später registrierte das »Jahrbuch der Millionäre in

Berlin«: »Fürstenberg, Carl. Geschäftsinhaber der Berliner Handels-Gesellschaft. Vermögen in Millionen Mark: 16,3. Jährliches Einkommen in Millionen Mark: 1,0.« Es waren zu diesem Zeitpunkt gerade zwanzig Monate verflossen, seit Fürstenberg in einem höflichen Brief an das Auswärtige Amt den Vorschlag des Kaisers abgelehnt hatte, als Wirtschaftssachverständiger Deutschlands an der Marokko-Konferenz teilzunehmen — er könne seine Bank genauso wenig allein lassen wie eine Mutter ihr Kind.

Der schmalbrüstige Provinzler bereitete seinen Weg zum Gipfel mit der Methodik eines erfahrenen Bergsteigers vor. Er nahm Wohnung bei seiner Schwester, studierte die Stellenangebote im »Intelligenzblatt«, durchstreifte systematisch die Straßen der Riesenstadt — und wartete auf seine Chance. Zu verkaufen um jeden Preis brauchte er sich nicht, in seiner Geldtasche klimperten etliche Taler. Schließlich nahm er eine Stellung in einer Textilfirma an, eine Tätigkeit, die den titanischen Kräften, die er in sich spürte, keine Entfaltung bot. Nach einem kurzen Gastspiel bei der Disconto-Gesellschaft ging er zum Bankhaus Bleichröder. Auf die Frage nach seinen Gehaltsansprüchen antwortete er, man möge ihn nach seinen Leistungen bezahlen.

Das Haus ist das erste am Platz. Sein Inhaber, Gerson Bleichröder, ist der finanzielle Berater Bismarcks und darüber hinaus eine der ganz großen originalen Persönlichkeiten, an denen das Berlin jener Tage so viel reicher war als das heutige. In den Salons berichteten die Auguren ihren ehrfürchtig erschauernden Zuhörern, wenn der Oberbuchhalter Siebert den fast erblindeten Gerson wieder einmal in das Arbeitszimmer des Eisernen Kanzlers geleitet hat.

Als Fürstenberg in die Bank eintritt, herrscht hektische Geschäftigkeit. Die fünf Milliarden, die Frankreich für den verlorenen 70/71er Krieg zahlen muß, sind unterzubringen und in die richtigen Kanäle zu leiten. Es hagelt Überstunden. Der Neue krempelt sich die Ärmel hoch und schuftet bis Mitternacht. Trunken vor Übermüdung, stolpert er dann von der Behrenstraße durch die nachtschwarze Innenstadt in seine möblierte Bude. Einmal finden ihn die Herren, die morgens um acht Uhr das Büro betreten, noch am Schreibtisch sitzen. Bald ist er einer Nervenkrise nahe, aber Bleichröder, der schnell erkannt hat, was für einen Diamanten es hier zu schleifen gilt, schickt ihn für zwei Wochen zur Erholung nach Wiesbaden.

Bald war es nicht mehr ein Buchhalter, sondern Fürstenberg, der seinen Chef in das Auswärtige Amt begleitete. Hohe Einsätze standen auf dem Spiel. Man schrieb das Jahr 1873, das Jahr, in dem die aus dem trügerischen Boden der französischen Milliarden emporgeschossenen Sumpfblüten zu faulen begannen. Der Gründerkrach brachte Hunderttausende von Sparern um ihr Geld und vernichtete schockweise Terraingesellschaften, Bauunternehmen, Aktienpakete und Kleinbanken. Vervielfacht wurde der Krach durch den Zusammenbruch des monströsen Strousberg-Gebäudes: aus einem Eisenbahnkönig war über Nacht ein Schuldhäftling geworden. Zahlreiche Mitglieder des deutschen Hochadels, die als Hauptaktionäre an seinen Eisenbahnabenteuern beteiligt waren, gerieten durch ihn an den Abgrund. Am äußersten Rand stand der Fürst Putbus, den die Berliner daraufhin »Kaputbus« nannten.

Bismarck aber wollte den Ruin seiner Paladine verhindern. Er bat Bleichröder, die Strousbergschen Trümmer mit äußerster Vorsicht abzuräumen. Um die Kurse nicht ins Bodenlose stürzen zu lassen, war es nötig, an der Börse umfangreiche Käufe der bedrohten Eisenbahnaktien zu tätigen. Auf Staatskosten. Mit dieser so undankbaren wie delikaten Aufgabe beauftragte »der Bleiche«, wie Bleichröder in Finanzkreisen genannt wurde, sein Wunderkind Carl Fürstenberg.

Von nun an war der jetzt Dreiundzwanzigjährige täglicher Gast in dem Riesenhaus an der Burgstraße, das nicht selten einem Irrenhaus glich. Fürstenberg erkannte seine Chance. Zum erstenmal konnte er bei einer selbständigen Aufgabe zeigen, was wirklich mit ihm los war. Und er bewies seine Fähigkeiten im Verkehr mit den räudigsten Börsenfüchsen so unnachahmlich, daß die Firma sein Gehalt verdreifachte. Durch die fälligen Nachzahlungen sah sich Fürstenberg plötzlich im Besitz eines ansehnlichen Kontos.

Seine nächste Station hieß Wien. Er sollte mit dem Bankhaus Rothschild Verhandlungen führen, die in Zusammenhang mit der Verstaatlichung der preußischen Eisenbahnen standen.

Baron Anselm Salomon Rothschild, dem man nachsagt, daß seine Liebhabereien nicht denen eines Millionärs, sondern denen eines Schnorrers gleichen (unter anderem läuft der Mann Schlittschuh), er empfängt den Sonderbevollmächtigten des hochangesehenen Berliner Hauses in seinem Privatkabinett — und ist konsterniert: Dieser schmächtige Jüngling mit dem albernen Flaum auf der Oberlippe, soll ... nein, es ist nicht vorstellbar! Halb ironisch, halb verärgert fragt er: »Wie alt sind Sie eigentlich, junger Mann?«

»Ich muß zugeben«, schreibt Fürstenberg mit einem gewissen Sarkasmus in seinen Memoiren, »daß ich damals beinah noch jünger aussah, als ich war. Wäre Gerson Bleichröder nicht so gut wie blind gewesen, so hätte ihn mein Aussehen vielleicht davon abgehalten, mich für diese Auslandsreise zu verwenden. Ich überzeugte aber den Baron Anselm dann ziemlich schnell davon, daß ich von der mir übertragenen Angelegenheit etwas verstand.«

Es kam der Tag, an dem sich Bleichröder resignierend eingestehen mußte, daß er seinem Zauberlehrling nichts mehr beibringen konnte. In manchen Dingen hatte der Schüler seinen Lehrer bereits überrundet. Trotzdem stemmte sich der Alte erbittert gegen Fürstenbergs Absicht, als Geschäftsinhaber zur »Berliner Handels-Gesellschaft« zu gehen. Er ließ durchblicken, daß er ihn in einigen Jahren zu seinem Teilhaber machen würde. Ein sensationelles Angebot. Akzeptierte Fürstenberg, so mußte er mit Sicherheit in wenigen Jahren zum Millionär werden.

Aber der jetzt Dreiunddreißigjährige lehnt ab. Das Geld *an sich* interessiert ihn nicht; ihn reizt das abenteuerliche Spiel, es zu erringen, mit ihm zu arbeiten. Er ist Bankier aus Leidenschaft und nicht aus Profitgier. So gibt er eine sichere Pfründe auf und übernimmt die Leitung eines zwar alteingesessenen, doch stark ramponierten Bankinstitutes, der Berliner Handels-Gesellschaft. Bleichröder kapituliert. Aber als er Fürstenberg ziehen läßt, da geschieht es ohne Groll.

Der neue Leiter der Berliner Handels-Gesellschaft ging mit der gleichen methodischen Ruhe zu Werke wie in den Tagen seines eigenen Starts. Mit der ihn auszeichnenden Witterung erkannte er die Zeichen der Zeit, als da waren: Bodengeschäfte — Eisenbahnen — Industrie. Wer aus dem Rathaus kommt, wie wir Nachgeborenen, und es deshalb leicht hat, klüger zu sein, wird hier keine übermäßige prophetische Gabe sehen. Damals mußte man aber darauf kommen. Und vor allem: man mußte an Berlin glauben, an die unbegrenzten Möglichkeiten dieser Stadt.

»Ich bin von jeher ein begeisterter Berliner gewesen«, schrieb Fürstenberg einmal, »ja, ich war es schon vor meiner Übersiedlung in die Hauptstadt. Ich setzte eine felsenfeste Zuversicht in die künftige Entwicklung und fortschreitende Ausdehnung Berlins.«

Diese Begeisterung brauchte er, als es daran ging, den Grunewald zu erobern. Da, wo sich heute der Stumpf der Gedächtniskirche krümmt, sagten sich in den achtziger Jahren des vergangenen Jahrhunderts die Füchse gute Nacht. Westlich davon quälten sich die Bauern über lehmige Wege zu ihren Kartoffeläckern. In den Sumpfgebieten des Grunewalds hausten, buchstäblich, die Räuber. Der Kurfürstendamm existierte zwar als Straßenanlage, aber er war eine Straße ohne Häuser. Kein Berliner hatte Lust, dort Hütten zu bauen. Es war nicht verwunderlich, daß die Deutsche Bank, die das Anrecht auf den Kauf von einer Million Grunewald-Quadratmetern besaß, die Lust verloren hatte und aus dem Geschäft ausgestiegen war. Bismarcks kühner Plan, aus dem Grunewald einen Berliner Bois de Boulogne zu machen, mit dem Kurfürstendamm als Verbindungsweg, schien sich zu zerschlagen.

Da griff Fürstenberg ein. Er stellte unverzüglich sieben Millionen bereit — woraufhin die Deutsche Bank wieder einstieg. Der Startschuß zur großen Grunewalder Holzauktion war damit gefallen. Polnische Holzfäller trieben ihre Unterstände in den Boden, Lagerfeuer flammten, und die Axt fraß breite Schneisen. Glitzernde Spiegel stiller Seen stiegen, wie von Zauberhand geschaffen, aus dem märkischen Boden. Der Hubertussee und der Herthasee zum Beispiel waren früher »Fenns«, morastige Becken; man baggerte sie aus und füllte sie mit Wasser.

Bald sang tout Berlin:

Im Grunewald, im Grunewald ist Holzauktion,
Ist Holzauktion, ist Holzauktion,
Im Grunewald, im Grunewald ist Holzauktion,
Ist Holzauktion, ist Holzauktion.
Links um die Ecke rum,
Rechts um die Ecke rum,
Überall ist große Holzauktion,
Links um die Ecke rum,
Rechts um die Ecke rum,
Überall ist große Holzauktion.

Fürstenberg selbst ging mit gutem Beispiel voran. Er erwarb eine gewaltige Parzelle, deren Wahl allerdings Kopfschütteln erregte. Lag sie doch in der von der Stadt am weitesten abgelegenen Ecke des ohnehin schon schwer erreichbaren Gebietes. C. F.'s Optimismus (oder Pessimismus) ging aber so weit, daß er die stadtwärts gelegenen

Grundstücke im Geiste bereits vom Verkehr umbrandet sah.

Die Entwicklung, die die Kolonie Grunewald dann nahm, stellte alles in den Schatten. Zehn Jahre nach dem ersten Axthieb standen 240 Villen. Die Aktien waren von 144 auf 400 Prozent gestiegen. Um die Jahrhundertwende zählte man unter den Einwohnern der jungen Gemeinde 145 (!) Millionäre. Hier wohnten die Spitzen der Gesellschaft: Fabrikanten und Künstler, Adel und Parvenüs. Ihre Villen schwelgten in allen Stilen: von der zinnenbewehrten Ritterburg bis zum Schweizerhaus, vom englischen Cottage bis zum Renaissanceschlößchen fehlte nichts. Fürstenberg sollte es sich bald leisten können, sein zwischen Königsallee und Dianasee gelegenes Grundstück großzügig zu bebauen.

Die intensiven außenpolitischen Kenntnisse, die er während seiner Tätigkeit bei Bleichröder erworben hatte, die persönlichen Beziehungen, die er in aller Welt knüpfen konnte, ermöglichten es ihm, seine Firma erfolgreich in das internationale Finanzgeschäft zu bringen. Während zum Beispiel in Deutschland der Eisenbahnbau in den siebziger Jahren so gut wie vollendet war, lagen in Rußland noch riesige Räume schienenleer. Fürstenberg scheute die zermürbenden Reisen nach Petersburg nicht. Er führte einige taktisch hervorragende Anleihetransaktionen durch. Dem zaristischen Finanzminister Wyschnegradskij imponierte dieser Deutsche derart, daß er ihn um einen »kleinen Gefallen« bat. Mit einigen holländischen Bankhäusern habe er ziemlichen Ärger, die Mynheers hätten sich bei einem Konversionsgeschäft auf die Hinterbeine gestellt, ob Fürstenberg nicht schnell einmal nach Holland fahren wolle, um diesen Knäuel zu entwirren.

C. F. konnte den »kleinen« Gefallen schlecht ablehnen. Er traf sich mit dem Bevollmächtigten der Holländer auf halbem Wege, in Düsseldorf, und fuhr zwölf Stunden später mit dem unterzeichneten Vertrag wieder nach Berlin zurück. Wyschnegradskij bedankte sich mit zaristischer Großzügigkeit. Am Heiligen Abend 1890 teilte er Fürstenberg telegraphisch die Ernennung zum Bankier der russischen Regierung mit; eine erste Zahlung von rund zwei Millionen Mark sei durch die Kreditanstalt bereits avisiert.

Ähnlich günstige Kontakte wurden mit anderen außereuropäischen Ländern geschlossen. Fürstenberg war der erste deutsche Bankier, der die Notwendigkeit erkannte, mit dem Land der Zukunft, mit Amerika, ins Geschäft zu kommen. In Deutschlands afrikanischen Kolonien finanzierte er den Bahnbau. Das Glück des Tüchtigen ließ ihn dabei in Deutsch-Südwest auf ausgedehnte Diamantenfelder stoßen. Mit dem Wagemut des Pioniers betrat er das für Deutschland finanzielle Neuland Ägypten und Südafrika, ohne die übermächtige britische Konkurrenz zu fürchten. Die Regierung des Oranje-Freistaats hätte ihn gern zu ihrem Generalkonsul gemacht. Aber Fürstenberg lehnte ab.

Diesem Prinzip ist er während seines ganzen Lebens treu geblieben. Er hielt nichts von Ehrenämtern und Ehrentiteln. Er wollte keinen Geheimrat, keinen Dr. honoris causa und auch kein erbliches »von«, er wollte Carl Fürstenberg sein und sonst gar nichts. Am liebsten hätte er auch Orden zurückgewiesen, aber das, so sagte er sich, wäre im kaiserlichen Deutschland einer geschmacklosen Fronde gleichgekommen. Auch brauche man Orden ja nicht anzulegen. Für Titel jedoch gebe es in Deutschland keine Amnestie.

Für den Kaiser war ein Untertan, der es vorzog, zwischen lauter Geheimen Kommerzienräten, Geheimen Regierungsräten, Geheimen Bauräten und Geheimen Justizräten völlig nackt herumzulaufen, ein unmöglicher Untertan. Und so erschien denn eines Tages ein Vertrauensmann in Fürstenbergs Arbeitszimmer und fragte vorsichtig an, ob man denn an allerhöchster Stelle wirklich nichts für ihn tun könne. Der Bankier überlegte einen Augenblick, dann seufzte er: »Einen Wunsch hätt' ich schon, aber da wird selbst S. M. nichts machen können. Ich wäre so gerne preußischer Konsistorialrat.«

Wilhelm II. gewöhnte sich allmählich an den Stolz Fürstenbergs. Als er den Namen des Bankiers auf einer Liste von Persönlichkeiten entdeckte, die für die Finanzierung eines Offiziersheims in Frage kamen, da sagte er zu dem Vortragenden Rat respektvoll-ärgerlich: »Streichen! Der Mann will nichts von mir. Er soll nicht denken, daß ich etwas von ihm will.«

Er hat ihn später trotzdem des öfteren zum Abendessen im kleinsten Kreis zu sich aufs Schloß eingeladen. Weil er, wie er zu dem Reeder Albert Ballin äußerte, endlich einmal einen unabhängigen, gescheiten Menschen um sich haben wolle, der mit der Cliquenwirtschaft des Hofes so wenig gemeinsam habe wie mit dem Byzantinismus der Schranzen. Fürstenberg war bei diesen Abenden genauso verblüfft über den Charme und das phänomenale Gedächtnis des Monarchen wie über die Erbarmungslosigkeit, mit der dem Gast die Teller entrissen wurden, vermochte er dem Eßtempo des Hausherrn nicht zu folgen.

»Der Kaiser«, schreibt er in seinen Memoiren, »hielt es überdies für eine seiner vornehmsten Pflichten, den Begriff des Gottesgnadentums zu betonen. Lockerte er einmal die Bande der Disziplin, so neigte er ein wenig zu dem, was der Engländer als ›practical joke‹ (handgreiflicher Scherz) bezeichnet — und das ist bekanntlich nicht jedermanns Sache.«

Diese Besuche am Hofe verstanden sich nicht von selber. Gewiß, man war auch dort allgemein der Ansicht des römischen Kaisers Vespasian, daß Geld nicht stinke. Bankiers waren deshalb ganz gern gesehen. Bankiers aber, die sich mit Eisen, Stahl und Kohle abgaben, galten selbst in ihren eigenen Kreisen noch lange Zeit als wilde Unternehmer. Wer als seriös gelten wollte, durfte sich nicht an Kohle die Hände schmutzig machen.

Fürstenberg pfiff auf diese Ansicht, weil er sie als vermottet ansah. Deutschland, so meinte er, würde ein Industrieland sein, oder es würde überhaupt nicht sein. Wenn aber aus Betrieben Industrien werden sollten, so genügten dazu nicht nur kühne Wirtschaftsführer, sondern man brauchte auch wagemutige Finanzleute. Am Beispiel der Harpener Bergbaugesellschaft, die Fürstenberg mit dem Industriellen Robert Müser durch eine Reihe klassischer Transaktionen zum größten Steinkohlenunternehmen Europas entwickelte, wurde bewiesen, welche Möglichkeiten hier schlummerten.

Derselbe Fortschrittsglaube, im besten Sinne, führte Carl Fürstenberg auch mit dem Ingenieur Emil Rathenau zusammen. Rathenau hatte sich anfangs mit einer Maschinenfabrik in der Chausseestraße recht und schlecht durchgewirtschaftet und war dann, mit einem kleinen Vermögen im Rückhalt, Privatier geworden. Er hatte die Zeit benutzt, seine Söhne Walther (den nach dem ersten Weltkrieg als »Erfüllungspolitiker« die tödlichen Schüsse der Reaktion trafen) und Erich zu unterrichten und eingehende Studien auf dem noch jungfräulichen Gebiet der Elektrotechnik zu treiben, die er auf einer Amerikareise kennengelernt hatte. Als die Kunde von immer neuen Erfindungen nach Europa drang, ging er zum zweitenmal über den großen Teich und trat mit Thomas Alva Edison in Verbindung. Mit einigen seiner Patente in der Tasche kehrte er nach Berlin zurück, gründete die »Deutsche Edison-Gesellschaft« (die spätere AEG) und versuchte, den Deutschen das Heil des elektrischen Lichts und des Telefons zu verkünden. Mit dem Ergebnis, daß man ihn für einen Schwärmer und Phantasten erklärte.

Es war vielleicht auch ein bißchen viel von den Leuten verlangt, daß sie seinen Gedankengängen folgen sollten. Der Mann wollte mit Hilfe jener geheimnisvollen Macht, der Elektrizität, die Nacht in den Straßen zum Tage machen, er wollte das so herrlich hell brennende, wenn auch gelegentlich etwas stinkende Gas aus den Häusern verdrängen, er wollte die Urkraft des Dampfes in den Fabriken ablösen. Na, und dann dieses Spielzeug namens *Telefon!* Sich vorzustellen, man könnte eines Tages mit Onkel Ottokar aus München oder Tante Jutta aus Kalkutta so sprechen, als säßen sie einem im Sessel gegenüber, das war doch eine Zumutung! Selbst als am Abend des 31. August 1888 die Straße Unter den Linden im Glanze von 104 elektrischen Bogenlampen aufstrahlte, da meinten die Berliner nach anfänglichem »Aaaah!« und »Oooooh!« skeptisch: »Det wird nie'n richtjer Jas ...« Und diese Meinung vertrat nicht nur das Volk.

Carl Fürstenberg dagegen war sofort bereit, dem verrückten Rathenau für seine Pläne das nötige Kleingeld vorzuschießen. Aus dem einfachen Grunde, weil er ihn nicht für verrückt hielt und weil er für die Berliner Handels-Gesellschaft hier das ganz große Geschäft erkannte. Wie der geniale Industrielle Emil Rathenau (und später Walther Rathenau), beraten von dem Finanzgenie Fürstenberg, dann die AEG im Laufe der Jahre zu einer Firma von Weltgeltung machte, das ist, wie der Festredner so schön sagt, mit goldenen Lettern in das Buch der deutschen Wirtschaftsgeschichte eingetragen. Wir wollen darin jetzt nicht blättern, sondern Maximilian Harden zu Worte kommen lassen, der ein meisterliches Porträt Fürstenbergs gab, nachdem er ihn bei einer seiner großen Finanzschlachten erlebt hatte:

»... und der Senior der Berliner Handels-Gesellschaft blickt aus runden Augen, wie ein uralter, furchtbar kluger Fabelpapagei, auf das Getümmel herab und preßt, unter dem noch nicht ergrauten Bart, die Zähne zusammen, damit von den unzähligen Witzen, die sein rasch und lustig assoziierender Geist gebiert, nicht etwa einer zu unrechter Zeit auf die Lippen gelangt. In den Pausen erleichtert er sich. Hat für jeden, der ihm wichtig dünkt, ein angenehmes Wort, eine blühende Girlande, schwichtigt hier, stimuliert dort, löscht mit behutsamem Finger glimmende Dochte, ist, je nach Bedarf, Stratege und Vermittler, Zyniker und bon enfant und läßt in jeder Gruppe mindestens eine Leuchtkugel steigen, der alles lachend nachstaunt.«

Carl Fürstenberg nahm sich bei aller fanatischen Arbeit zwischendurch die Zeit, sein Haus zu bestellen und eine Familie zu gründen. Nach einem ersten mißglückten Versuch fand er in der so klugen wie schönen Polin Aniela Laski die ideale Partnerin. Er pflegte mit ihr, die trotz ihrer Abstammung aus einer Warschauer Bankiersfamilie von Finanzdingen keinen Deut verstand, die kompliziertesten Manöver zu besprechen, da er der Meinung war, daß ein gescheiter Mensch jedem Problem gegenüber eine klare Einstellung habe.

Die Hochzeitsreise führte die Fürstenbergs nach Konstantinopel, das damals noch den rätselvollen Traum des Orients träumte. Während *sie* Gelegenheit erhielt, den Harem eines Ministers zu besuchen (von dessen überernährten Schönheiten sie enttäuscht war), rang *er* mit einem abgefeimten Levantiner, der angeblich kein Wort Deutsch verstand, um den Preis einiger märchenhafter Teppiche. Sieger blieb Fürstenberg, als er in den Kissen eines Diwans die Morgenlektüre des Levantiners entdeckte und sie ihm vor die Nase hielt. Es war das Berliner Witzblatt »Ulk«! Auch in seinen Flitterwochen konnte C. F. den Bankier nicht verleugnen. Er fuhr mit einem Raddampfer auf das asiatische Ufer hinüber, um das Gelände der geplanten Orientbahn zu inspizieren; ein Projekt, das er mitfinanzieren sollte. Stundenlang wartete er am Rande der uralten Karawanenstraße, bis die ersten Lastkamele vorübertrotteten. Und diesen »Riesenverkehr« sollte einmal eine Bahnlinie übernehmen? Fürstenberg beschloß auf der Stelle, sich aus dem Geschäft zurückzuziehen — wenn er sich auch sagte, daß sein Eindruck rein zufällig gewesen sein könnte. Aber sein berühmter Instinkt trog ihn nicht — die Bagdadbahn wurde ein ewiges Sorgenkind.

Zum Ende des Jahrhunderts machten die Fürstenbergs aus ihrer Grunewaldparzelle einen luxuriösen Landsitz mit Stallgebäude, Gewächshäusern, Tennisplätzen und einem zehn Morgen großen Park. Sie holten sich dazu den Hofarchitekten Ihne, dem Berlin den Marstall, das Kaiser-Friedrich-Museum und die Staatsbibliothek verdankt. Ernst von Ihne wurde von der Berliner Geldaristokratie für den Landhausbau bevorzugt, neben Alfred Messel (der im selben Jahre die Pläne zum neuen Haus der Berliner Handels-Gesellschaft an der Französischen Ecke Charlottenstraße entwarf). Für die Innenausstattung mobilisierte man die Antiquitätenhändler ganz Europas.

Anielas Charme und Schönheit ließen das Haus zu einem Mittelpunkt der Berliner Gesellschaft und Geselligkeit werden. Das Gästebuch trug das Börne entnommene Motto: »Vieles kann der Mensch entbehren, nur den Menschen nicht.« Hier schrieben sich Harnack ein und Hauptmann, Robert Koch und Alfred Kerr, Rodin und Reinhardt, Leistikow und Lindau, Richard Strauß, Walter Rathenau, Albert Ballin — Generale, Botschafter, Politiker.

Sie alle schätzten das Bonmot, den berlinischen Wortwitz über alles. Ein gelungenes Bonmot verbreitete sich damals wie ein Lauffeuer durch Berlin, es konnte den, den es traf, mit einem Schlage lächerlich machen. Fürstenbergs Leidenschaft dafür ging so weit, daß er, als man ihm Vorhaltungen machte, wie oft er sich schon durch seine Scharfzüngigkeit geschadet habe, trotzköpfig antwortete: »Ach was, lieber 'n guten Freund verlieren als 'n gutes Bonmot.«

Selbst dem Finanzamt gegenüber hielt er seine Zunge nicht im Zaum. Einmal bekam er seine Steuererklärung mit dem Vermerk zurück: »Wir vermissen die Einnahmen aus spekulativen Geschäften.« Da schrieb er an den Rand: »Ich auch!« und schickte sie von neuem ab. Schon seine Mitwelt schmückte ihn mit fremden Federn. Auf die Frage, welche unter den unzähligen Anekdoten, die man ihm zuschrieb, denn nun wirklich von ihm seien, meinte er: »Die guten ...«

Mit dem Ausbruch des Weltkrieges stürzte die Welt Carl Fürstenbergs zusammen. (Nicht ohne Grund läßt er seine Memoiren mit dem Jahre 1914 enden.) Ihm war das Glück beschieden gewesen, in eine Zeit hineingeboren zu werden, die von vielen als die perikleische Epoche Spreeathens bezeichnet wird. Und er hat von diesem Glück gewußt. Zwar ging er als Fünfundsiebzigjähriger mit seinem Sohn Hans noch einmal an den Wiederaufbau seines in Scherben liegenden Instituts, aber es sind nicht mehr seine Sterne, die da leuchten. Wie ein heiter-melancholischer Schlußakkord klingt jene Anekdote aus den ersten Nachkriegsjahren, als die Bankdiener in seinem Arbeitszimmer aufmarschieren und, »im Zuge des neuen Betriebsratgesetzes«, darum bitten, nicht mehr mit »Franz« oder »Wilhelm« angeredet zu werden, sondern mit »Herr«. Fürstenberg stimmt mit dem größten Vergnügen zu und vertieft sich wieder in seine Akten. Dann hebt er noch einmal kurz den Kopf und sagt: »Ich muß Sie allerdings bitten, meine Herren, mich in Zukunft ›Carl‹ zu nennen. Ein Unterschied muß schließlich sein ...«

Sie konnte nicht richtig Deutsch schreiben und besaß kaum Bildung. Sie wußte wenig und hatte eine richtige Erziehung nie genossen. Sie war arm wie eine Kirchenmaus und von ungewöhnlicher Häßlichkeit. In ihrem Äußeren fand man nichts, was sie vor anderen ausgezeichnet hätte.

Und doch speiste sie mit Fürsten und Baronen, empfing sie ein König zur Audienz, bezeichnete Herder sie als »ein ursprüngliches deutsches Genie«, schrieb ihr ein Goethe lange Briefe, errichtete man ihr zu Lebzeiten ein Denkmal, auf dessen Sockel die Inschrift steht: *Die deutsche Sappho — Anna Louise Karsch*

Die Karschin, wie sie genannt wurde, war eine ungewöhnliche Frau. Sie überstrahlte ihre Schattenseiten durch den Glanz eines gütigen Herzens, einer mannigfaltigen Phantasie und durch die Fähigkeit, ihre Gedanken und Gefühle in Verse zu kleiden. In einer Zeit, in der die deutschen Dichter gerade begonnen hatten, sich die eigene Sprache zu erobern, war eine Dichterin eine Rarität; um so mehr, wenn sie, wie Anna Louise, dem ungebildeten Volke entstammte, einer Schicht, der man solche Produkte nicht zutraute.

Man glaubt die befremdet gerunzelten Brauen zu sehen, liest man den Brief des Herrn Professor Sulzer, vor dessen Stock die Schüler des Joachimsthalschen Gymnasiums genauso zitterten wie die Poeten vor seiner »Allgemeinen Theorie der schönen Künste«.

»Es hat sich«, klingt es da im hüstelnden Kathederton, »hier im Bereich des Geschmacks eine wunderbare Erscheinung gezeigt, eine Dichterin, die bloß die Natur gebildet hat und die, nur von den Musen gelehrt, große Dinge verspricht. Sie befindet sich gegenwärtig in Berlin, wo sie sich ganz meiner Führung überläßt. Sie besitzt einen ausnehmenden Geist, eine sehr schnelle und sehr glückliche Vorstellungskraft. Sie drückt sich über alles mit der größten Fähigkeit so gut aus, wie irgendein Mensch tun kann, der sein ganzes Leben mit Nachdenken zugebracht hat, und es kostet sie gar nichts, die feinsten Gedanken bei jedem Gegenstand zu erzeugen und in sehr guten Versen vorzutragen. Ich zweifle sehr, ob jemals ein Mensch die Sprache und den Reim so sehr in seiner Gewalt gehabt hat als diese Frau. Sie setzt sich in einer großen Gesellschaft unter dem Geschwätz von zwölf oder mehr Personen hin, schreibt Lieder und Oden, deren sich kein Dichter zu schämen hätte.«

Dichterin — die Literarhistoriker lächeln ein wenig, wenn man der Karschin dieses Prädikat erteilt. Gewiß, sie erwähnen die Frau in ihren Literaturgeschichten, beeilen sich aber hinzuzufügen, daß ihr nicht ihre Werke diesen Platz verschafft haben, sondern ihre Originalität.

Eine Originalität, die trotz schlesischen Ursprungs sehr großstädtische, sehr berlinische Züge trug. Ihre tragisch-komische Liebe zu Gleim, die furchtlosen Verse über Friedrich den Einzigen, ihre Unterhaltung mit Goethe, ihre Unbekümmertheit im Verkehr mit hohen Würdenträgern, alles das läßt sie als eine würdige Genossin der Urberlinerin Dutitre erscheinen. Und man darf es bedauern, daß nichts überliefert ist von einer Begegnung der beiden Damen.

Die Karschin selbst war nie so vermessen, sich für eine Dichterin zu halten. Sie hat sich und ihre Verseschmiede nicht ungebührlich ernst genommen. Sie sei bestenfalls eine »Liedermacherin«, meinte sie, und der liebe Gott schaue ihr beim Dichten manchmal über die Schulter. »Der Vogel schwingt sich nicht höher, als die Kraft seiner Schwingen ihn trägt«, notiert sie bescheiden.

Sehr hoch trugen diese Schwingen sie nun tatsächlich nicht, zumindest nicht in die dünne Luft dichterischer Bergeshöhen. Was den »Fall Karschin« aber für uns so packend macht, das ist ihr Leben, ist ihr Weg von der einfältigen Kuhmagd im schlesisch-polnischen Grenzdorf bis zur berlinisch witzigen Dichterin im Berlin Friedrichs des Großen.

Es ist das Berlin der sechziger Jahre des achtzehnten Jahrhunderts, auf das die Karschin trifft. Eine Stadt, die, eingezwängt auf engem Raum, mit ihrer Einwohnerzahl auf die Hunderttausend zugeht, vor deren Toren sandige Kartoffelfelder sich strecken, saure Weinberge und ärmliche Dörfer. Eine Stadt, in der der spießbewehrte Nachtwächter die Stunden ausruft und die meisten Einwohner die Gewohnheit haben, ihre Nachtstühle aus dem Fenster auf die Straße zu kippen. Eine Stadt aber auch, die durch das Wort Friedrichs, wonach die Gazetten nicht genieret werden sollen und jeder nach seiner Façon selig werden darf, zu einem Mittelpunkt freier Geistigkeit geworden ist. An der Schloßfreiheit und auf der Breiten Straße, in den Mittelpunkten des geschäftlichen Lebens, sieht man Moses Mendelssohn im Gespräch mit Otto Friedrich Nicolai, zwei Männer, deren Wort im literarischen Leben Deutschlands mit Gold aufgewogen wird. In der vornehmen Brüderstraße wohnt der Maler und Kupferstecher Chodowiecki, der Lessings »Minna von Barnhelm« und später Goethes »Hermann und Dorothea« illustrierte. An der Kadettenschule lehrt Karl Wilhelm Ramler, ein mäßiger Dichterling, aber gefürchteter Kritiker. Eine große Rolle spielt auch der Schweizer Ästhetiker Sulzer, der jenen Brief über die Karschin schrieb.

In diesem günstigen Klima »keimt der Blumensamen« der Karschin schnell auf. Sie findet Eingang in adlige Kreise; man lädt sie ein, reicht sie herum, macht sie zum Mittelpunkt ganzer Feste. Die Virtuosität, mit der sie aus dem Handgelenk die graziösesten Verse schüttelt, erregt Bewunderung. Man lebt in einem Lande, in dem diese französisch anmutende Fertigkeit rar ist.

Und dabei weiß sie nichts von Versmaßen, hat noch nie etwas von den Gesetzen der Metrik gehört — bemerkt Ramler kopfschüttelnd, dessen gequälte Verse vollgestopft sind mit gelehrtem Wust. Wie macht die Frau das? rätseln die Schriftgelehrten. Sie singt sich ein Lied, sagt sie, dann strömen ihr die Verse von selber zu, sagt sie. Für kleinere Gedichte braucht sie noch nicht einmal dieses Stimulans, da reimt sie einfach drauflos. Gekränkt beschließen die Gelehrten, die Karschin zum »Naturwunder« zu ernennen.

Gelegentlich sorgt das Naturwunder für delikate Situationen. Ihr Hochzeitscarmen für den Prinzen Heinrich, das ein Gast arglos vorliest, läßt die junge Braut bis zum Busenausschnitt erröten. Als der Thronfolger Friedrich Wilhelm geheiratet hat, bringt die Karschin der jungen Frau Prinzessin ein »naseweises, kühnes Liedchen«, in dem der »baldige runde Beweis ehelicher Zärtlichkeit« verlangt wird.

Bei einer Gesellschaft bewundert der Dichter Gleim die wohlgeformten Hände seiner Tischdame. Anna Louise wirft ihm verärgert den Vers an den Kopf:

Mir Weib von zärtlichem Gefühle
Gab die Natur die gröbste Bauernhand,
Und doch geschah es, daß sie Beifall fand,
Weil ich mit ihr die Leier spiele.

Den Gleim, den liebte sie nämlich.

Es ist mehr Tragisches als Komisches um diese Liebe. Anna Louise, Anfang der Dreißig nun, unbefriedigt geblieben in ihren beiden Unglücksehen, von Liebessehnsucht erfüllt, sieht sein Bild bei Ramler und verliebt sich auf der Stelle. Sie schreibt ihm nach Halberstadt, wo er als Kanonikus eine gute Pfründe innehat.

Gleim erwidert ihre Briefe. Er, den die Literaturgeschichte als »Hebamme junger Talente« lieber nennt denn als Dichter, er will diese Naturerscheinung fördern. Er kommt für vier Wochen nach Berlin und zieht sich bald erschrocken zurück von der »deutschen Sappho«, wie er sie nennt. Dabei verehrt er sie von Herzen. Vielleicht hätte er sie sogar zur Gleimin gemacht; denn ihre Häßlichkeit ist es nicht, die ihn abstößt, er kann nur wenig anfangen mit der urigen Kraft, die die Karschin ausstrahlt. Sie entspricht so gar nicht seinem Geschmäcklertum.

Johann Wilhelm Ludwig Gleim gehört zu den Anakreontikern, einer Gruppe von Dichtern, die ihre Verse im Stile des sinnenfrohen Anakreon schmieden. Doch während der olle Grieche kannte, was er besang, trinken die Gleims Wasser, wenn sie vom Wein sprechen, ziehen sie sich angstvoll auf ihre rosenumkränzte Rasenbank zurück, wenn ihnen die vielgefeierte Liebe wirklich begegnet. So flüchtet Johann Wilhelm Ludwig vor der Karschin Leidenschaft in unverbindliche Tändelei. Als er bei einer gemeinsamen Heimfahrt in einem Anfall romantischen Leichtsinns den Glanz der Sterne bewundert, flüstert es postwendend neben ihm in der Kutsche:

Was siehst du nach der Nacht?
Wann sieht die Nacht nach dir?
Und wann sang dir ein Stern Gesänge?
Geliebter Thyrsos, sieh nach mir,
Mein Herz sehnt immer sich nach dir,
Und Lieder singt es dir in Menge!

Gleim darf trotz allem das Verdienst beanspruchen, für den Druck von Anna Louises Gedichten tausend Subskribenten zusammengetrommelt zu haben, was der Dichterin neben dem Ruhm 1000 Friedrichsdor einbringt (1 Friedrichsdor = 5 Taler).

Die Karschin verwindet ihren Kummer, indem sie ihre Liebe einem Höheren zuwendet: Friedrich. Sie vergöttert ihn — und hofft zugleich, daß er, der so vielen hilft, auch ihr helfen wird; lebt sie doch, trotz aller Anerkennung, noch immer ziemlich kümmerlich. Mit der ihr eigenen Tatkraft arbeitet sie daran, eine Audienz beim König zu erwirken. Seydlitz, der Reitergeneral, den sie von Glogau her kennt, unterstützt sie dabei. Er läßt ihre Gedichte ins Französische übersetzen, um sie dem König genießbar zu machen. Eines Tages ist es dann soweit:

»Die fünfte Nachmittagsstunde des 11. August 1763 war diejenige, in der ich zum Marquis d'Argens gerufen ward. Er und Herr von Katt, Vorleser des Königs, stellten mich vor. Ich stand im großen Marmorsaal, aus welchem vor etlichen Tagen die Prinzessinnen in den Vorhof tanzten: Zehntausend Lampen erhellten den Saal. Hier stand ich und erwartete den Monarchen, den großen, welchen ganz Europa, welchen Indien kennen will. Das Herz klopfte mir in zwölf gewaltigen Schlägen hoch empor, doch gewann ich so viel Zeit, daß ich meine Lebensgeister, ehe der König die Tür aufmachte, noch ganz gut in Ordnung bringen konnte. Nun trat er herein:

Ist sie die Poetin?

Ja, Ihro Majestät, man nennt mich so.

Sie ist doch aus Schlesien?

Ja, Ihro Majestät.

Wer war ihr Vater?

Er war ein Brauer aus Schweidnitz beim weinreichen Grünberg.

Aus Schweidnitz? Gehört das nicht den Gräflichen?

Bei Lebzeiten meines Vaters war ein Herr von Kösserlitz der Eigentümer.

Aber wo ist sie geboren?

Auf einer Meierei, wie Horaz eine gehabt hat.

Sie hatte, sagt man, niemals Unterweisung?

Niemals, Ihro Majestät, meine Erziehung war die schlechteste.

Durch wen aber ward sie eine Poetin?

Durch die Nacht und durch die Siege von Eurer Majestät.

Wer aber lehrte sie die Regeln?

Ich weiß von keinen Regeln.

Von keinen Regeln? Das ist nicht möglich. Sie muß doch das Metrum wissen.

Ja, Ihro Majestät, aber ich beobachte das Metrum nach dem Gehör und weiß ihm keine Namen zu geben.

Wie denn kommt sie mit der Sprache zurecht, wenn sie sie nicht lernte?

Meine Muttersprache hab' ich so ziemlich in der Gewalt.

Das glaub' ich, was die Feinheit betrifft. Wie aber steht's mit der Grammatik?

Von der hab' ich die Gnade, Eurer Majestät zu versichern, daß ich nur kleine Fehler mache.

Man muß aber keine machen. (Er lächelte.) Was liest sie denn?

Plutarchs Lebensbeschreibung.

Wohl auch Poeten?

Ja, Ihro Majestät, zuweilen auch Dichter: den Gellert, den Haller, den Kleist, den Utz und alle unsere deutschen Dichter.

Aber liest sie nicht auch die Alten? Man hat doch Übersetzungen?

Ein paar Gesänge des Homer, von Bodmer übersetzt, und den Horaz von Lange las ich.

Also den Horaz. Hat sie auch einen Mann?

Ja, Ihro Majestät, aber er ist von Ihren Fahnen entlaufen, irrt in Polen umher, will wieder heiraten und bittet mich um die Scheidung, die ihm ich verwillige, denn er versorgt mich nicht.

Hat sie Kinder von ihm?

Eine Tochter.

Wo ist die?

Zu Berlin. Hofrat Stahl bezahlt für sie.

Ist sie schön?

Mittelmäßig, Ihro Majestät, sie hat keine schöne Mutter.

Diese Mutter war doch wohl einmal schön?

Ich bitte untertänigst um Vergebung, sie war niemals schön. Die Natur vergaß den äußeren Putz an ihr.

Wie wohnt sie denn?

Oh, Ihro Majestät, sehr schlecht. Ich kann kein Haus bekommen in Berlin, und um Eurer Majestät eine Idee zu machen von meiner Wohnung, muß ich bitten, eine Kammer in der Bastille zu Paris sich zu denken.

Aber wo wohnt sie eigentlich?

Im alten Konsistorium, drei Treppen hoch, unterm Dach.

Wovon lebt sie?

Von Geschenken meiner Freunde. Hofrat Stahl gibt mir sehr oft zu essen.

Wenn sie Lieder in den Druck gibt, was gibt man ihr für den Bogen?

Nicht viel, Ihro Majestät, ich ließ acht Lieder auf Ihren Triumph drucken.

Und was gab man ihr?

Nur zwanzig Taler.

Zwanzig Taler? In Wahrheit, davon lebt man nicht lange. Ich will schon sehen, will sorgen für sie.«

Der König aber vergißt seine Poetin. Deutsche Art und Kunst interessieren ihn ohnehin nicht. Von einem Landesherrn, der Goethes »Götz von Berlichingen« als eine »ekelhafte Plattheit« bezeichnen wird, darf die Karschin nichts anderes erwarten. Nach zehn Jahren wagt sie es, den Alten von Sanssouci an sein Versprechen zu mahnen. Postwendend erhält sie von ihm einen Brief. Inhalt: zwei Taler. Anna Louise, die längst eine echte Berlinerin geworden ist, murmelt »Uff den Kalmus piep' ick nich«, setzt sich an ihren Sekretär und schreibt an den Ollen Fritzen:

Zwei Taler gibt kein großer König,
Ein solch Geschenk vergrößert nicht mein Glück,
Nein, es erniedert mich ein wenig,
Drum geb' ich es zurück.

Friedrich soll den klassischen Vierzeiler bei einer Gesellschaft mit den Worten kommentiert haben: »Messieurs, heut ist mir etwas arriviert, was mir noch nie geschah, und ich kann's auf französisch nicht gut sagen: eine Dame gab mir ihre Verweigerung.«

Nach weiteren zehn Jahren schreibt die Karschin, auf den Rat ihrer Freunde vom Hof, noch einmal an ihn; sie erwähnt dabei, daß Seydlitz ihr damals mitgeteilt habe, der König wolle ihr ein Haus schenken.

Statt des Hauses kommen — drei Taler. Die Karschin quittiert wieder auf ihre Art:

Seine Majestät befahlen,
Mir, anstatt ein Haus zu bauen,
Doch drei Taler auszuzahlen.
Der Monarchsbefehl ward traun
Prompt und freundlich ausgerichtet,
Und zum Dank bin ich verpflichtet.
Aber für drei Taler kann
Zu Berlin kein Hobelmann
Mir mein l e t z t e s Haus erbauen.
Sonst bestellt' ich ohne Grauen
Heute mir ein solches Haus,
Wo einst Würmer Tafel halten

Und sich ärgern übern Schmaus
Bei des abgehärmten alten
Magern Weibes Überrest,
Die der König darben läßt.

Friedrichs Nachfolger löst das Versprechen seines Onkels überraschenderweise ein. Er läßt der Karschin ein »propper Häusgen« in der Nähe der Garnisonkirche bauen.

»Mein Haus hat drei Stockwerke in der Höhe«, jubelt sie, »sechs Fenster in der Breite und ist überaus niedlich gebaut, schöne Türen mit gelben Schlössern, schöne Fenster mit großen Scheiben und hübsche Öfen. Lichterheller Tag ist überall, und ein klein dreieckigtes Höfchen mit einem Brunnen und schöne gewölbte Keller hat's auch und eine ganz himmlische Aussicht in viele Gärtchens und weithin über eine Brücke.« Sie hat diese Aussicht nur zweieinhalb Jahre genießen dürfen, dann bezog sie für immer jenes letzte Haus des Hobelmanns.

»Achtzig müßte man sein . . .«

Frau Minna Matschke aus der Rheinstraße hatte noch ein Gesangbuch von ihm. Mit der eigenhändigen Widmung: »Gott sei dir Schutz und Schirm. Friedrich Graf von Wrangel«. Wie es dazu kam, hat die damals fünfundneunzigjährige Ureingeborene von Steglitz-Friedenau oft und gern erzählt.

»Ungefähr da, wo heute das Steglitzer Rathaus steht, da war früher ein Chausseehaus, und wer dran vorbei wollte, mußte beim Chaussee-Einnehmer Jachmann einen Groschen berappen. Einmal, als ich mit den Eltern auf die Abfertigung wartete, kam Papa Wrangel vorbei und die Dorfjugend hinter ihm her, weil er doch immer mit Bonbons schmiß. Ich war aber so klein, daß ich nichts abkriegte, und fing an zu heulen.« Woraufhin der Generalfeldmarschall Minnas Tränen mit dem Gesangbuch trocknete.

Der Vorsitzende vom Heimatverein zeigt mir einen »Dreier«. Der olle Wrangel pflegte diese Dreipfennigstücke besonders braven Kindern in die Hand zu drücken. Der Dreier gehört zu den Erinnerungsstücken, die das Wrangelschlößchen — heute Hotel — am südlichen Ende der Steglitzer Schloßstraße birgt. In seinen Räumen und in seinem Garten hatte der Alte in den fünfziger und sechziger Jahren des vergangenen Jahrhunderts so manchen Sommer verbracht.

Die Anekdote überliefert uns den Generalfeldmarschall Friedrich Heinrich Ernst Graf von Wrangel als polternden, falsches Deutsch sprechenden, witzelnden und nicht gerade mit hoher Intelligenz geschlagenen ollen Haudegen, eine Art Blücher im Taschenformat.

Das aber ist er nicht gewesen — so sagt der Familienverband des Geschlechtes von Wrangel, der den großen Ahnen vom anekdotischen Rankenwerk befreit sehen will, um ihn als das herauszustellen, was er vornehmlich war: ein tapferer Offizier, ein tüchtiger Heerführer, ein Mann, der die *Tugenden* des Preußentums verkörpert hat. Folgt man dem Lebenslauf des Generals mit historischer Akribie, so wird man dem Familienverband recht geben müssen.

Und dennoch: Tapferkeit, tüchtiges Heerführen, preußische Tugenden allein machen nicht unsterblich; Deutschland hatte ein paar Dutzend Generale, die über diese schätzenswerten Eigenschaften verfügten. Wenn heute jede Berliner Blumenfrau, jeder Taxichauffeur, jeder Kneipenwirt und jeder Professor den ollen Papa Wrangel noch kennt, dann verdankt er das seinem Humor. Hätte er ihn nicht gehabt, so würde er nur noch in den Geschichtsbüchern, aber nicht mehr im Gedächtnis des Volkes leben.

Friedrich der Große hatte noch anderthalb Jahre vor sich, als Wrangel am 13. April 1784 in Stettin geboren wurde. Seinem Vater, dem Obersten und Regimentskommandeur in der Festungsstadt, war es bereits an diesem Tage klar, was aus dem Jungen einmal werden sollte: Offizier. So verließ Friedrich Heinrich Ernst mit Quartareife das Gymnasium zu Neustettin und trat als Junker in das ostpreußische Dragonerregiment v. Werther ein. Welches Martyrium das für einen Zwölfjährigen bedeutete, wissen wir aus den Memoiren des Generals von der Marwitz: zwei Uhr früh Wecken, bis halb vier Stalldienst, dann in den Sattel, Exerzieren auf grobschlächtigen Rössern, die der Kinderhand nicht gehorchen wollten und bei der ersten Attacke durchgingen, Stürze, den Spott der Großen, bei den Paraden die schwere Standarte in der klammen Faust, sechs Stunden am Tag zu Pferd, nachmittags die Schleiferei zu Fuß, Ohnmachtsanfälle, die ständige Drohung der »Fuchtel«, einer Art Regimentskeile mit der flachen Klinge — und in der »freien Zeit« Nachhilfestunden, bittere Paukerei, um die Wissenslücken zu füllen!

Der schwächliche Wrangel kam mit letzter Energie über die Runden: mit dreizehn Jahren beförderte man ihn zum Fähnrich, mit vierzehn zum Sekondeleutnant. Zweiundzwanzigjährig erlebte er in Polen seine Feuertaufe bei einem Gefecht mit zwei französischen Chasseurs-Eskadrons. Ein Jahr später, 1807, führte er seine Reiter in das Schlachtgetümmel von Heilsberg, wurde vom Pferd geschossen, ließ sich wieder in den Sattel heben und kämpfte, aus mehreren Wunden blutend, mit solcher Bravour, daß man ihm den Pour le mérite und den russischen Wladimirorden an die Brust heftete.

Die Befreiungskriege 1813 bis 1815 sahen ihn überall dort, wo es nach Pulver roch. In der Schlacht von Großgörschen zersprengte er mit seiner Schwadron ein feindliches Karree, sein Pferd wurde tödlich getroffen und begrub ihn unter sich. Wrangel, erneut verwundet, lag elf Stunden unter Toten und Schwerverwundeten. Im Morgengrauen fand ihn ein Leichtblessierter und schleppte ihn zu den preußischen Linien. In der Völkerschlacht von Leipzig ritt er einige taktisch hervorragende Attacken auf dem Plateau von Wachau.

Am Abend des 14. Februar 1814 erhält der Major Wrangel ein Himmelfahrtskommando. Als Nachhut soll er den vorübergehenden Rückzug des leichtsinnig-tollkühn in Richtung Paris vorgeprellten Blücher decken. Im Wald von Etoges wird er von feindlicher Übermacht eingeschlossen. Ein Parlamentär läßt sich bei Wrangel melden und verlangt die sofortige Übergabe. Wrangel antwortet: »Solange ich den Säbel in der Hand halte, kapituliere ich nicht.« Der französische Offizier fordert daraufhin die Dragoner in deutscher Sprache auf, ihren Regimentskommandeur im Stich zu lassen und sich zu ergeben. Damit verstößt er gegen die Gesetze, denen er als Parlamentär unterworfen ist. Wrangel läßt ihn vom Pferd hauen. Nach Einbruch der Dunkelheit schlägt er sich durch den Feind bis nach Etoges durch, wo der General von Zieten den längst Aufgegebenen umarmt.

Mit neununddreißig Jahren trug Wrangel die Generalsraupen. König Friedrich Wilhelm III., der Mann der Königin Luise, empfing ihn im Königsberger Schloß, küßte ihn auf die rechte Wange und sagte mit der ihm eigenen epigrammatischen Kürze: »Mit Ihnen zufrieden.« Was ein ungeheures Lob bedeutete. Der alte Wrangel hat später, wenn ihn Ehrenjungfrauen oder alte Kameraden abknutschen wollten, immer warnend auf seine rechte Backe gezeigt: »Nich hierhin! Hier hat mir mein König jeküßt!« Aber noch war er nicht der »alte Wrangel«, noch mußten Jahrzehnte vergehen, bis seine Stunde schlug.

Sie kam herauf mit dem »tollen Jahr«, dem Jahre 1848, in dem allerorts in Deutschland revolutionäre Versammlungen abgehalten und Barrikaden errichtet wurden, in dem verdatterte Kleinstaatenfürsten ratlos vom Schloßerker auf die Volksmassen starrten, auf deren Fahnen geschrieben stand: Pressefreiheit, Redefreiheit, Volksbewaffnung, deutsches Parlament.

In Berlin hatten sich am 18. März etwa zweitausend Menschen auf dem Schloßplatz versammelt, als der König auf dem Balkon erschien, um dem Volk Zugeständnisse zu machen. Unter Vivatrufen drängte die Menge auf die Portale zu, wurde durch den Anblick des dort stationierten Militärs gereizt und schrie in Sprechchören: »Fort mit den Soldaten!« Friedrich Wilhelm ließ Kavallerie einsetzen, um dem »Skandal da unten« ein Ende zu bereiten, gab jedoch strenge Order, keinem seiner Untertanen ein Haar zu krümmen. Bei der Räumung des Platzes lösten sich aus den Gewehren zweier Grenadiere jene beiden Schüsse, die zwar niemand verwundeten, aber um so verhängnisvollere Folgen haben sollten.

Wie ein Feuersturm verbreitete sich in Berlin das Gerücht von »einem grausigen Blutbad unter der wehrlosen Bevölkerung«. Innerhalb weniger Stunden waren in der Innenstadt über tausend Barrikaden errichtet. Es kam zu Straßenkämpfen, die von beiden Seiten mit maßloser Erbitterung und Todesverachtung geführt wurden; besonders blutig verliefen sie am Alexanderplatz und in der Breiten Straße. Am anderen Morgen lagen zwanzig Soldaten und 187 Barrikadenkämpfer tot auf dem Pflaster.

Der König gab nun, uneinig mit sich selbst und zwischen seinen Ratgebern ratlos schwankend, den Befehl zum Abzug der Truppen aus der Stadt und vertraute sich dem Schutz der »Bürgerwehr« an. Am 22. März zwang man ihn, dem Leichenzug der »Märzgefallenen« eine Ehrenbezeigung zu erweisen.

Am 22. Mai wurde im Weißen Saal des Schlosses die preußische Nationalversammlung eröffnet. Ihre Mitglieder waren guten Willens, aber parlamentarisch unerfahren und in ihren politischen Ansichten verworren; sie verzettelten sich in Zänkereien und gerieten allmählich unter den Einfluß der Straße. Ihre Aufgabe, dem Land eine Verfassung zu geben, vermochten sie nicht zu lösen. Für den König eine nicht unwillkommene Gelegenheit, gegen die »Schwatzbude«, wie die Versammlung von den Junkern genannt wurde, vorzugehen: Er befahl eine mehrwöchige Vertagung. Die überwiegende

Mehrheit der im Schauspielhaus auf dem Gendarmenmarkt tagenden Deputierten beschloß, diesem Befehl nicht zu folgen. Daraufhin trat Wrangel in Aktion.

Der General hatte es inzwischen zu einer Popularität gebracht. Im Deutsch-Dänischen Krieg um Schleswig-Holstein war er durch seine rauhbeinige Strategie genauso aufgefallen wie durch seine unmißverständliche Sprache gegenüber den Diplomaten: Wrangel, der Oberbefehlshaber der Bundestruppen, kehrte als Sieger heim! Im September des tollen Jahres hatte er gegen den Widerstand des entsetzten Kriegsministers mitten im aufrührerischen Berlin eine große Truppenparade abgehalten. Hierbei hielt er eine Rede, die sich durch ihre kluge Psychologie auszeichnete: mit vollendeter Dialektik wandte er sich im Lustgarten abwechselnd an seine Offiziere und an das Publikum.

Die Berliner gingen auf seinen Ton ein und fanden lediglich die Behauptung übertrieben, daß die Revolution ihre Häuser verödet habe und aus dem Pflaster das Gras emporschießen lasse. Am anderen Tage riefen sie mit einem Flugblatt zu einer »großen Berliner Straßen-Gras-Auktion« auf. Gratiszugabe: ein Bild Wrangels, wie er durch die völlig zugewachsene Innenstadt reitet.

Ihr Spott schlug in Empörung um, als sie von Wrangels geplanter Aktion gegen die Nationalversammlung erfuhren. In der Hasenheide verbrannte man ihn in Gestalt einer Strohpuppe. Die vorübergehend maulkorbfreie Presse nannte ihn »Tyrann«, »Unterdrücker«, »Geßler« und »Teufel von Berlin«. Die Post brachte ihm Dutzende von Drohbriefen. In einem Brief wurde ihm mitgeteilt, daß zur selben Stunde, in der er in Berlin einmarschiere, seine in Stettin lebende Gattin an einer Laterne baumeln werde.

Wrangel warf alles in den Papierkorb. Doch als er am 10. November um 14 Uhr mit klingendem Spiel das Hallesche Tor passierte, fragte er mit bänglichem Gesichtsausdruck seinen Adjutanten: »Ob se ihr jetzt wohl hängen?« Bei der Meldung, daß se ihr nich jehängt hätten, murmelte er halb erleichtert, halb mißmutig: »Uf die Leute is keen Verlaß.«

Nach dem Einmarsch der Truppen ging durch Berlin erneut das Gespenst des Bürgerkrieges. Daß es nicht dazu kam, ist Wrangel zu verdanken. Nicht auszumalen die Katastrophe, wenn an seiner Stelle ein Scharfmacher vom Typ der Prittwitzens in die revolutionäre Siedehitze geraten wäre! Die Hohenzollern bekannten später, Wrangel habe ihnen die Krone gerettet. Wilhelms I. Worte am Grabe des Feldmarschalls »Ohne den Mann säße ich nicht auf dem Thron« sind jedoch nur aus der verklärenden Ehrfurcht vor dem Toten zu verstehen; denn selbstverständlich hätte jeder andere General diese Krone auch gerettet. Was den General Wrangel aber zu einer Ausnahmeerscheinung macht, das ist die Art, *wie* er seinem obersten irdischen Herrn den Thron erhielt.

Er reitet vom Halleschen Tor bis zum Gendarmenmarkt, durch ein Spalier verbissen schweigender Berliner. Am Schauspielhaus angekommen, besichtigt er den dichten Kordon der Bürgergardisten. Er grüßt, wird aber nicht wiedergegrüßt. Er läßt sich aus einem Haus einen Stuhl bringen, setzt sich und sieht auf die Uhr. Der Kommandeur der Bürgerwehr, ein Major Rimpler, kommt auf ihn zu und erklärt: »Ich bin entschlossen, die Freiheit des Volkes und die Würde der Nationalversammlung zu schützen. Ich weiche nur der Gewalt!«

Das sind große Worte. Aber Wrangel hat kein Organ für das Flügelrauschen des Weltgeistes, ihm geht die Pathetik eines Napoleon genauso ab wie die Romantik eines Friedrich Wilhelm IV., er sagt janz schlicht: »Na denn weichen Se man, die Jewalt is nämlich da.« Ein Wort, das für Büchmanns Sammlung »Geflügelte Worte« ungeeignet ist. In Wrangels Situation wirkte es wie eine ernüchternde Dusche, die jede hochgebauschte Phrase hoffnungslos verregnen ließ. »Na denn weichen Se man . . .«

Und es wurde gewichen. Innerhalb fünfzehn Minuten hatten die Abgeordneten das Schauspielhaus verlassen und die Bürgergardisten den Gendarmenmarkt geräumt. Dann rückte Wrangel auf das Schloß vor, das von den Arbeitern der Borsigschen Maschinenfabrik besetzt gehalten wurde, unter dem persönlichen Oberbefehl ihres Chefs, August Borsigs. Auch hier ließ Wrangel nicht schmetternd zum Sturme blasen. Mit einem Hauptmann zur Linken näherte er sich dem Hauptportal und rief den im Anschlag liegenden Arbeitern zu: »Wenn ihr schießen wollt, schießt bitte auf mir!« Niemand schoß.

Ein General hatte eine Stadt erobert: durch Humor, Schlagfertigkeit und psychologisches Verständnis, ohne daß ein Tropfen Blut geflossen wäre. Die Weltgeschichte kennt kaum ein ähnliches Beispiel. Es liegt auf der gleichen Linie, daß dieser verhaßte »Bluthund der Reaktion« in kurzer Zeit zum vergötterten Liebling des Volkes wurde.

Die Stadt Berlin machte Wrangel, der 1850 seinen ständigen

Wohnsitz am Pariser Platz Numero 3 genommen hatte, zum Ehrenbürger. Die Schuljungen grüßten ihn artig, kleine Mädchen machten ihren Knicks; ritt er durch den Tiergarten, dann zogen betagte Männer ehrfürchtig ihren Hut.

Wenn er in seiner Eigenschaft als Oberkommandeur der Marken die Truppen in den kleinen Garnisonstädten inspizierte, empfing ihn am Stadttor der Bürgermeister, und der Schulchor sang die einschlägige Begrüßungshymne. Einmal sah er sich sogar einem Doppelspalier appetitlicher Ehrenjungfrauen gegenüber. Wrangel lief das Wasser im Munde zusammen, für das schönere Geschlecht hatte er viel übrig. Der Sitte gemäß schritt er die Front der Jungfrauen ab und küßte jede mit preußischer Gründlichkeit. Bei der »Flügelmännin« des zweiten Gliedes jedoch stockte er. Das Stadtoberhaupt hatte hier, weil ihm die Schönheitsköniginnen ausgegangen waren und weil anzunehmen war, der General werde sich mit der ersten Reihe begnügen, die Mauerblümchen versteckt — und das waren ziemlich mickrige Pflanzen. Nach einem fachmännischen Blick wandte sich Wrangel kurz entschlossen an seinen Adjutanten und sagte: »Eulenburg küß ma' weiter!«

Bei den anschließenden Besichtigungen war von seiner Gemütlichkeit nichts mehr zu spüren. Seinem Blick entging wenig, und die Offiziere zitterten mehr als die Mannschaften. Wrangel scheute sich nicht, selbst Rittmeister vor der Front abzukanzeln. Er hatte jedoch viel Sinn für Geistesgegenwart und schlagfertige Antworten.

Die Besichtigung eines Husarenregiments ist beendet. Es hat sozusagen nichts geklappt. Wrangel ist stocksauer, als er den Offiziersruf zur Kritik blasen läßt. Das Ungewitter entlädt sich auf einen Major, der das Regiment stellvertretend für den erkrankten Kommandeur vorgeführt hat und deshalb gar nicht verantwortlich gemacht werden kann. Als Wrangel zum Schluß mit schneidender Stimme bemerkt: »Sie, Herr Major, werde ich das nächste Mal nicht mehr sehen!«, da richtet sich der auf und schnarrt, schwer gereizt durch die maßlos ungerechte Behandlung: »Bedaure außerordentlich, daß Exzellenz Ihren Abschied nehmen wollen. Exzellenz sind doch noch rüstig.« In diesem Moment erstarren selbst die Pferde zu Bildsäulen. Die atemlose Stille unterbricht Wrangels Stimme: »Eijentlich hab' ich ja Dir jemeint, mein Sohn«, sagt er, grinst breit und gibt seinem Zossen die Sporen.

Sein Denken war gerade und einfach. Auch war er von einer

kindlichen Frömmigkeit erfüllt. Für Leute, die keiner Kirche angehörten, fehlte ihm das Verständnis. So kam es zu jener klassischen Aufforderung an eine Gruppe sogenannter Gottgläubiger, auf die er bei einer Inspektion gestoßen war: »Morjen früh um fünfe meldet ihr euch mit 'ner anständijen Relijohn. Wegjetreten!«

Sein Verhältnis zu den schönen Künsten war von der gleichen, göttlich zu nennenden Unschuld. Der Maler Most aus Stettin, der einige Bilder zur Vervollständigung der Wrangelschen Ahnengalerie malen sollte, fragte, wie es mit Vorlagen stehe. »Damit steht's schlecht«, meinte Wrangel, »jenügt aber, wenn die ollen Herrschaften 'n Stich Ähnlichkeit mit mir haben und vorschriftsmäßig anjezogen sind. Persönlich hat se ja doch keen Aas mehr jekannt.«

Gustav zu Putlitz, ein weiland hochberühmter Dichter, dessen Buch »Was sich der Wald erzählt« 46 Auflagen erreichte, wurde von Wrangel mit den Worten begrüßt: »Sind Sie eigentlich schon lange im Forstfach tätig?«

Über Wrangels falsches Deutsch haben ganze Generationen gelacht. Und besonders seine Mitwelt. Der alte Herr selbst aber lachte zuletzt und damit am besten. Denn der »Papa Wrangel«, das war nur eine Rolle. (Was Bismarck als einer der wenigen sehr schnell erkannt hatte.) Er spielte sie mit der gleichen Leidenschaft und der gleichen inneren Distanz wie ein guter Schauspieler. Sie gab ihm die Narrenfreiheit, den hinter der Etikette verschanzten Hofschranzen die Wahrheit zu sagen. Was bei jedem anderen zu einer Duellforderung geführt hätte, dem Papa Wrangel, der so stark in der Liebe war und so schwach in der Orthographie, dem nahm man nichts übel.

Dabei hätte man es eigentlich besser wissen sollen. Wrangel gehörte nicht zu jenen alten Militärs, die in ihrer Bildungsstufe nie über den Stabsgefreiten hinausgekommen waren. Er war ein weitgereister Mann, kannte Europa und hatte Rußland und die Türkei gesehen. An vielen Höfen war er als offizieller Repräsentant Preußens aufgetreten. Bei den Feierlichkeiten zur Krönung Karls XIV. in Stockholm hielt er aus dem Stegreif eine glänzende Rede. Seine im »Preußischen Militärwochenblatt« erschienene Arbeit »Über die Ausbildung und den Gebrauch der Cavallerie« ist in ausgezeichnetem Deutsch geschrieben wie seine Briefe — im Gegensatz zu denen Blüchers, der nicht nur falsch sprach, sondern auch falsches Deutsch schrieb.

Wrangel war ein Hofmann, doch kein Höfling. Er katzbuckelte

nicht und ließ sich von niemandem ungerecht behandeln. Prinz Karl, der den Alten nicht riechen konnte, beschwerte sich einmal, daß die Soldaten der Wrangel unterstellten Berliner Garnison ihn nicht zu kennen schienen. Beweise dafür konnte er nicht erbringen. Der fuchsteufelswilde Feldmarschall diktierte daraufhin folgenden, in der militärischen Geschichte Preußens ungewöhnlichen Gouvernementsbefehl: »Seine Königliche Hoheit Prinz Karl von Preußen ist an folgenden Kennzeichen erkennbar: Er trägt Artillerieuniform, hat Generals-Epauletten mit losen Raupen, raucht auf der Straße, reitet durch das Fußportal des Brandenburger Tors, hat eine Reitpeitsche in der Hand und führt Hunde ohne Maulkörbe mit sich.«

Prinz Karl revanchierte sich am Geburtstag König Wilhelms I. Der alte Marschall hatte an diesem Tage ein halbes dutzendmal seine Uniform wechseln müssen: zum Gottesdienst, zur Gratulation, zur Paroleausgabe, zur Parade, zum Diner der Generale, zur Festoper. Als er spät abends, wieder in einer anderen Uniform, zur Abendgesellschaft beim König erschien, bemerkte Karl ein protokollwidriges Tohuwabohu auf des Marschalls Ordensbrust. Er beauftragte eine Hofdame, Wrangel auf dieses Versehen aufmerksam zu machen. Wrangel antwortete: »Meine Dochter, wenn de dir heute deine Hosen so oft umjezogen hättst wie ick, wüßtest du ooch nich mehr, ob dir de Piepmätze rechts oder links hängen.«

In Menzel, dem Sonderling, der ebensowenig von höfisch-höflichen Wortgirlanden hielt, fand Wrangel seinen Meister. Er hatte sich breitschlagen lassen, den Abgesandten einer Fürstin zu spielen, die an ihrem Porträt etwas geändert haben wollte. Menzel ließ ihn kalt abfahren, nahm Pinsel und Palette und beachtete den durch das Atelier stampfenden Marschall nicht mehr. Wrangel trat schließlich den geordneten Rückzug an, an der Tür drehte er sich aber noch einmal um und zischte: »Olle Jiftkröte!«

Viele Anekdoten, die sich um Wrangel ranken, gehören in die Kategorie »Nicht wahr, aber gut erzählt«. Da ist die Komtesse Y, die ihre weichen, blütenweise Hände dem ständigen Tragen von Wildlederhandschuhen verdankt, was Wrangel zu der nachdenklichen Überlegung veranlaßt: »Versteh' ick nich. Seit fuffzig Jahren trag' ick Wildlederhosen, und mein Arsch is' wie'n Reibeisen.«

»Ich komme auf allen vieren«, beantwortet er eine Einladung zu vier aufeinanderfolgenden Hoffestivitäten. Und als auf einem Hofball der Kronprinz Friedrich Wilhelm angesichts eines bezaubernden

Dekolletés in die begeisterten Worte ausbricht: »Wrangel, haben Sie so was schon gesehen?«, da meint der trocken: »Seit meiner Entwöhnung nich mehr, Kaiserliche Hoheit.«

1864, als es wieder einmal gegen die Dänen ging, schien der nunmehr achtzigjährige Wrangel noch einen zweiten militärischen Frühling zu erleben. Man ernannte ihn zum Oberbefehlshaber der preußisch-österreichischen Armee. Aber man tat ihm keinen Gefallen damit. Der alte Herr war seiner Aufgabe nicht mehr gewachsen, brachte Bismarck und Moltke durch seine unsinnigen Befehle zur Verzweiflung und mußte durch den Prinzen Friedrich Karl abgelöst werden. Nach dem Sieg erhielt der Prinz ein Glückwunschtelegramm des Königs mit dem Wortlaut: »Nächst dem Herrn der Heerscharen danke ich Dir für den herrlichen Sieg!«, und Wrangel hatte noch genügend Humor zu dem resignierenden Kommentar: »Mit dem Herrn der Heerscharen meint er natürlich mir.« Auch seinen Posten als Gouverneur von Berlin wurde er los, erhielt aber als Trostpflaster den Grafentitel, was der »Kladderadatsch« mit dem bissigen Zweizeiler begleitete: »Schlaf Kindchen, schlaf, der Wrangel ist nun Jraf.«

Was nun folgt, ist so tragisch wie komisch, so erschütternd wie gespenstisch.

Im Jahre 66 tönten der Abwechslung halber wieder die Kriegstrompeten: Die Österreicher sind dran. Der Generalfeldmarschall Friedrich Heinrich Ernst Graf von Wrangel reagierte darauf wie ein ausgedienter Kavalleriegaul, den man vor die Deichsel eines Milchwagens gespannt hat. Er brach aus und bat seinen Monarchen inständig um ein Kommando. Wilhelm lehnte das ab, gestattete aber seinem alten Haudegen, den Krieg als »Freiwilliger« in den Reihen des 3. ostpreußischen Kürassierregiments mitzumachen, dessen Chef er seit 1845 war und das seitdem den Namen »Graf Wrangel« trug. Wrangel legte den Begriff »freiwillig« sehr wörtlich aus. Er setzte sich selber ab, entließ seinen Adjutanten, den Grafen Kalnein, und teilte dem Regimentskommandeur mit, daß er am Feldzug als gewöhnlicher Kürassier teilnehmen werde. Er bat außerdem, die Standarte des Regiments tragen zu dürfen, auf die er vor siebzig Jahren den Diensteid geschworen: höchstes Glück würde es ihm sein, mit ihr in der Hand den Soldatentod zu sterben.

Wrangel fährt seinem Regiment mit einer Kutsche nach und läßt sich an der preußisch-österreichischen Grenze auf ein Pferd heben, da es sich für einen Feldmarschall nicht schicke »in Feindesland hinein zu *fahren«*. Bei Mährisch-Trübau erreicht er seine Kürassiere und baut sich vor dem Obersten Graf zu Dohna in militärischer Haltung auf: »Kriegsfreiwilliger Wrangel meldet sich zum Dienst!« Der völlig verwirrte Kommandeur versucht seinerseits, dem Generalfeldmarschall Meldung zu machen, wird aber sofort unterbrochen: »Feldmarschall is nich mehr. Ich bitte um den Namen meines zukünftigen Schwadronschefs.« Auf einen Wink des hinter Wrangel stehenden Grafen Kalnein geht der Oberst auf den Wunsch des »Freiwilligen« ein. Wrangel bleibt von nun an beim Regiment. Der große alte Mann durchsteht die Strapazen tagelanger Märsche und jämmerlicher Quartiere in vorbildlicher Haltung. In den Marschpausen bringen ihm die Unteroffiziere einen Holzschemel.

Nach dem Waffenstillstand verabschiedet er sich. Diesmal als Generalfeldmarschall. Sein geliebtes Regiment, so sagt er vor den zum Karree eingeschwenkten Kürassieren, brauche zu seinem Begräbnis nicht zu kommen, denn dies hier sei seine Trauerparade. Er reitet an die Standarte heran, entblößt sein Haupt und murmelt: »Ich habe Treue gehalten.«

Aber von »Begräbnis« und von »Trauerparade« konnte bei dem Grafen Wrangel noch nicht die Rede sein. 1870, bei Ausbruch des Deutsch-Französischen Krieges, versuchte der nimmermüde Greis mit der ihm eigenen List und zähen Schläue, erneut dabeizusein. Da alle Versuche, ihm diesen Gedanken auszureden, den Alten aufs höchste reizten, hinterbrachte man die Schreckensmeldung dem König. Und Wilhelm I. setzte sich seufzend an seinen Sekretär und schrieb seinem alten Paladin: »Seit 1866 sind vier Jahre Ihrem hohen und schönen Alter hinzugetreten. Was damals noch möglich war, wird heute schon unmöglich Ihnen werden. Ihren Drang zum Kampfe begreife Ich, aber wo sind die Körperkräfte, die ihn unterstützen? Ich kann und darf Ihnen also keinen Posten anweisen, ohne Mir Gewissenvorwürfe zu machen. Ich hoffe, Sie hören auf die Stimme Ihres Königs, Kriegsherrn und Freundes Wilhelm.«

Wrangel fügte sich. Doch von Stund an ging es mit seinen geistigen Kräften bergab. Die letzten sieben Jahre seines Lebens dämmerte er dahin. Körperlich noch frisch, ging er spazieren, die Linden entlang, warf seine Bonbons unter die schreienden Jören, die ihn umringten, und verstand die Welt so recht nicht mehr. Sein Mir-und-mich-Kauderwelsch wurde schlimmer, die Hascherei nach der Popularität immer ärger. Die Rolle des »ollen Papa Wrangel«, die er früher *ge-*

spielt hatte, jetzt *lebte* er sie. Er hatte nicht mehr die Kraft, das Schelmenkostüm abzustreifen, in das er sich einst mit listigem Lächeln gezwängt.

Sein letztes Bonmot gilt einer schönen Frau. Lange blickt ihr der Neunzigjährige auf einem Spaziergang im Tiergarten nach, dann wendet er sich an seinen Adjutanten und sagt: »Achtzig müßte man sein ...«

Anmut und Würde

Um auf die Königin Luise zu kommen, muß man mit Frieda beginnen. Frieda ist der Sproß uralten Berliner Blumenhändler-Adels. Ihre Großmutter ließ bereits um die Jahrhundertwende auf dem Potsdamer Platz ihren Schlachtruf ertönen: »Veilchen, orijinal Berliner Parmaveilchen!« Frieda selbst stand jahrzehntelang an der Schloßstraße, Ecke Zimmermann, und wenn die Zeit der Kornblumen gekommen ist, pflegt sie zögernden Kavalieren zu raten: »Na, denn nehm' Se Kornblumen, Herr Dokta, die Lieblingsblumen von de Könijin Luise, und det war 'ne Seele von Mensch.«

'ne Seele von Mensch — das ist ein Abglanz jener Popularität, die diese Frau auf dem preußischen Thron genoß; eine Volkstümlichkeit, wie sie von keiner anderen Frau eines Souveräns erreicht wurde. Zwei Straßen künden in Berlin heute noch von ihr, ein Platz, eine Schule, ein paar Anekdoten, Rauchs schlafende Marmorgestalt im Mausoleum des Schloßparks Charlottenburg — na, und die Kornblumen.

Ihre Bilder, die über den falschen Kaminen vieler Berliner Wohnzimmer hingen, versanken im Schutt zweier Weltkriege. In Möbelkellern oder bei Bilderhändlern findet man ab und zu noch goldgerahmte Reproduktionen der Gemälde, die Tischbein von ihr malte, Böttner oder Dähling: »Kronprinzessin Luise mit ihrer Schwester Friederike« — »Begegnung zwischen Königin Luise, Friedrich Wilhelm III. und Kaiser Alexander von Rußland in Memel am 10. Juni 1802« — »Friedrich Wilhelm III. führt die Königin Luise den zum Offizier ernannten Kronprinzen zu« — »Königin Luise auf dem Sterbelager in Hohenzieritz am 19. Juli 1810«. Unterschriften, die gleichzeitig Stationen ihres Lebens bezeichnen.

Wenn es jemals eine »jelernte« Berlinerin gegeben hat, dann ist es Luise. Es darf vorweggenommen werden, daß diese Lehrzeit hart und bitter war.

Am 22. Dezember 1793 betritt sie zum erstenmal den Boden Berlins. Prinzessin Luise aus dem Hause Mecklenburg-Strelitz, Tochter eines niederdeutschen Vaters und einer süddeutschen Mutter, in sich vereinend die Frohnatur und des Lebens ernstes Führen, aufgewachsen am bürgerlich breiten Darmstädter Landgrafenhof, erzogen zu sanfter Tugend und naivem Gottvertrauen, im übrigen unwissend gelassen, ferngehalten von den Werken der Klassik, in die sie hineingeboren wurde.

Siebzehn Jahre ist sie alt, als sie an diesem strahlenden Wintermorgen in Großmutters unförmigem Reisewagen sitzt und Gucklöcher in die Fensterscheibe haucht. Neben ihr albert ihre Schwester Friederike. Beide sind sie Bräute, beide sind sie Backfische. Kichernd, dalbrig, quecksilbrig starren sie durch die Gucklöcher, lachen sie sich scheckig über den dicken Schlächter mit seiner knallbunten Uniform, der die Stadtkavallerie anführt, schwärmen sie von dem piekfeinen Leutnant des Gardedukorps, pressen sie die Zeigefinger in die Ohren, wenn die Kanonen ihren Salut in den Himmel böllern. Halb Berlin scheint vor die Tore gezogen zu sein, um die prinzlichen Bräute am Dorfeingang von Steglitz zu empfangen.

Von acht Pferden gezogen, holpert der schlechtgefederte Wagen dem Potsdamer Tor zu. Luise läßt sich erschöpft zurücksinken. Eine zehntägige Reise liegt hinter ihr, die so triumphal wie anstrengend war.

Darmstadt, Aschaffenburg, Würzburg: Fackelzüge, Vivatrufe, Blumenregen. Weimar: Empfang durch den Herzog Karl August, Begrüßung durch seinen Minister Goethe, Goethe, auf der Höhe seines Ruhms, die Feueraugen prüfend auf sie gerichtet, artige Komplimente machend, Goethe, von dessen Werken sie kaum eine Zeile kannte. Potsdam: das Schloß im Glanz Tausender von Kerzen, die Offiziere der Garnison, Sporenklirren, Degenklang. Und jetzt der Einzug in Berlin. »Jesus, meine Zuversicht« hatte das Glockenspiel von der Stadtkirche in Darmstadt geklungen, als sie aufgebrochen waren. Da war wieder der Schatten, der die backfischige Munterkeit gelegentlich trübte, das bängliche Ahnen.

»Ich arme Novize«, hatte sie der Schwester Therese geschrieben, »werde wie ein Fabeltier in Berlin beobachtet werden. Fahrt hin, unschuldige Vergnügungen, Jugend und Fröhlichkeit.« Und im Brief an den Kronprinzen, fast flehend: »... deshalb bitte ich Sie im voraus, lieber Freund, haben Sie viel Nachsicht mit mir, verlangen Sie nicht zu viel von mir, ich bin sehr unvollkommen, sehr jung, ich kann mich oft irren, aber wir werden doch glücklich sein ... Sicher wird es dort Dornen auf meinem Wege geben.«

Der Wagen hält vor der großen Ehrenpforte am Eingang der Linden. Weißgekleidete Jungfrauen der »deutschen Nation der Berliner Bevölkerung« stimmen den Jubelchor an. Ein winziges blondes Wesen trippelt auf Luise zu und streckt krähend einen Strauß künstlicher Kornblumen hoch. Sie nimmt das Kind auf den Arm und küßt es. Die Berliner wissen sich nicht zu fassen vor Begeisterung über dieses Genrebild prinzeßlicher Leutseligkeit.

Nicht zu fassen wußte sich auch Frau Julie von Voß, die künftige Oberhofmeisterin der Prinzessin und Wächterin der Etikette. Sie war ihrer neuen Schutzbefohlenen vom Stadtschloß aus entgegengefahren. »Als künftiger Königin Preußens«, sagte sie süß-sauer, als man wieder im Wagen saß, »ist es Ihro Königlicher Hoheit nur erlaubt, königliche Kinder zu küssen.« Luise schwieg eingeschüchtert. Sie hatte zum erstenmal den eisigen Hauch berlinisch-preußischer Nüchternheit und Strenge gespürt.

Zwei Jahre später schrieb sie an ihren Bruder Georg: »Erinnerst Du Dich noch der Feier des heutigen Tages, wie bange wohl mir das Herz pochte, als ich den Toren Berlins näher kam und alle die Freuden- und Ehrenbezeigungen empfing, die ich dazumal noch nicht verdiente als durch den festen Vorsatz, alles Mögliche zu tun, meinen zukünftigen Mann recht fröhlich und womöglich glücklich zu machen und dadurch den Beifall des guten Volkes zu verdienen? Ja, bester Freund, es war eine feierliche Stunde für mich, in der ich Berlins Einwohnerin ward ...«

In diesen zwei Jahren war manche Jugendhoffnung unerfüllt geblieben. Ihre mädchenhafte Fröhlichkeit war in stille Heiterkeit umgewandelt, ihr lautes Lachen war wissendem Lächeln gewichen, Schwärmerei war zur Besinnlichkeit geworden. Es war nicht das normale Erwachen aus dem Traum der Flitterwochen gewesen, das die Ernüchterung gebracht hatte — ihre süddeutsche Lebenslust hatte sich an den scharfen Kanten norddeutscher Eckigkeit wund gestoßen.

Da war der Ball, den Friedrich Wilhelm II. zu Ehren seiner beiden Schwiegertöchter im Weißen Saal des Schlosses gab. Luise und ihre Schwester Friederike, die Frau des Prinzen Louis, tanzten Walzer, jenen neuen Tanz, der nichts mehr gemein hatte mit den bisher gepflegten Gesellschaftstänzen, mit dem verschnörkelten Menuett, den gezierten Contres und Ecossaisen. Luise und Friederike sind die ersten, die den Walzer am preußischen Hof tanzen. Im Arm zweier Frankfurter Offiziere schweben sie über die schimmernde Fläche, weit zurückgebeugt die Oberkörper, mit der linken Hand die weiten Röcke schwingend, halb geschlossen sind ihre Augen, leicht liegt die Rechte der Tänzer auf der Hüfte ihrer Partnerinnen und dreht sie in kraftvollem Schwung — es ist ein Rausch im Dreivierteltakt. Begeistert applaudieren Hofdamen und Kavaliere.

Nicht alle teilten die Begeisterung. Luises Schwiegermutter, die regierende Königin Friederike, verbot es ihren Töchtern strikt, dem »lüderlichen Beispiel der Schwägerinnen aus Darmstadt« zu folgen. Sie ließ es die Damen des Hofes wissen, daß »Preußen nichts daran liegen könne, wohlbehütete Prinzessinnen mit Offiziers liebestrunken im Taumel der Freude walzen zu sehen«. Es gelang ihr, beim König ein offizielles Verbot des »Walzens bei Hoffestlichkeiten« durchzudrücken. Es wurde ein Verbot, das bis in die Zeit Wilhelms II., des letzten deutschen Kaisers, wenigstens für die großen Hofbälle, Gültigkeit hatte.

Luise ließ sich nichts verbieten. Sie tanzte weiter, ließ keinen Ball aus, verachtete die Etikette bei der Wahl ihrer Tänzer, erzählte lachend dem König, daß mecklenburgische Knochen nicht zu ermüden seien, scherte sich nicht um das Gezeter der Oberhofmeisterin, schwebte im neunten Monat noch über das Parkett, lud ein, wen sie mochte, fuhr aus, mit wem es ihr beliebte, verlachte die Warnungen ihres Gatten — bis eines Tages von allerhöchster Stelle die bitterernste Warnung kam, daß »Wir hier gewohnt sind, uns bei unseren Frauen Gehorsam zu verschaffen«.

Luise hatte verstanden. Sie verließ das geräuschvolle Gesellschaftsleben Berlins und nahm mit ihrem Manne im stillen Potsdamer Stadtschloß Wohnung. Sie wurde brav. Aber sie ergab sich nicht in ihr Schicksal, sie ging daran, dieses Schicksal zu meistern. Sie stellte sich die Lebensaufgabe, von nun an nur noch Mutter und Gattin zu sein. Bald konnte die Oberhofmeisterin voller Befriedigung in ihr Tagebuch notieren: »Die Prinzessin betrug sich den ganzen Tag vortrefflich. Die Prinzessin ist glücklich.«

Nun, glücklich war sie nicht, aber zufrieden. Sie bemühte sich in einer Zeit, da man vor den sittenlosen Höfen wie vor einem Ort der

Ansteckung mit Weib und Kind flüchten mußte, das Beispiel einer sorgenden Mutter und treuen Gattin zu geben. Sie lebte, genauso wie ihr Mann, mehr bürgerlich als majestätisch, ohne etwas von ihrer Würde einzubüßen; sie kaufte Lebkuchen auf dem Weihnachtsmarkt am Lustgarten, sie nahm am Stralauer Fischzug teil, sie spazierte, nur von einer Hofdame begleitet, über die Linden. Der österreichische Gesandte Fürst Dietrichstein berichtete erstaunt-mißbilligend, wie die Kronprinzessin mit einem Töchterchen auf dem Arm im Park von Sanssouci promenierte, »mitten unter dem gemeinen Volke«. Ihr Beispiel eines behaglich-bescheidenen Familienlebens aber wirkte unendlich. Die glückliche Ehe wurde wieder häufiger und Häuslichkeit geradezu eine Mode.

Auch in der Mode wurde sie zum Vorbild; hier jedoch nicht immer zum Vorteil der lieben Landeskinder. Luises hauchzarte Musselinkleider vom Typ Directoire, mit hochgerutschter Taille, tiefstem Ausschnitt und knisterndem Faltenwurf, standen nur Frauen, die es sich figürlich leisten konnten. Viele Töchter Berlins konnten es sich nicht leisten. Bei ihnen artete die Ungezwungenheit des Directoire in üppige Schlottrigkeit aus.

Als ihr Mann zum König gekrönt worden war, blieb das vertrauliche Verhältnis zum Volk unangetastet. Mit großer Selbstverständlichkeit wuchs Luise in ihre neue Rolle hinein. Ihrer Familie allerdings konnte sie sich bald nur noch wenig widmen. Auf ihren Schultern lud man alle Pflichten königlicher Repräsentation. Ihrem Mann waren die »Geschäfte«, die seine neue Würde mit sich brachte, »höchst fatal«; er verabscheute jede Art höfischen Zeremoniells.

»Sie mußte ihm das alles abnehmen, ohne doch sich in irgend etwas mischen zu dürfen«, berichtet F. A. L. Marwitz in seinen »Nachrichten aus meinem Leben«, »sie hielt die Kur in Berlin mit unbeschreiblicher Anmut und Würde, sie hielt die Höflichkeitsgespräche mit den Gesandten und vornehmen Personen. Er schlenderte dabei umher und war sehr froh, sich dabei in genitivo setzen zu können . . . Auf allen seinen Revuen . . . mußte sie ihn begleiten. Nicht genug, auf alle Exerzierplätze mußte sie mit hinaus, in Hitze und Kälte, in Staub und Regen, und wenn sie erschöpft nach Hause kam, mußte sie sich zugleich in den größten Staat werfen und die Generale, die Behörden und die Menge der Fremden, die nirgends fehlte, empfangen und unterhalten . . .«

Luise ertrug die Strapazen mit Tapferkeit. Sie minderten weder ihre Schönheit noch ihre Heiterkeit. Ihr Charme bestrickte den Weltmann und den Bürger. Nüchterne Diplomaten sandten überschwengliche Berichte an ihre Regierungen über die »Zauberfee« am Hof von Berlin. Wer sie beobachtete, mußte zu der Überzeugung kommen, die glücklichste Frau der Welt vor sich zu sehen. Luise hatte zu viel Selbstbeherrschung, als daß man ihr die heimlich geweinten Tränen angesehen hätte, die durchwachten Nächte und zwieträchtigen Abende: ihr Mann war, schlicht gesagt, etwas kompliziert.

Friedrich Wilhelm III. ist von seiner Zeit besser beurteilt worden als von der Nachwelt. Die Berliner nannten ihn den »guten König« oder »Friedrich den Gerechten«. Die Historiker möchten ihn am liebsten einen Trottel schimpfen, verböte es ihnen nicht die chronistische Höflichkeit. Den Untertanen imponierten seine Ordnungsliebe und Sparsamkeit, die Schlichtheit seines Auftretens und die sichtbare Tatsache, daß er die Lichter am gerade erfundenen Weihnachtsbaum höchst eigenhändig entzündete. Die Historiker wurmt sein ewiges Zaudern, seine Unfähigkeit, Entschlüsse zu fassen, und seine Hilflosigkeit in allen Fragen der Politik. Für sie ist er bestenfalls »der Mann der Königin Luise« und der Erfinder des Leutnantdeutschs. Hier allerdings fand er Formulierungen, die ihm die sonst nicht erreichte Unsterblichkeit sichern werden. Da ist dieses »Mir fatal« angesichts der von Rauch geschaffenen und dem König zu leicht bekleideten Doppelstatue der Kronprinzessin Luise und ihrer Schwester Friederike; da ist sein Motto »Gott fürchten; recht tun; keinen Menschen scheuen« und sein klassischer Ausspruch, als die Alliierten 1813 ratschlagten, ob sie Napoleon nach Frankreich hinein verfolgen sollten: »Schlacht gewonnen, Feind über den Rhein getrieben, gleich übermütig werden!« Er sprach nicht so, weil es ihm Spaß machte; nicht die Knappheit des Herrschers stand hinter seinen Infinitiven, sondern die Sprachscheu eines komplexbeladenen Menschen. Dabei war er als Herrscher beseelt von den besten Absichten.

Auch als Ehemann. Hier wie dort hinderte ihn seine krankhafte Entschlußlosigkeit, diese Absichten in Taten umzusetzen. Hinzu kam, daß er seine Tugenden im Laufe der Ehe zu Untugenden übertrieb. Aus Rechtschaffenheit wurde Biederkeit, aus Sparsamkeit Geiz, aus Ordnungsliebe Pedanterie, aus Wahrhaftigkeit wurde Einfalt. Er war oft launig und muffig. Er nörgelte morgens beim Kaffee und quengelte nachmittags am Teetisch. Er quälte sich und andere durch Haarspaltereien und Kleinlichkeiten. Wenn seine Ehe trotzdem gut war, dann lag das nicht an ihm. Es war Luise, die ihn immer wieder aufheiterte, sich seinen Eigenheiten anpaßte und alles nach seinem Willen richtete. Sie verleugnete dabei nicht selten ihren eigenen Geschmack und entsagte vielem. Sie opferte sich, weil sie es für ihre Pflicht ansah, den König zufrieden zu sehen. Sie war nicht unglücklich dabei, denn sie war und blieb ihm trotz all seiner Fehler verbunden. Auch er liebte sie. Auf seine Art.

Selbst wenn man die Berichte als Übertreibung abtut, wonach er mit der Trommel hereinmarschierte, wenn sie musizieren wollte, ihr jedes Buch mit der Bemerkung »dummes Zeugs« wegnahm, ihr ständig über den Mund fuhr, wenn sie etwas sagte, es muß auch ohne das ein hartes Stück Arbeit gewesen sein, an der Seite des »trockenen Gamaschenknopfes«, wie ihn manche nannten, zu leben. Die Schilderung der Prinzessin Wilhelmine vermittelt einen Begriff davon. Man liest sie nicht ohne Frösteln:

»Ein Tag ist wie der andere. Den ganzen lieben Morgen hört man nichts als den Lärm der Waffen, der Kanonen und Gewehre, nicht zu vergessen das ewige Rufen der Offiziere. Von halb 11 bis 12 ist die Königin bei mir oder ich bei ihr, um 12 ziehen wir uns für das Mittagessen an, genau zehn vor 1 Uhr muß man bei der Königin sein, und wenn das langweilige Glockenspiel sagt, daß es 1 Uhr sei, setzt man sich zu einem sehr einfachen Mahl mit vier oder fünf Offizieren. Nach dem Essen langweilt man sich im Zimmer bis 3 Uhr. Um 4 Uhr bin ich im Wagen zu zweien mit der Königin, gewöhnlich gehen der König und seine Brüder und sein Schwager zu Fuß, und wir treffen uns in der Allee vor Sans-Souci, wo wir nach Belieben spazierengehen bei einer schneidenden Kälte. Um 6 Uhr muß man wieder in dem Gelben Zimmer sein . . . Jetzt naht der schreckliche Augenblick, wir sitzen um einen Tisch, um zu arbeiten und den Tee zu nehmen; wenn er genommen ist, beginnen der König und seine Brüder zu lesen, so sind wir natürlich verpflichtet zu schweigen, manchmal setzen die Königin und ich uns in ein anderes Zimmer, das geht dann sehr gut, aber das ist dem König nicht recht. Niemand geniert sich, man bleibt sitzen, wenn die Majestäten stehen. Um ein halb 9 Uhr setzt man sich zum Nachtessen, ich immer zwischen den Majestäten an einem kleinen runden Tisch, mit der lieben Familie zu sechsen, die Damen und Herren sind an einem anderen Tisch, gewöhnlich spricht niemand, und man unterhält sich mit dem Lesen der Speisekarte. Um 9 tritt der wachthabende Offizier ein mit dem

Rapport, man steht auf, zieht sich durchs Zimmer oder arbeitet auch bis ein halb 11, das ist die späteste Stunde, in der man sich zurückzieht.«

Luise gelang es, sich in dieser Wüste der Langeweile eine Oase zu sichern. Sie las und las, daß »ihr Hören und Sehen verging«. Sie wollte mehr wissen als die Einfaltspinseleien, die man sie als junges Mädchen gelehrt hatte. Zum erstenmal machte sie Bekanntschaft mit der zeitgenössischen deutschen Literatur, die wir heute »Klassik« nennen. Sie studierte Schillers »Jungfrau von Orleans« und erklärte »Maria Stuart« zu ihrem Lieblingsstück. Herder, Jean Paul, La Fontaine, selbst Goethe wurden ihr vertraut. Marie von Kleist, eine Verwandte des Dichters, half ihr dabei. Sie schmuggelte die Bücher in die Räume der Königin. Friedrich Wilhelm war nämlich wieder einmal dagegen. Er fürchtete, daß ihm seine Frau entgleiten würde, hatte sie erst einmal eine höhere Bildungsstufe erreicht. Außerdem paßte ihm die »janze Richtung« so wenig wie später seinem Urenkel Wilhelm II. der Naturalismus. Er wetterte gegen die »unberufenen Personen«, die seiner Frau »unverständliche Schriften deutscher Modeliteratoren in die Hände spielten«, worunter er die Klassiker und die Romantiker begriff.

Luise standen andere Prüfungen bevor: Napoleon.

Am Nachmittag des 6. Juli 1807 fuhr die Königin mit ihrem Reisewagen die Landstraße entlang, die von Memel nach Tilsit führt. Neben ihr saß die Gräfin Tauentzien, ihr gegenüber die Voß und der Kammerherr von Buch. Niemand sprach ein Wort. Immer wieder gab es Aufenthalt, die Straße war verstopft von russischen und französischen Soldaten, die neugierig in den Wagen starrten. Luises Lippen bewegten sich bisweilen: Sie lernte die Lektion auswendig, die ihr Hardenberg gestern aufgegeben hatte. Hardenberg, Minister des Auswärtigen, zum Exminister gemacht auf *seinen* Befehl hin; nur sie allein könne dem Schicksal eine Wendung geben, hatte Hardenberg gesagt, dieser Gedanke möge sie stark machen für die Unterredung mit *ihm*. Und Luise: »Es ist mir, als wenn ich in den Tod ginge, als wenn dieser Mensch mich würde umbringen lassen; er hat meine Familie, er hat ganz Preußen unglücklich gemacht.«

Der Wagen hielt an der Memel-Fähre. Kalckreuth öffnete salutierend den Schlag; ein arroganter Höfling, befleckt von dem Verdacht, bei Jena und Auerstädt absichtlich mit der Reserve zu spät eingegriffen zu haben, aus Eifersucht auf die Kollegen Generale. Der Marschall führte seine Königin in das Fährhäuschen. Er leierte die guten Lehren noch einmal her: das Vergangene vergessen, nicht an das denken, womit *er* sie verleumdet habe, *ihm* verzeihen, daß er sie, wegen ihrer Verehrung für Alexander, »Zarenliebchen« geschimpft hatte, daß er in Charlottenburg ihre Schränke aufbrechen ließ, um diskrete Privatbriefe in den Gazetten abzudrucken, daß er sie beschuldigt hatte, planmäßig den Haß gegen Frankreich geschürt und ständig in der Politik herumintrigiert zu haben. Sie solle nur an den König denken, an die Rettung Preußens und — an ihre Kinder.

Die Kinder, also auch die mußten eingespannt werden, wenn auch nicht realiter, so doch in ihrer Gemütswirkung! Luise zog die Mundwinkel herab — Friedrich Wilhelm (der spätere Friedrich Wilhelm IV.), Wilhelm (der spätere Wilhelm I.), Alexandrine, Karl, Charlotte (die spätere Zarin) —, sie waren jetzt bei ihr in Memel, der Stadt, die sie in drei Fluchtnächten erreicht hatte vor einem halben Jahr, über jenen schmalen Grat, der sich Kurische Nehrung nennt; damals fast verschlungen von den kochenden Seen, nachts in halb geborstenen Fischerkaten, todkrank, Schnee auf der Bettdecke, die Gedanken beim König, der, wie immer zaghaft-unentschlossen, sich mit Rücktrittsgedanken trug und etwas tun wollte, worauf bei seiner Armee der Tod stand: desertieren! Sie hatte ihn am Portepee fassen müssen: »Ich beschwöre Dich, wende alle Energie auf, deren Du fähig bist, und gib in keiner Weise irgend etwas zu, was Deine Unabhängigkeit zerstört. Nur um Gottes willen keinen schändlichen Frieden. Der Augenblick ist kostbar, handle, wirke, schaffe.«

Wer nie sein Brot mit Tränen aß . . .

Vierzehn Jahre später sagte Goethe im Gespräch mit dem Kanzler Müller: ». . . Erst in ihren Unglückstagen in Memel hat die mir früher nicht sonderlich wohlwollende Königin von Preußen den ›Meister‹ liebgewonnen und immer wieder gelesen. Sie mochte wohl finden, daß er tief genug in der Brust und gerade da anklopfte, wo der wahre menschliche Schmerz und die wahre Lust, wo eigentliches Leid und Freude wohnen. Noch unlängst hat mir die Herzogin von Cumberland versichert, daß die Königin durch die Tränen, die sie über jene Stelle in Mignons Lied:

Wer nie sein Brot mit Tränen aß,
Wer nie die kummervollen Nächte

Auf seinem Bette weinend saß,
Der kennt euch nicht, ihr himmlischen Mächte

vergoß, sich ungemein erleichtert gefunden habe.«

Fünfzig Jahre später stand in den Lesebüchern, Luise habe Mignons Lied in die Wand ihrer Fischerkate auf der Nehrung geritzt. Eine Anstrengung, die selbst einem Gesunden schwergefallen wäre.

Es folgt jene Szene, um die kein Luise-Biograph herumkommt, die oft auf die Bühne gebracht und noch öfter beschrieben worden ist, von der ein Dutzend Gedichte und Gemälde existieren, die immer wieder verfilmt wird: die Begegnung der Königin Luise mit dem Kaiser Napoleon in Tilsit.

Man wird zugeben müssen, daß diese Szene es verdient hat. Der Versuch, das bronzene Herz eines Usurpators durch den Seelenerguß einer bürgerlichen Monarchin aufzuweichen, hat etwas hochstaplerisch Kühnes und gespenstisch Naives zugleich. Es ist ein Gedanke, der so bieder deutsch ist, wie er delikat französisch sein könnte. Er zeigt, wie sehr man am Ende war mit den brancheüblichen Mitteln höherer Diplomatie. Eine teutsche Biedermeieridylle gegen den apokalyptischen Reiter Galliens — selten war die Geschichte so (kitsch-)romanhaft.

Luise stand auf dem Flur des ersten Stockwerks im Quartier Friedrich Wilhelms. Von der Straße her dröhnte der Hufschlag galoppierender Pferde. Es konnte nur Napoleon sein; er ritt mit Vorliebe Galopp, um seinem Namen als der »jagende Bote des Schicksals« gerecht zu werden; dabei war er ein mäßiger Reiter. Man hörte, wie er den Kammerherrn von Buch begrüßte. Dann eilte er in großen Sätzen die steile Treppe hinauf und stand im nächsten Augenblick Luise gegenüber.

Beide sind sie so überrascht, daß einige Sekunden vergehen, bis das erste Wort fällt.

Napoleon hat viel von der Venus am preußischen Hof gehört, so bezaubernd hat er sie sich nicht vorgestellt. Tatsächlich versichern Augenzeugen, daß ihre Schönheit niemals heller strahlte als in den dunklen Tagen von Tilsit: die glänzend großen Augen in Schwermut leicht verschleiert, die sonst schon zur Vollschlankheit neigende Figur durch die Strapazen der letzten Monate zu zartem Ebenmaß verfeinert, gehüllt in ein weißes, silberdurchwirktes Kreppkleid, auf dem biegsamen Hals das stolz erhobene Haupt unter dem Perlendiadem, so steht sie da, fragil, anmutig, ein Denkmal von Trauer und Schönheit.

Die Königin hatte von dem Korsen nie anders gesprochen als von dem »Ungeheuer, dem Quell des Bösen, der Geißel der Erde«; Friedrich Wilhelm hatte ihr von der Gemeinheit seiner Visage geschrieben. Mit eigenen Augen erkennt sie, daß nichts davon wahr ist: ein Cäsar tritt ihr entgegen, aus den Augen spricht der Denker und Herrscher, der lächelnde Mund zeigt den Charmeur. Erleichtert wie ein Kind stellt sie fest, daß der schwarze Mann gar nicht so schwarz ist. Sie geht unbefangen auf ihn zu, entschuldigt sich in einem Atemzug wegen der steilen Treppe und des rauhen Klimas des nordöstlichen Preußens und läßt sich vom Kaiser in den Salon führen. Sie sind allein, als Luise ohne Umschweife die Unterredung eröffnet.

Sie spreche als Gattin und Mutter zu ihm und nicht als Politikerin, von *der* Materie verstehe sie nicht allzuviel, womit sie gleichzeitig allen Gerüchten entgegentreten möchte, die ihr politische Quertreibereien nachsagten. Napoleon heuchelt galant, er habe diesen Gerüchten nie einen Wert beigemessen. Wovon sie aber etwas verstehe, fährt Luise fort, das sei die historische Tatsache, daß es noch keinem Sieger bekommen sei, wenn er seine Siege mißbraucht habe. Rachegefühle ständen dem guten Staatsmann schlecht zu Gesicht. Napoleon erwidert, daß es nicht seine Schuld sei, wenn die Würfel so lägen wie jetzt, er habe Preußen einst umworben wie eine spröde Geliebte und nichts weiter erzielt als einen Korb; im übrigen beabsichtige niemand die Vernichtung Preußens. Es komme aber einer Vernichtung gleich, antwortet die Königin, trenne man Provinzen von ihrem Lande, die seit Jahrhunderten dazu gehörten, entreiße man ihnen Untertanen, die unter anderen Sternen unglücklich werden müßten. Sie wird konkreter und bittet um die Gebiete links der Elbe, besonders um Magdeburg.

Napoleon hat sich erhoben; mit langen Schritten durchmißt er den Raum. Zum erstenmal scheint ein Gespräch seiner Führung zu entgleiten (was er später freimütig zugab), er bringt einige verwaschene Einwände vor von »allgemeinen politischen Kombinationen« und »weltweiten Aspekten«, dann bleibt er plötzlich vor der Königin stehen und sagt:

»Sie tragen da ein schönes Kleid. Wo lassen Sie arbeiten? In Breslau? Ich wußte nicht, daß man Krepp in Ihren Fabriken macht.«

»Sollen wir von Putz reden in diesem Augenblick?!« Luise sieht ihn fest an und lenkt das Gespräch zurück.

Sie versucht ihm zu schmeicheln, ihn an seiner Ehre zu packen, fragt, ob er das Werk Friedrichs des Großen zerstören wolle, dem er doch bekanntlich so viel Verehrung entgegenbringe. Sollte das Genie denn das Genie nicht achten? Napoleon flüchtet sich in Komplimente, diese Frau wird ihm lästig, er kann ihr nur schwer widerstehen — da öffnet sich die Tür, und Friedrich Wilhelm drei kommt hereinstolziert. Instinktsicher hat er wieder einmal den falschen Moment gewählt. Der Kaiser erhebt sich aufatmend, dankt im stillen diesem unglückseligen Herrscher, den er weder fürchtet noch achten kann. Einige kühle Dankesworte, gemessene Verbeugungen, eine Einladung zu Tisch für den Abend desselben Tages — er wendet sich lachend Murat zu, der in seiner Paradiesvogeluniform draußen auf ihn gewartet hat.

Das Ergebnis der Unterredung war in politischer Hinsicht gleich Null. Menschlich erzielte Luise einen großen Erfolg. Napoleon sagte am anderen Tage zu Talleyrand: »Man ist versucht, dieser Königin noch eine Krone auf das Haupt zu setzen, statt ihr eine zu nehmen.« Und zu Goltz, dem Nachfolger Hardenbergs, meinte er: »Sie ist nie meine Freundin gewesen, ich weiß es wohl, aber ich vergebe es ihr leicht: sie hat Charakter im Unglück bewiesen, sie hat mit mir gesprochen, ohne irgendeinen Schritt zu tun, der ihre Würde beeinträchtigt hätte.«

Charakter im Unglück, daran fehlte es in der Götterdämmerung Preußens. Luise hatte, ohne es zu wollen, wieder ein Beispiel gegeben, sie war zum Gewissen des Landes geworden, zur Verkörperung jener unwägbaren Kräfte, die da heißen Geist, Gemüt, Idealismus, und die selten hoch in Rechnung gestellt werden, wenn man politische Bilanzen zieht.

Königin Luise von Preußen starb im Alter von vierunddreißig Jahren an einer Lungenentzündung. Die Berliner stellten eine andere Diagnose als der berühmte Arzt Heim. »Gebrochenes Herz« konstatierten sie in der unwissenschaftlichen Manier des Volkes. Ihre letzten Stunden erlebte Luise auf dem Schloß ihrer Väter, Hohenzieritz in Mecklenburg.

Der Bericht, den der König von ihrem Sterben gab, zeigte noch einmal jene Charaktereigenschaften, die sie in Berlin erworben hatte und durch die sie zur Berlinerin geworden war: Furchtlosigkeit, Humor und Unsentimentalität.

»Ich sank an ihrem Bett auf die Knie, ihre Hand küssend, und sprach zu ihr ungefähr in folgenden Worten: ›Es ist nicht möglich, daß es Gottes Wille sein kann, uns zu trennen. Ich bin ja nur durch dich glücklich, und nur durch dich hat das Leben allein noch Reiz für mich, du bist ja mein einziger Freund, zu dem ich Zutrauen habe‹ — ›und Hardenberg‹, fiel sie ein —, ›sollte Gott aber anders gebieten, so nimm mich mit.‹ Als ich sie frug, ob sie etwa etwas auf dem Herzen oder sonst einen Wunsch hätte, sagte sie zuerst: ›Nein!‹, nach wiederholter Frage aber: ›Dein Glück und die Erziehung der Kinder.‹ Dieses Gespräch, wobei mir allerdings öfter die gehörige Fassung mangelte, hatte sie, obgleich es mit aller Sorgfalt behandelt wurde, dennoch sehr gerührt und angegriffen, und bald nachher sagte sie: ›Mache mir nicht noch so eine Szene und bedauere mich nicht, sonst sterbe ich.‹«

Lokomotiven und Blumen

Als Herr Biedermeier am Morgen des 25. Juli 1841 die »Haude- und Spenersche Zeitung« aufschlug, stieß er nach einigem Blättern auf folgende Notiz:

»Die auf der Anhaltischen Bahn befindliche Maschine, von der Direktion nach ihrem Erbauer ›Borsig‹ genannt, machte eine Wettfahrt mit einer englischen von Stephenson erbauten Lokomotive von Berlin nach Jüterbog, 9 Meilen. Borsig fuhr zehn Minuten früher ab als die englische vom Engländer Robsen geführte Maschine und langte in Jüterbog 20 Minuten früher an, also mit einem Vorsprung von 10 Minuten.«

Herr Biedermeier grunzte ein bedeutungsvolles »Hm, hm!« und schaute eine Weile auf die geblümte Tapete, wobei er dem Porzellankopf der meterlangen Tabakspfeife kunstvolle Rauchringe entlockte: Eine verrückte Zeit, das muß man konstatieren, sie tun mit den Elementen Kegel schieben, die Herren Ingenieure, 30 Kilometer in einer einzigen Stunde; eine Sünde, haben die Pietisten geeifert, in solcher Art Gottes Willen zu spotten, der dem Menschen nicht ohne Fug zwei Beine mit auf die Welt gegeben hat, hört auch niemand auf die medizinischen Kapazitäten des Landes, die da gewarnt haben, das Dampfroß zu frequentieren: Zerrüttung des Nervensystems, Affektion des Rückenmarks sollen die unausbleibliche Folge der pausenlosen mechanischen Erschütterungen sein; englische Doktoren sprechen schon von einer railway-spine, einer Eisenbahn-Wirbelsäule! — Gewiß, der König ist vor drei Jahren bei der Eröffnung der Berlin—Potsdamer Eisenbahn in die von allen Umstehenden als historisch angesehenen Worte ausgebrochen: »Diesen Karren, der durch die Welt rollt, hält kein Menschenarm mehr auf.« Aber auch ein König kann irren, und wenn er nicht irrte, dann um so schlimmer! Resigniert den Kopf schüttelnd, wendet sich Herr Biedermeier den Nachrichten aus dem Theaterleben zu . . .

Es gab wenige Männer, die begriffen, was sich an jenem Hochsommertag des Jahres 41 zwischen Berlin und Jüterbog abgespielt hatte. Nicht irgendeine Lokomotive war in irgendeinem Wettkampf Sieger geblieben, nein: eine deutsche hatte eine englische geschlagen! Es war der entscheidende Einbruch in die als übermächtig angesehene Phalanx britischer Maschinenbaukunst. Die da drüben auf der Insel waren etwas früher aufgestanden, als es gegolten hatte, die Tore des neuen, des technischen Zeitalters aufzustoßen. Während in Deutschland zopfige Duodezfürsten selig lächelnd mit der Kutsche durchs Miniaturländle schaukelten, legte in England George Stephenson ein Schienenstrang von Stockton nach Darlington. In England trieb die geheimnisvolle Kraft des Dampfes Tausende von Webmaschinen, in Deutschland rackerten sich verelendete Weber mit der Hand ab. Für die paar Lokomotiven, an deren Bau man sich in Preußen gewagt hatte, war der Ausgangsbahnhof gleichzeitig die Endstation gewesen: Schrotthaufen. Zwischen Berlin und Potsdam verkehrten ausschließlich Maschinen englischen oder amerikanischen Fabrikats, gefahren und eifersüchtig bewacht von englischen Lokomotivführern.

Und jetzt war dieser Borsig gekommen, Besitzer einer verschuldeten Maschinenbaufabrik vor dem Oranienburger Tor, hatte eine amerikanische Maschine vom Typ »Norris« nachgebaut, sie mit einigen, das mußte man zugeben, einfallsreichen Verbesserungen versehen und die Engländer zum Duell herausgefordert! Ein Tor, dachten die Direktoren von der Anhalter Bahn, die gerade fünfzehn nagelneue Feuerrösser aus England bezogen hatten. Wer war dieser Tor?

August Borsig kam, wie viele Berliner, aus Schlesien. In Breslau hatte er von seinem Vater das Zimmermannshandwerk gelernt, war dann wegen auffallender Begabung von der Provinzial-Regierung auf die Königliche Technische Schule in der Klosterstraße zu Berlin geschickt worden und hatte den Schulleiter, Geheimen Obersteuerrat Beuth, dessen Initiative die Gründung dieses Institutes zu danken war, bitter enttäuscht, als er kurz vor der Prüfung seine Hefte zusammenklappte und nicht wieder erschien.

Um so erfreuter war Herr Egells von der Egellsschen Maschinenbaufabrik in der Lindenstraße gewesen. Der Volontär Borsig hatte sich innerhalb eines Jahres so hervorragend gemacht, daß Egells ihm die Aufstellung einer Dampfmaschine für eine schlesische Textilfabrik übertragen konnte. Borsig löste seine Aufgabe mit souveräner Überlegenheit, und sein Chef bot ihm spontan einen generösen Achtjahresvertrag: 300 Taler jährlich, Beteiligung am Umsatz, Ernennung zum »Faktor«, das heißt zum Leiter der Eisengießerei. Borsig schlug in die dargebotene Hand ein, bedang sich aber eine Abfindung von 3000 Talern aus. Er schmiedete bereits seine eigenen Eisen.

Abends nach Feierabend spazierte er über die in der Nachbarschaft des Egellsschen Werkes gelegenen wüsten Felder und bebaute sie mit phantastischen Fabrikanlagen. »August Borsig« stand in riesigen Lettern über den Hallentoren.

1837, nach Ablauf seines Kontraktes, verfügte Borsig über ein doppeltes Kapital: er war ein Experte auf dem Gebiete des Maschinenbauwesens geworden und hatte 10 000 Taler auf der hohen Kante. Als er an die Tür des Tierarztes Bitter klopfte, dem die mit Unkraut überwucherten Grundstücke vor dem Oranienburger Tor gehörten, barst er vor Energie. Doch seine Unternehmungslust bekam einen harten Dämpfer. Der Doktor Bitter erwies sich als ein gerissener Bodenspekulant, der den Wert seiner Wüsten sehr genau kannte. Für 9250 Quadratmeter verlangte er ebenso viele Taler. Borsig zahlte zähneknirschend und verließ das Haus des Tierarztes als ein armer Mann.

Verzweifelt rennt er durch Berlin und sucht Geld. Wer borgt dem großen Unbekannten August Borsig, der es sich in den Kopf gesetzt hat, die englische Konkurrenz aus dem Felde zu schlagen und Berlin zu einer Industriestadt zu machen, wer pumpt diesem Phantasten ein paar tausend Mark, genauer gesprochen: 50 000 Taler?!

Manchmal geschehen kleine Wunder. Der Hofkleidermacher Johann Simon Freytag empfing August Borsig in seiner Villa »Nähnadelsruh« am Rande des Tiergartens und sagte: »So wie Sie, Herr Borsig, bin ich auch einmal durch Berlin gelaufen. Man hat mir gesagt, daß Sie ein tüchtiger Mann sind. Nachdem ich Sie kennengelernt habe, kann ich es bestätigen.«

Sprach's und gewährte dem 33jährigen Borsig ein Darlehen über 40 000 Taler zu dem lächerlich geringen Jahreszins von 3³/₄ Prozent. Der Rentier Gustine folgte dem Beispiel und gewährte ihm durch Schuldverschreibung ein Hypothekendarlehen von 9000 Talern. Borsig konnte bauen!

Wenn die Historiker später den Geheimen Kommerzienrat August von Borsig unter die Lupe nahmen, so stellten sie als die größte Leistung seines Lebens heraus, daß er trotz der Gefährdung seines Betriebes durch Überschuldung (2000 Taler Zinsen pro Jahr!) seine Ziele konsequent verfolgt hatte.

Borsig nahm sich die besten Architekten und entwarf mit ihnen großzügige Bauten. Wahre Steinpaläste, wie sie in dieser Form in Berlin unbekannt waren. Aber er wartete nicht auf ihre Fertigstellung. Holzbaracken wurden aufgerichtet, Bretterbuden zusammengenagelt — man ging in den Sommer hinein —, provisorisch montierte man Drehbänke, Ambosse und Schmiedefeuer. Borsig packte selbst mit an. Wozu hatte er das Handwerk des Zimmermanns erlernt? Vom Morgengrauen bis zum sinkenden Tag schuftete er auf der Baustelle, von den Arbeitern erst mißtrauisch, dann respektvoll beobachtet: ein merkwürdiger Fabrikbesitzer. Nachts saß er über Plänen, Rechnungen, Skizzen. Die Sorge hetzte ihn: Das »Comité der Eisenbahnanlagen zwischen Berlin und Potsdam« hatte ihn mit der Lieferung von 116 200 eisernen Schrauben beauftragt, Borsig hatte den Auftrag angenommen, obwohl sein Werk zu diesem Zeitpunkt noch aus einem Krautacker bestand. Wenn er jetzt versagte, würde kein Hund mehr ein Stück Brot von ihm nehmen. Ein gewagtes Spiel.

Er rechnete fieberhaft. »Und im Juli wollen wir gießen«, sagte er urplötzlich in die Stille des Raumes hinein. Wöhlert, ein Meister, der ihm von Egells gefolgt ist, glaubt sich verhört zu haben.

»Die Kupolöfen, zum Schmelzen des Eisens, Herr Borsig«, meint er bedächtig, »die werden wir hinkriegen. Aber für die Gebläse, da brauchen wir ja nun mal eine Dampfmaschine.«

Borsig stemmt die Fäuste auf den Zeichentisch. Der mächtige Kopf, der direkt auf dem herkulischen Körper zu sitzen scheint, schiebt sich nach vorn. Eine brennende Energie strahlt von ihm aus. »Ich sagte, daß wir im Juli gießen werden, Wöhlert.«

Nach einer Pause fügt er hinzu: »Man kann einen Schmelzofen

auch mit der Hand antreiben.« Seine Arme fahren hoch und ziehen an einem imaginären Blasebalg: auf und ab, auf und ab . . . Wöhlert beugt sich über seine Arbeit. Sein Chef hat ihm das Wundern abgewöhnt.

Am 22. Juli 1837 züngelte das flüssige Eisen wie eine glühende Natter durch die Gießrinne in die erste Gußform. Ein Dutzend Gardegrenadiere keuchten an den Bügeln der Blasebälge. Borsig hatte lange mit dem Regimentskommandeur verhandelt. Die Soldaten entwickelten sich zu seinen treuesten Helfern. Kritisch wurde es nur, wenn von der Kaserne an der Chausseestraße das erste Signal des Zapfenstreiches ertönte, bevor der Guß beendet war. Dann hängte sich Borsig mit seinen Meistern selbst in die Bügel.

Die Primitivität der Produktion wirkte sich nicht auf die Qualität aus. Die junge Borsigsche Maschinenfabrik mit ihrer Belegschaft von 50 Arbeitern erfüllte alle Aufträge zur Zufriedenheit: Schienenstühle, Kipploren, Eisengitter, die Löwen der Tiergartenbrücke, Reparatur von Lokomotiven. Eine kurze Zeit der Krise überwand sie durch die Herstellung von gußeisernen Schreibzeugen, Bilderrahmen und Figuren. Bald stand die erste, in der eigenen Werkstatt gebaute Dampfmaschine. Auf den massiven Gebäuden flatterten die Fähnchen der Richtkränze, Schornsteine wuchsen in den Himmel, Stemmeisen und Brechstangen zwängten sich in die Fugen der Behelfsbaracken und rissen sie nieder. An die Stelle genialischer Improvisation trat präzise Planung.

Dann war dieser Tag auf dem Anhalter Bahnhof gekommen. Borsig, einen Kerl wie ein Amboß, einen Mann, der von seinen Arbeitern trotz seiner Jugend »Vater Borsig« genannt wird, der sich weder vor Hölle noch Teufel fürchtet, ihn schüttelt es vor Lampenfieber. Er starrt auf das blitzblanke Kupferschild am Lokomotivkessel, das seinen Namen trägt. Er klammert sich an die gestrige, so glänzend verlaufene Generalprobe auf der Strecke nach Großbeeren. Nur im Unterbewußtsein nimmt er die Menge der Zuschauer wahr, die sich an den Absperrungsketten drängt. Er wird hellwach, als die Engländer den Bahnsteig betreten. Die Herren begrüßen sich durch Handschlag. Maschinist Robsen winkt seinem Kollegen zu, dem Werkmeister Müller, der seit einer halben Stunde auf dem eisenumgitterten Führerstand steht und zum wievielten Male mit dem Putzlappen über die Kuppel der Feuerbüchse fährt. Der Chef der englischen Gruppe verbeugt sich vor Borsig und sagt: »Nach Ihnen,

Mr. Borsig.« Der Deutsche findet das Lächeln des Briten von herablassender Arroganz, aber es werden wohl seine Nerven sein, die ihm das so erscheinen lassen.

Jetzt tritt einer der Bauräte der Anhaltischen Bahn vor und erläutert dem Werkmeister Müller, wie er das Startzeichen handhaben wird. Die »Borsig« verharrt lauernd wie ein großes, gefährliches, vorsintflutliches Tier, sie faucht drohend, sie zittert vor verhaltener Kraft — in diesem Moment nimmt der Baurat seinen grauen Zylinder vom Kopf und schwenkt ihn senkrecht nach unten: Freie Fahrt! Müller drückt wuchtig den Hebel nach unten und stemmt sich mit den Füßen breitbeinig auf die Plattform, um den Rückstoß aufzufangen. Eine unnötige Vorsichtsmaßnahme. Lassen wir einen Zeitgenossen weiterberichten:

»Beim ersten Anfahren versagte die Maschine vollständig, sie wollte weder vorwärts noch rückwärts gehen. Da bemerkte plötzlich der Borsigsche Maschinenführer Müller, daß an beiden Zylinderdekkeln einige Muttern anders standen, als wie er sie am Abend vorher selbst gestellt hatte. Ein Verdacht blitzte ihm durch die Seele, er nahm die Deckel los und fand, daß über Nacht beide Kolben von ruchloser Hand nachgespannt waren, so daß sie wie festgekeilt in den Zylindern saßen. Er beseitigte diese Störung, und sofort lief unter allgemeinem Jubel die Lokomotive siegreich an ihrer englischen Konkurrentin vorüber.«

Wem die ruchlose Hand gehörte, ist nie aufgeklärt worden. Dasselbe undurchdringliche Dunkel umhüllt den Urheber des Sabotageaktes, der zwei Jahre später bei der Eröffnung der Strecke von Berlin nach Stettin auf eine Borsigsche Lokomotive verübt wurde. Diesmal hatte man Schraubenmuttern und Hobelspäne in die Pumpen praktiziert, sie brachten den Zug kurz vor Pankow zum Stehen. Borsig hat später erzählt, daß ihm damals die Schläfenhaare ergrauten: sein vornehmster Fahrgast war der König von Preußen, Seine Majestät Friedrich Wilhelm IV. Er saß in seinem girlandengeschmückten Salonwagen und blickte irritiert auf den stotternden Oberwegbauinspektor Neuhaus herab, der ihm die Ursache der Panne erläutern sollte. Alexander von Humboldts schneidender Einwurf: »Von Borsig? Da kann man auch nichts Besseres erwarten!« erhob den Zwischenfall zu einer Staatsaktion.

Der König aber verzieh seinem Untertan. Er hatte nicht vergessen, was Borsig mit den Fontänen von Sanssouci getan hatte. Die waren schon die Schmerzenskinder des großen Friedrich gewesen, der sie trotz 170 000 Taler Installations-, Umbau- und Reparaturkosten, trotz der Konsultierung zahlreicher »Fontainiers« aus aller Herren Länder, wie die Experten auf dem Gebiete der springenden Wasser genannt wurden, nie hatte in dem märkischen Himmel steigen sehen. Nach seinem Tode verfielen die so kostspieligen wie sinnlosen Anlagen, die Windmühlen und Feuermaschinen, die riesigen Sammelbecken und unterirdischen Rohrnetze.

Dann wurde August Borsig gerufen. Er baute seinem Monarchen eine komplizierte Anlage mit 14 Pumpen und einer Dampfmaschine, die der Hofbauinspektor Persius diskret hinter einer maurischen Fassade versteckte. Als sich an jenem Herbsttag der gesamte Hof um das weite Marmorbecken im Park von Sanssouci versammelt hatte, gab es keine Panne: Die gewaltige Wassersäule stieg, von der Kraft des Dampfes getrieben, 36 Meter hoch und stäubte in Millionen diamantenen Tropfen auf die mit einem lauten »Merveilleux!« akklamierende Hofgesellschaft. 25 156 Taler ließ der enthusiasmierte Friedrich Wilhelm dem Fabrikanten Borsig auszahlen — abzüglich einer Konventionalstrafe von 500 Talern, zahlbar an das Potsdamer Bürger-Rettungs-Institut, wegen Überschreitung der Lieferfrist. Ordnung mußte sein.

Die Fontäne von Sanssouci erschien den Berlinern wie ein Symbol für Borsigs Schaffen: steil stieg seine Erfolgskurve. 1844 trugen 20 von 135 auf deutschen Schienen rollenden Lokomotiven das Firmenschild Borsigs. Von den 69 Maschinen, die der Staat 1848 bestellte, wurden 67 (!) dem Werk vor dem Oranienburger Tor in Auftrag gegeben. Sechs Jahre später erschien der Handelsminister von der Heydt in der Werkhalle, ernannte Borsig zum Geheimen Kommerzienrat und schmückte die 500. Lokomotive eigenhändig mit einem Kranz roter Rosen. Sie hieß wie die Numero 1 »Borsig« und war ein besonderes Prachtexemplar. 37 Arbeiter hatten sieben Wochen lang ihre Metallteile poliert. Als sie an diesem Tage, gezogen von 32 schweren belgischen Pferden, durch die Straßen Berlins zu ihrem Bestimmungsbahnhof rasselte, standen die Berliner Spalier und schenkten unter Vivatrufen ihre Hüte. Eine Huldigung, die bis dato gekrönten Häuptern vorbehalten gewesen war.

Der Abend sah die Borsigschen Arbeiter im Krollschen Etablissement versammelt. Ihr Chef bewirtete sie mit Delikatessen. Für ein paar Stunden sollten sie sich fühlen wie die Fürsten. Ein großes

Ballorchester spielte ihnen auf.

Am Schluß ging der Vorhang über die Bühne in die Höhe und zeigte Herrn Borsigs Büste in kolossaler Größe auf einer Säule stehend, der zur Seite standen, als Repräsentanten der Eisenfabrikation und des Maschinenbaus, zwei lebensgroße Figuren, einen Puddler und einen Eisenarbeiter darstellend, und der Hintergrund gab die Ansicht der hiesigen Maschinenbauanstalt in größter Naturtreue.

Diese Art von »Betriebsfesten« war neu in Berlin. Es gab keine Fabrikbesitzer, die ihre Arbeiter zu einem Fest einluden. Der Außenseiter Borsig, scheel angesehen von den Fabrikanten wegen des »schlechten Beispiels«, das er gab, war seiner Zeit auch in dieser Hinsicht um Jahrzehnte voraus.

Er organisierte eine Krankenkasse und eine Sterbekasse. Er zog jedem Arbeiter einen Silbergroschen von jedem verdienten Taler ab, legte das Geld auf die Bank und verzinste es mit fünf Prozent. In einem Werk gab es ein Schwimmbecken, »auf der einen Seite tief für die des Schwimmens Kundigen, auf der entgegengesetzten Seite untief für Lehrburschen und in der Kunst des Über-Wasserhaltens nicht Erfahrene«. In einem hellen und freundlich ausgestatteten Restaurationslokal (Berlins erster Werkkantine!) konnten seine Arbeiter spottbillig zu Mittag essen.

August Borsig führte seine Fabriken patriarchalisch, er war väterlich besorgt und väterlich streng. »Hier gilt ein Wille, und das ist meiner!« hatte er im Revolutionsjahr 48 einer Rotte von Anführern entgegengeschrien, die in seinem Werk die Anarchie verkünden wollten. Seine Ankündigungen am Schwarzen Brett trugen den Charakter von Gesetzen.

»Die Arbeiter meiner Fabrik«, so hieß es da, »werden längst die Überzeugung gewonnen haben, daß ich mich fortwährend damit beschäftige, Übelstände und Unordnungen zu beseitigen und dagegen jede mögliche Verbesserung einzuführen, welche nicht allein das Wohl der Arbeiter befördert, sondern auch das Fortbestehen der Anstalt sichert. Es ist also ein gemeinsames Interesse vorhanden, mit dem Geist der Zeit fortzuschreiten, und in diesem Sinne mache ich die Änderungen bekannt, die mir nötig schienen, wenn das vorgesteckte Ziel erreicht und den laut gewordenen Wünschen entsprochen werden soll.«

Die Sprache eines Herrschers. Eines Herrschers, den seine Untertanen verehrten, bewunderten, liebten. Wenn der Mann mit dem Löwenschädel in der Fabrik erschien, dann schlug er mit der Strahlkraft seiner Persönlichkeit alles in den Bann.

Er hatte ein unheimlich anmutendes Gespür für technische Dinge. Er, der im Königlichen Gewerbeinstitut ein mittelmäßiger Schüler gewesen, er, dem jede Theorie fremd geblieben war, der sein Konstruktionsbüro, wo die technischen Zeichner mit Winkelmaß und Zirkel klapperten, nie betrat, er brachte es fertig, durch eine primitive, auf den Knien entworfene Skizze ein Problem zu lösen, an dem seine Ingenieure sich die Zähne ausgebissen hatten. So wie jemand, der eine fremde Sprache fließend spricht, in dieser Sprache *denkt,* so dachte Borsig in Stahl, in Kolben, in Zahnrädern. Rief man ihn zu einer kranken Maschine, so umschritt er sie schweigend mehrere Minuten, dann wies er mit dem Zeigefinger auf eine Stelle und sagte: »Hier könnte es sein!« Meist war es dort.

Für Borsig waren seine Maschinen mehr als bloße Materien. Nicht daß er sie für beseelt gehalten hätte, aber er glaubte zum Beispiel, daß eine Lokomotive, die über lange Jahre von ein und derselben Besatzung gefahren werde, von dem Wesen dieser Besatzung etwas annehme. Henry Adams Wort, wonach die Siemenssche Dynamomaschine der Venus von Milo gleichzusetzen sei, hätte ihn begeistert.

Der »Maschinenmensch« Borsig ließ sich aber von seinen Geschöpfen nicht verschlingen. Seine eigentliche Zuneigung galt anderen Wesen: den Blumen. Es läßt sich kein groteskerer Gegensatz denken als der zwischen diesen beiden Welten: das Gebrüll der Hammerbären, das böse Fauchen der Schmiedefeuer, das asthmatische Gestöhn der Dampfmaschinen, das giftige Zischen ausströmenden Dampfes, das Sausen der Schwungräder, diese Vorhölle infernalischen Lärms und dann die schwül-warme, betäubend duftende, silbrig perlende Stille der Borsigschen Treibhäuser in Moabit.

Moabit — »la terre maudite« hatten die Hugenotten die Sandwüsten verflucht, die ihnen der erste Friedrich Wilhelm als Siedlungsgebiet übereignet hatte. Ihnen war es genauso gegangen wie den anderen Kolonisten: die märkische Streusandbüchse hatte jeden Versuch der Urbarmachung erstickt. Es war deshalb eine sehr berlinische Idee gewesen, aus diesem nutzlosen Gelände eine einzige riesige Kneipe zu machen: mit Tanzlokalen und Militärmusiken, mit »Hier können Familien Kaffee kochen«, mit Würfelbuden und Rummelplätzen.

Bis die Industrie das verfluchte Land, la terre maudite, entdeckte.

Bis Borsig dem Büchsenmacher Griebenow einen großen Teil seiner Äcker abkaufte. Da wuchs Moabit zu einem Industrierevier heran. Das neue Eisenhüttenwerk Borsigs, durch das er sich vom englischen Stahl unabhängig machte, bildete das Zentrum. Als der Schinkelschüler Strack damals seine Pläne vor Borsig aufrollte, da nahm der zum Schluß einen Stift in die Hand und zeichnete ein langes Rechteck ein, das sich zwischen dem Werk und der Spree erstreckte. »Hier«, sagte er, »will ich mir mein Haus bauen — inmitten eines Gartens Eden.« Strack ging kopfschüttelnd.

»Botanisches Wunder bei Borsig!« hieß es im Juni des Jahres 1852 in den Berliner Zeitungen. Eine ganze Seite ihrer schmalbrüstigen Umfangs widmeten sie einer Blume. Der böhmische Botaniker Thaddäus Haenke hatte sie auf dem Oberlauf des Rio marmore entdeckt, inmitten der Sumpfdschungel des Amazonas, und der Forschungsreisende Richard Schomburgk hatte sie zu Ehren der englischen Königin Victoria »Nymphaea Victoria regia« genannt. In England, in den Gärten des Herzogs von Devonshire, war es zum erstenmal gelungen, sie zum Blühen zu bringen.

Jetzt entfaltete die rosenfingrige Königin des Amazonas ihre schneeweiß-zartrosa-purpurdunkle, narkotisch duftende Blüte im Palmenhaus des Industriellen August Borsig. Bis zu vierzig Zentimeter maß sie bei geöffneten Kelchblättern, neben ihr schwammen die riesigen Blätter mit einem Durchmesser von 1,80 Meter, stark genug, ein zehnjähriges Kind zu tragen. Ihr Becken wurde gespeist von den 22 Grad warmen Abwässern des benachbarten Eisenwerks. Beraten von Peter Lenné, dem Gartenbaukünstler, hatte Borsig seit Januar die erbsengroßen schwarzen Samenkörner bei einer Schocktemperatur von 40 Grad auf Glasschalen ausgelegt.

Als das Wunder geschehen war, drängte es ihn, andere an seinem Glück teilhaben zu lassen. An jedem Dienstag und Freitag öffnete er die Tore seines Parks und der Glashäuser für die Bevölkerung. Die Berliner wallfahrten nach Moabit und begafften die Springbrunnen, die künstlichen Wasserfälle und die Goldfischteiche. Mit angehaltenem Atem starrten sie hinauf in die Kronen tropischer Bäume, aus denen die Orchideen hervorleuchteten: Fabelwesen, die nicht mehr Pflanze schienen und noch nicht Tier, Ausgeburten der Phantasie des Schöpfers, von seltsamer Schönheit oder bizarrer Häßlichkeit. Ein Blütenregen opalisierender Perlen tropfte hier herab, dort schimmerte zwischen schneeigen Blättern eine blutig rote Lippe, Polypen streckten getigerte, gefleckte, karmesinrot glänzende Fangarme aus.

Es staunt nicht nur das Volk von Berlin, auch ein König wunderte sich. »Beschämen mich«, äußerte Friedrich Wilhelm IV. bei einem Besuch des Eisenhüttenwerks und der Treibhäuser. Das war im Jahre 1854, einige Monate vor dem Tode August Borsigs.

»Was ich bisher geleistet habe, soll als unbedeutende Kleinigkeit erscheinen gegen das, was ich alsdann schaffen will«, hatte der ehemalige Zimmermannsgeselle in seinem letzten Lebensjahr gesagt. Eine Äußerung, die angesichts dessen, was er geschaffen hatte, blasphemisch klang. Aber wer Borsig kannte, wußte, daß seine Rede stets »ja, ja« oder »nein, nein« gelautet hatte.

In Biskupitz in Oberschlesien fressen sich die Schächte seiner Kohlengruben in den Erdboden hinein, zehn Hochöfen im Werte von je 80 000 Talern wachsen heran, ein gigantisches industrielles Abenteuer nimmt seinen Anfang. Für Borsig hat die Zukunft bereits begonnen. Da kommt der Tod. Er fällt ihn im Alter von fünfzig Jahren so plötzlich wie der Blitz aus heiterem Himmel den Wanderer. 1800 Arbeiter trauern. Darunter sein Sohn, der das Werk vollendet.

Die nicht approbierte Medizinalperson

Es geschah im Herbst des Jahres 1876, daß zwei Handwerker an dem Eckhaus Friedrichstraße, Ecke Schützenstraße in der Berliner Innenstadt ein Schild aus weißer Emaille befestigten. Ein läppischer Vorgang, wie er in einer Großstadt ein paar dutzendmal am Tage vorkommen mag. In diesem Falle war es ein historischer Vorgang.

Auf dem Schild stand:

Dr. med. Franziska Tiburtius

Das für diesen ungewöhnlichen Fall zuständige Königlich Preußische Kultusministerium war ungefähr der gleichen Meinung wie die kopfschüttelnden Passanten. Zumindest sah es den Tatbestand für gegeben an: »Erschütterung der Grundfesten von Thron und Altar«.

Der Herr Geheimrat hatte das nicht so direkt gesagt, als das Fräulein Tiburtius in seinem Amt vorsprach. Man war schließlich liberal gesinnt in der Ära Falck, ein Unmensch war man auch nicht und wußte aus dem Anstandsbuch, daß einer deutschen Frau zart entgegenzukommen sei.

»Approbation, Zulassung als Ärztin, schön, schön«, hatte der Geheimrat gesagt und das an einem goldenen Kettchen hängende Monokel durch die Luft gewirbelt; »ich ersehe aus Ihren Zeugnissen, daß Sie Ihren medizinischen Doktor an der Universität Zürich nach einem rite absolvierten Studium gemacht haben, mit ›Sehr gut‹ sogar. Sie haben uns hier ...«, er riß das Monokel mitten aus einer gewagten Kurve heraus und blätterte in den auf dem Schreibtisch liegenden Papieren, »haben uns hier glänzende Empfehlungen eingereicht, zur Begründung Ihres Antrages, von Ihren Schweizer akademischen Lehrern und vom Herrn Hofrat Winckel aus Dresden, an dessen Klinik Sie, wie ich ersehen habe, volontiert haben ... hm, hm ..., tscha«, er schlug mit der flachen Hand auf das Aktenbündel und erhob sich, um mit auf dem Rücken verschränkten Händen durch den Raum zu wandern. »Sehen Sie, gnädiges Fräulein, ich gehöre zu den wenigen Leuten im Ministerium, die das, was man heute Frauenemanzipation oder Frauenbewegung nennt, wenn auch nicht gerade unbedingt billigen, aber auch nicht a priori verabscheuen. Ich bin sogar der revolutionären Meinung, daß die geistigen Kräfte einer Frau für manche Berufe vielleicht sogar ausreichen, um nicht zu sagen ...«

Das Fräulein Dr. med. Franziska Tiburtius saß mit steifem Rükken auf dem hochlehnigen Stuhl und versuchte wegzuhören. Sie sagte sich mit Goethes König Thoas: »Man spricht vergebens viel, um zu versagen; der andre hört von allem nur das *Nein.*«

Ihre Gedanken wanderten fünf Jahre zurück. Damals, im Jahre 1871, war sie, die ehemalige Hauslehrerin und Gouvernante, in Zürich angekommen, um — einem dunklen Drange folgend — sich als Studentin der Medizin immatrikulieren zu lassen. Von allen Universitäten Europas gestattete das nur die Universität Zürich weiblichen Wesen. Unter ihren Kommilitoninnen waren viele Russinnen, die zahllose Papyrosi-Zigaretten rauchten und dem Nihilismus frönten. Einige Engländerinnen, Amerikanerinnen, Schweizerinnen und eine Pfarrerstochter aus Fürth namens Emilie Lehmus waren ebenfalls an dem tollkühnen Unternehmen beteiligt. Daß der Ausdruck »tollkühn« nicht übertrieben war, sollte sich schon am ersten Studientag herausstellen.

»Bei unserem ersten Erscheinen im Präpariersaal«, berichtet Franziska Tiburtius in ihren »Erinnerungen einer Achtzigjährigen«, »gab es einen unangenehmen Auftritt: Es war unter den Studenten bekanntgeworden, daß die Frauenzimmer . . . zum erstenmal kommen würden. Als wir eintraten, war der Saal dicht gefüllt, auch von den anderen Fakultäten zahlreiche Mitläufer, und es erhob sich ein wüster Lärm, Schreien, Johlen, Pfeifen usw.; da hieß es ruhiges Blut behalten. Neben dem großen Saal war ein kleiner Raum, der uns angewiesen war zur Aufbewahrung der großen Schürzen und des übrigen notwendigen Handwerkszeuges. Der Lärm dauerte an, als wir doch an die Arbeit gehen wollten, war die Tür verschlossen — wir waren eingesperrt! Sehr unangenehme Lage! Nach weiteren Minuten ganz plötzlich tiefste Stille! Endlich ward die Tür von einem jungen Polen geöffnet — tiefe Verbeugung — der Saal war ganz leer. Bald erschienen Professor Meyer und der Assistent, und man ging mit Ernst und Selbstverständlichkeit an die Arbeit . . . — Der Assistent hatte den Professor von dem Krawall benachrichtigt, und der hatte mit einigen kräftigen Worten Ruhe geschafft und die Unruhstifter hinausgeworfen.«

Ähnliche Szenen haben sich nicht wiederholt. Die »Frauenzimmer« durften, unter dem Schutze der Professoren, in Ruhe weiterstudieren. Das Mißtrauen, das man ihnen entgegenbrachte, schwand jedoch nie ganz. Die Kollegen vom anderen Geschlecht waren nur dann höflich zu ihnen, wenn niemand in der Nähe war, der diesen Frevel hätte melden können. In den Semesterferien, die Franziska manchmal bei ihren Eltern auf der Insel Rügen verbrachte, konnte es geschehen, daß die Gassenjungen ihr johlend nachliefen und die Nachbarn ein verstohlenes Kreuz schlugen. Der Hexenglauben war noch nicht ausgestorben.

Eines Tages war es dann soweit. »Grüezi, Jungfer Doktor!« knicksten die kleinen Zürcher Maitli, nachdem man in einer feierlichen Amtshandlung dem Fräulein Tiburtius den Doktorhut aufgesetzt hatte . . .

»Fräulein Tiburtius!« Franziska schrak aus ihren Erinnerungen. Richtig, sie war nicht in Zürich; sie war in Berlin und versuchte von einer preußischen Behörde die Zulassung als Ärztin zu erlangen.

»Fräulein Tiburtius«, der Geheimrat hatte das Monokel in das linke Auge geklemmt und sah sie durchdringend an, »oder hören Sie nur auf Fräulein *Doktor* Tiburtius?« Es sollte ein Scherz sein. Er lachte meckernd, Franziska lachte nicht. Sie erhob sich. Der Geheimrat begleitete sie zur Tür. Bevor er ihr die Hand zum Abschied reichte, sagte er: »So außerordentlich gern wir Ihnen helfen würden, wir können Sie nicht zulassen, als Ärztin nicht und auch nicht nachträglich zum Staatsexamen. Die Gesetze verwehren es uns, und Gesetze soll man nicht ohne Grund ändern. Sie kennen den Ausspruch des Fürsten Bismarck: ›Quieta non movere!‹ Was ruhig liegt, nicht stören.«

Er beugte sich plötzlich vor und sagte mit gedämpfter Stimme: »Apropos Bismarck. Wenn ich Ihnen einen vertraulichen Rat geben darf: Wenden Sie sich an das Reichskanzleramt. Vielleicht, daß Sie ...«

Franziska wandte sich an das Reichskanzleramt. Das Reichskanzleramt lehnte das Gesuch ab und gab sich nicht einmal die Mühe, die Ablehnung zu begründen.

Franziska bat, das preußische Hebammenexamen machen zu dürfen. Nein! Sie erklärte sich bereit, nachträglich das Abitur abzulegen. Nein!

Da gab Franziska Tiburtius es auf. Sie ging in ihre Wohnung, Schützenstraße Ecke Friedrichstraße, und ließ durch jenes Emailleschild verkünden, daß es in Berlin von nun an eine Ärztin mit eigener Heilpraxis gebe.

Es war idiotisch: Eine Praxis eröffnen durfte sie, auch ohne als Ärztin behördlich zugelassen zu sein. Es herrschte in Preußen die im selben Jahr verkündete neue Gewerbeordnung. Sie gestattete es allen »Heilkundigen«, Kranke zu behandeln. Das Fräulein Tiburtius, ausgerüstet mit dem medizinischen Doktor einer angesehenen europäischen Universität nach Absolvierung eines zehnsemestrigen Studiums, wurde von den Behörden unter der Ruprik geführt: »Naturheilkünstler, Magnetopathen, Kurpfuscher, Wunderheiler«.

Franziska saß in ihrem Zimmer und tat das, was die Patienten dort eigentlich tun sollten: sie wartete.

Gelegentlich kam Henriette Tiburtius zu ihr und tröstete sie. Henriette war ihre Schwägerin und außerdem die erste und zur Zeit immer noch einzige deutsche Zahnärztin. Ihre erfolgreiche Praxis befand sich in derselben Wohnung. Als sie im Jahre 1869 in der Behrenstraße ihr »Zahnärztliches Atelier für Frauen und Kinder« eröffnete, hatte es eine ähnliche Sensation gegeben wie jetzt bei Franziska. Nur hatten die Behörden ihr keine Schwierigkeiten gemacht, *konnten* ihr keine machen. Henny, das kluge Frauenzimmerchen, war ihnen über gewesen. Bevor sie am Dental College zu Philadelphia zu studieren begann, ließ sie sich vom Königlich Preußischen

Ministerium eine Bescheinigung ausstellen, worin zu lesen stand: Antragstellerin wird zugelassen, wenn sie Absolvierung zahnärztlichchen Studiums nachweisen kann. Das Ministerium war überzeugt, dieses merkwürdige Mädchen damit für immer los zu sein. Es kannte Henny nicht. Die war nach zwei Jahren wieder da und legte ihr Diplom aus Philadelphia auf den Schreibtisch. Das Ministerium fühlte sich über das Ohr gehauen, konnte aber gegen ein von seinen eigenen Beamten ausgestelltes Zertifikat nichts tun.

Henny half dann später, einen Lieblingsplan ihrer Schwägerin Franziska zu verwirklichen. Mit ähnlicher raffinierter Diplomatie.

Franziskas Praxis bevölkerte sich nur zögernd. Das Mißtrauen gegen den weiblichen Arzt bröckelte nur langsam ab. Sie hatte in den ersten Jahren viel freie Zeit. Zu viel für ihren Tatendrang. Sie benutzte sie, um Berlin kennenzulernen.

Berlin schickte sich damals an, eine Weltstadt zu werden. Man hatte einen Krieg gewonnen, fünf Milliarden Kriegsentschädigung eingestrichen und den Gründerkrach mit seinen Pleiten hinter sich. Man hatte sich wieder erholt, und die Berliner fragten sich gegenseitig, was die Welt so koste. Es wurde viel verdient in dieser Stadt — und es wurde viel gehungert. Im Norden und Osten wucherten die Mietskasernenviertel wie Krebsgeschwüre. Der vierte Stand vegetierte in feuchten, verwanzten Zimmern, bedroht von Tuberkulose, Trunksucht, Unterernährung.

Franziska Tiburtius wanderte durch die Straßen des Elends. Sie stellte fest, daß es nur wenige Ärzte hier oben im Norden von Berlin gab. Die Proletarier hätten sich auch keinen leisten können. Krankenkassen hatte man gerade erst erfunden. Eine Poliklinik müßte man hier aufmachen! Eine Poliklinik für Arbeiterfrauen! Dazu gehörte Geld und als erste Voraussetzung: einige Räume, eine Wohnung.

Sie erzählte ihrer Schwägerin von diesem Plan. Henriette Tiburtius war begeistert. Sie tat das, was der Berliner »schnell schalten« nennt. Ein Zufall kam ihr zu Hilfe.

Eine Patientin, die Frau eines reichen Industriellen der in einem Arbeiterviertel wohnte, bat sie, doch ausnahmsweise ihres Gatten mangelhaftes Gebiß unter ihre hilfreichen Hände zu nehmen (sie behandelte ja sonst nur Frauen und Kinder). Henriette Tiburtius sagte zu. Als der Herr kam, wurde er sehr freundlich empfangen. Frau Henny verstand sich gut darauf, mit Gewandheit und scheinbarer

Unabsichtlichkeit ein Gespräch dahin zu lenken, wo sie es haben wollte, und als der Herr, den Gummiknebel im Mund, die zu bearbeitenden Vorderzähne in Gummi eingespannt, vollständig unfähig zu einem Wort der Widerrede, unter ihren Händen dasaß, wurde ihm der Plan dargelegt und vorgestellt, wieviel Gutes für die Frauen jenes Stadtteils aus einer solchen Anstalt hervorgehen würde, und welch großes Verdienst er sich erwerben könne ... als das Ergebnis der Unterredung stellte Herr Bötzow eines seiner Häuser in der Alten Schönhauser Straße für die Zwecke einer Poliklinik zur Verfügung!

Diese Hofwohnung richtete sich Franziska Tiburtius mit Hilfe ihrer Studienfreundin Emilie Lehmus, die mit ihr zusammen in Zürich den Doktor gemacht hatte, als »Klinik« ein. Ängstlich saßen die beiden jungen Ärztinnen zu Beginn der ersten Sprechstunde im Ordinationszimmer. Als sie die Tür zum Wartezimmer öffneten, um »Die erste, bitte!« zu sagen, sahen sie zwölf verhärmte Frauen auf den Bänken sitzen. Einige Tage später waren es doppelt so viele. Auf vierzig Patienten pro Sprechstunde mußte schließlich die Zahl begrenzt werden. Trotz angestrengter Arbeit bis in die Nacht hinein — mehr Kranke konnten nicht behandelt werden.

Von dem einen Groschen, den jede Patientin zu zahlen hatte, wurden Beleuchtung und Heizung bestritten. Die übrigen Kosten wurden aus der eigenen Tasche beglichen. Franziska stellte später drei Betten in eine Mansardenwohnung. »Pflegeanstalt für erholungsbedürftige Patientinnen« stand auf einem Pappschild an der Tür. Niemand ahnte, daß daraus einmal die später so bekannte »Klinik weiblicher Ärzte« werden sollte.

Allmählich wuchs das Vertrauen zum Fräulein Dr. Tiburtius. Die Berliner und besonders die Berlinerinnen begriffen, daß hier jemand mit einem heiligen Eifer arbeitete und von dieser Arbeit eine Menge verstand. Auch die Praxis in der Friedrichstraße blühte auf. Es kamen jetzt nicht nur die sogenannten einfachen Leute, es kamen auch die Vertreter der »besseren Kreise«. Vorsichtshalber schickten sie vorher ihre Dienstboten. Hatte das Versuchskaninchen die Behandlung überlebt, so meldete sich die gnädige Frau an oder der Herr Gemahl.

Viele Engländer und Amerikaner kamen in die Friedrichstraße. Dieser deutschen Ärztin konnte man seine Leiden so schön in der Muttersprache schildern, sie sprach ein glänzendes Englisch. Madame Yin-Chang, die Gattin des chinesischen Botschafters, schenkte der

»Doktor-Frau« ihr Vertrauen. Sie rief sie oft zu sich in die Botschaft am Kurfürstendamm. Als Franziska nach längerer Bekanntschaft die künstliche Fußverkrüppelung der Chinesinnen, ein Schönheitsideal, kritisierte, sagte die Exzellenz: »Wir binden Füße, ihr bindet Bauch!« Womit sie das deutsche Korsett meinte.

Die Patienten hatten Vertrauen gefaßt — die männlichen Kollegen konnten sich noch nicht dazu entschließen. Eines Tages wurde die Tiburtius vor Gericht geladen. Auf der Vorladung stand: »Anklage wegen unbefugter Führung des medizinischen Doktortitels.« Franziska machte sich fröhlich auf den Weg. Der Vorsitzende entrollte ihr so rechtmäßig erworbenes Diplom, die Schöffen sahen ihm stirnrunzelnd über die Schulter. Alles stimmte. Der Staatsanwalt konnte es nicht lassen und beantragte drei Mark Konventionalstrafe: ». . . es könne doch jemand aus dem auf dem Praxisschild vermerkten Dr. med. irrtümlich schließen, daß das Fräulein Angeklagte eine in Deutschland approbierte Medizinalperson sei.« Der freundliche Vorsitzende sprach sie trotzdem frei. Er gab ihr den väterlichen Rat: Um zukünftige Pannen zu vermeiden, möge sie die Herkunft des Doktortitels auf dem Schild betonen.

Das tat Franziska. Sie ließ dem »Dr. med.« hinzufügen: »der Universität Zürich«. Am anderen Morgen gratulierten ihr die Patienten mit Wärme. Warum um Himmels willen? »Na, doch wejen der neue Würde, Frollein Dokta.«

Beim nächstenmal war der Denunziant ein Universitätsprofessor. Franziska saß zusammen mit einem Kurpfuscher auf der Anklagebank und wurde freigesprochen. Dann trat der Geheimrat Virchow unter Protest aus dem Vorstand des Victoria-Lyzeums. Das war eine Fortbildungsanstalt für Töchter höherer Stände, die von der Kronprinzessin Victoria persönlich protegiert wurde. Virchow war empört, weil man Dr. Tiburtius eingeladen hatte, einen Kursus für Gesundheitslehre abzuhalten.

Die meisten anderen Koryphäen stellten dieselbe Fehldiagnose über den Fall »Ärztin«. Die Herausgeber der medizinischen Fachblätter litten in jeder Nummer an Kopfschütteln. Noch in den neunziger Jahren erregte die Erwähnung des weiblichen Arztes im Reichstag, laut Parlamentsstenogramm, »ungeheure Heiterkeit«.

Der »Kladderadatsch«, Berlins gefürchtetes politisches Witzblatt, vor dem selbst Bismarck Respekt hatte, brachte eine Karikatur: Die Ärztinnen Dr. Romulus und Dr. Remus verlieben sich in denselben

Patienten und bekämpfen sich an seinem Krankenbett bis aufs Messer. Die Berliner lachten. Die beiden einzigen Ärztinnen ihrer Stadt hatten Humor und lachten mit. Später lachten sie dann gemeinsam mit Ernst Dohm, dem Herausgeber des »Kladderadatsch«. Sie drohten, ihm den Blinddarm kostenlos herauszunehmen. Er gab ihnen das feierliche Versprechen, sie in Zukunft ungeschoren zu lassen. Woran sich Sigmund Haber, der Herausgeber des »Ulk«, freundlich anschloß.

Der Fortschritt war, wie auf vielen anderen Gebieten, auch hier nicht aufzuhalten. Achtzehn Jahre nach Eröffnung ihrer Praxis in der Friedrichstraße las Dr. Tiburtius in der »Vossischen Zeitung«, daß die ersten deutschen Universitäten Frauen als Gasthörer aufnahmen. 1898 ließ man die Frauen zum Staatsexamen zu. 1912 gab es in Deutschland 175 approbierte Ärztinnen.

1907 legte Dr. Franziska Tiburtius ihre Praxis in jüngere Hände. Sie hatte sie 31 lange Jahre geführt. Die Hälfte dieser Zeit waren sie und ihre Kollegin Dr. Lehmus die einzigen weiblichen Ärzte Berlins.

Diese Stadt hat sie nie wieder losgelassen. Das halbe Jahrhundert, das sie an der Spree verbrachte, prägte die Persönlichkeit dieser aus Pommern stammenden Frau. Hier fand sie, nach ihren eigenen Worten, ihre Heimat. Die Eigenschaften, die die echte Berlinerin ausmachen, zeigten sich bei ihr in Reinkultur: Nüchternheit, praktischer Sinn, Abneigung gegen große Worte und Sinn für Humor!

Bescheiden, fast nüchtern, schreibt diese tapfere Berlinerin über ihre Arbeit: »Ich bin später öfter gefragt worden, ob ich bei Beginn der Praxis viele Kämpfe durchgemacht hätte. Das weiß ich nicht; jedenfalls ist es mir nicht so recht zum Bewußtsein gekommen, daß ich kämpfte. Ich meinte immer nur, das zunächst Notwendige tun zu müssen.«

»Wieso Velasquez?«

»Ick kann jar nich so ville fressen, wie ick kotzen möchte«, hat Liebermann zu einem ausländischen Besucher gesagt, als die Nationalsozialisten an die Macht gekommen waren. Über dieses Wort ist viel gelacht worden. Es ist leider zu selten ein Lachen unter Schaudern gewesen. Es fehlte wohl die Phantasie, sich die Situation zu vergegenwärtigen, in der das Wort fiel:

Liebermann am Fenster seines Hauses am Pariser Platz, eines der alten Berliner Häuser, gehalten im gediegenen Schinkelstil, man kann den Tiergarten von hier aus sehen, das Brandenburger Tor, die Linden hinauf bis zum Schloßplatz, kostbare Möbel, Teppiche von Museumswert, an den Wänden die Gemälde, Meisterwerke alles, von Blechen bis Menzel, von Manet bis Cézanne, frische Blumen aus den eigenen Treibhäusern am Wannsee, der Dackel Männe auf dem Diwan — Liebermann steht am Fenster und blickt durch die halbgeöffnete Jalousie auf die Straße Unter den Linden. Es ist ein schöner Tag, das Sonnenlicht liegt flimmernd über den Bäumen. Wie oft hat er sie so gemalt, heute sieht er sie nicht, er lauscht auf das Dröhnen der Trommeln und die rhythmischen Schreie, auf das Schlurfen der Stiefel, das abgehackte Singen — akustisches Narkotikum der Diktatoren. Eine Welt geht unter, seine Welt. Sein Leben war sinnlos. Die alten Freunde besuchen ihn nicht mehr. Langsam schließt er das Fenster, die großen Augen unter der steilen Stirn sind verschleiert, das nervige Gesicht mit dem gelblichen Teint zuckt, er wendet sich an den im Hintergrund wartenden Gast aus dem Ausland: »Ick kann jar nich so ville fressen, wie ick kotzen möchte.«

Es war Liebermanns letztes berlinisches Epigramm. Und zugleich sein bitterstes. Wenige Monate darauf starb er. Außer seiner Familie gaben ihm drei Künstler das Geleit, darunter die mutige Käthe Kollwitz. Acht Jahre später, 1943, nahm sich Liebermanns Frau das Leben. Sie hatte von der Gestapo die Nachricht erhalten, daß man sie am anderen Morgen abholen werde. »Kunsthändler« plünderten die Wohnung. Bomben besorgten den Rest.

»Er ist einer der Glücklichsten seiner Zeit gewesen«, schreibt der Kunsthistoriker Karl Scheffler über Liebermann, »und als ein Glücklicher wäre er auch gestorben, wenn er drei Jahre früher vom Schauplatz abgetreten wäre. Dann hätte es eine pompöse Leichenfeier gegeben, in der Akademie der Künste und in seiner schönen Wohnung. Die alten Sezessionisten hätten ihr ehemaliges Oberhaupt geehrt, die Akademiker ihren Präsidenten, der Magistrat den Ehrenbürger Berlins, die Ritter des Ordens ›Pour le mérite‹ ihr Mitglied, die Museumsdirektoren und die Presse den repräsentativen Künstler.«

»Der Grund, warum ich Maler geworden bin? Ich dachte, da könnte man so hübsch faul sein«, hat Liebermann einmal einem Reporter geantwortet.

Das war nicht einmal eines seiner üblichen Paradoxe, mit denen er so gern den Bürgerschreck spielte. Wie oft hatte er, stöhnender Schüler des Friedrichwerderschen Gymnasiums, die Maler beneidet, die mit Samtjoppen und fliegenden Halsschleifen die Linden entlangdiskutierten. Vater Liebermann aber, der eine millionenschwere Kattunfabrik sein eigen nannte, war nicht für den Zauber der Boheme. Der Max sollte sein Abitur bauen, auf der Universität würde er seine Jugendschwärmereien schon vergessen. Womit der Vater genauso handelte, wie tausend Väter in tausend Künstlerbiographien zu handeln pflegen — also nicht übermäßig originell. Was Louis Liebermann jedoch von den anderen Väter unterschied: er schloß den verlorenen Sohn nicht schluchzend in die Arme, als der verlorene Sohn überraschenderweise berühmt geworden war; nein, die ganze Geschichte blieb ihm sein Leben lang suspekt und ärgerlich.

»Ach ja, der Max«, seufzte die Familie jahrzehntelang, wenn der Name des Sohnes, der weder Ingenieur noch Fabrikant hatte werden wollen, wieder einmal in der Presse auftauchte. Wenn er wenigstens ein Maler des Schönen geworden wäre und nicht einer, dessen Bilder aussahen, als habe »drei Tage lang Dreck drauf geregnet«, wie ein Kritiker einmal geäußert hatte. Das grandiose Doppelporträt, mit dem Liebermann seinen Vater und die Mutter verewigte, wurde von allen bewundert, nur von der Verwandtschaft nicht. Bis zu seinem Tode drang Louis in seinen Sohn, er möge doch wenigstens diese furchtbaren Hände verändern. Liebermann, der seine Eltern liebte, litt unter diesen Demütigungen.

Er hat damals brav sein Abitur gemacht und sich an der Berliner Universität immatrikulieren lassen. Doch statt im Hörsaal zu sitzen, tummelte er seinen Trakehner Schimmelhengst auf den schattigen Alleen des Tiergartens. An einem Novembermorgen traf er dort den Berliner Maler Karl Steffeck. Steffeck, der heute zu Unrecht ebenso vergessen ist, wie er damals gefeiert wurde, kannte den eleganten Playboy von einigen Zeichenstunden her, die er ihm während der Schulzeit gegeben hatte. Wenn er sich recht entsann, so hatte sie Liebermann damit verbracht, mit den weiblichen Modellen zu schäkern. Trotzdem war da eine gewisse Begabung gewesen. Steffeck stieg also wieder in den Sattel und bat Liebermann, ihm in sein Atelier zu folgen. Dort mußte Max mit Pinsel und Palette sein Pferd porträtieren. »Der Versuch fiel nach Steffecks Meinung überaus günstig aus, und ich war Maler geworden.« Ein Entschluß, gegen den die Eltern vergeblich protestierten.

Steffecks Schule war nach dem Vorbild der Pariser Privatakademien eingerichtet. Vormittags wurde nach der Natur, nachmittags nach Gips gezeichnet, abends marschierte man in den Aktsaal. Waren Damen dabei, so durften sich die Modelle nicht ausziehen. Im übrigen ging es sehr gemütlich zu. Steffeck stiefelte morgens sporenklirrend, so wie er vom Pferd gestiegen war, durch den Raum und gab, ständig Witze erzählend, Korrekturen. Er war eine wurzelechte Spreeathener Type, berlinerte leidenschaftlich und kannte keine schlechte Laune. Was angesichts seiner vierzehn Kinder bemerkenswert blieb. Er konnte phantastisch zeichnen, fegte das Modell auf den Block, ohne den Bleistift abzusetzen. Schüler, die einen Radiergummi hatten, verachtete er. Mit dem ollen Schadow, seinem verehrten Vorbild, vertrat er die Ansicht, daß man keinen falschen Strich zu machen brauche.

Nachdem Liebermann seinen Irrtum vom faulen Malerleben eingesehen hatte, wurde er ein fleißiger Schüler. Steffeck belohnte diesen Ehrgeiz und beförderte ihn zum Mitarbeiter an seinen eigenen Werken. Er arbeitete gerade an einem Schinken in Cinerama-Format »König Wilhelm bei Königgrätz«. Der König reitet da, gefolgt von Bismarck, Moltke und Roon, über das verqualmte Schlachtfeld; ein Anblick, der selbst Schwerverletzte in hellen Jubel ausbrechen läßt. Einer der Verwundeten geht in seiner Begeisterung so weit, dem Monarchen die Hand zu küssen. Liebermann durfte Köpfe, Säbel, Hände, Beine und Uniformen in das Gemälde hineinmalen. Zum Schluß fehlte nur noch ein originalgetreuer Pferdekadaver.

»Eines Tages sagte mir Steffeck, ich solle nach einem gefallenen Gaul, der irgendwo im Stall lag, 'ne Ölstudie machen. Ich geh' hin — da liegt der Kadaver und stinkt. Das Vieh war schon in Verwesung überjegangen. Die Luft war jeradezu verpestet. Na — ich hielt aus — und malte. Als ich fertig war, war mir entsetzlich übel. Ich ging nun zurück, übergab die Studie — und mich.«

Als das Bild fertig war, erschien Wilhelm I. mit den Prinzen. Unter beklommenem Schweigen marschierte er an dem in satten Farben leuchtenden Schinken entlang, sagte »Hm«, legte die Hand grüßend an die Mütze und zog sich wieder zurück. Das »Hm« hieß leider nicht »Gekauft!«, wie Steffeck gehofft hatte. Nachträglich kam ihm zu Ohren, daß der König es schicklicher gefunden hätte, wenn der Soldat, der ihm die Hand küßte, wenigstens ein Offizier gewesen wäre. Schließlich griffen die Prinzen in ihr Portefeuille und schenkten das Gemälde bei passender Gelegenheit ihrem Vater.

Steffeck hatte an Liebermanns Mitarbeit so viel Gefallen gefunden, daß er ihm anbot, eine Art »Gemäldegemeinschaftsproduktion« zu gründen. Das war aber nicht nach Liebermanns Gusto. Er wollte, in doppelter Bedeutung des Wortes weiterkommen. Doch wohin?

In die Hochburg europäischer Malerei Paris traute er sich nicht. Nach München, dem lockeren Künstlerbabel, durfte er nicht. Die Provinz Düsseldorf interessierte ihn nicht. Er wählte schließlich Weimar, wo man eine Kunstschule ins Leben gerufen hatte, der ein gewisser Ruf der Moderne vorausging. Hier hatten Männer wie Lenbach, Böcklin und Begas gelehrt. Zur Zeit beherrschte die belgische Malschule unter Pauwels das Feld.

Der einundzwanzigjährige Liebermann bezog bei dem Mundkoch des Großherzogs, der direkt gegenüber dem Goethehaus am Frauenplan wohnte, eine Bude und begann sich in Weimar umzusehen. Er stellte bald fest, daß es für ihn als Berliner hier nichts zu sehen gab. Lange Stunden vertrödelte er anfangs in seinem Zimmer und starrte hinüber zum Goethehaus, das damals noch nicht Nationalmuseum war, sondern von Goethes Enkeln Wolfgang und Walther, zwei kränklich makabren Herren, verwaltet wurde.

»Aus übermäßiger Pietät für ihren Großvater«, erzählt Liebermann, »bewohnten sie die Mansardenstübchen, und nur, wenn ihre Mutter Ottilie — ich glaube aus Wien — zum Besuch kam, öffnete sich der große grüne Salon in der ersten Etage, in dem Goethe empfangen hatte. Manchmal, wenn ich am Fenster in einem Band Goethe las und vom Buch auf mein Gegenüber blickte, glaubte ich Goethe leibhaftig vor mir zu sehen, aber nicht nur ihn, sondern auch alle seine Gestalten.«

Die Arbeit in Weimar befriedigte Max genauso wenig wie das geistige Klima. Daß Lehrer und Schüler seinen Charakterkopf immer wieder als Modell wünschten, hatte ihm nur am Anfang geschmeichelt. Er verbiß sich in seine Arbeit, ohne weiterzukommen. Er saß zwölf Stunden hintereinander an der Staffelei und schnitt bei den Kompositionsaufgaben doch am schlechtesten ab. Was ihn jedesmal ein paar Lagen Bier kostete. Monatelang quälte er sich an einem Rokokobild ab, das einen galanten Kavalier mit seiner Dame in anmutigem Getändel zeigen sollte. Obwohl sein Lehrer Pauwels, der ihn meist mit kalter Geringschätzung behandelte, jeden Tag sagte:

»Na, jetzt scheint es zu werden!«, so wurde es doch niemals was.

Es mehrten sich die Nächte, in denen er die himmlischen Mächte anklagte, daß sie ihn mit so wenig Talent und so weit weg von Berlin darben ließen. Die himmlischen Mächte aber hörten nicht, denn sie waren just damit beschäftigt, in Sachen Liebermann ein kleines Wunder vorzubereiten.

Eines Tages sieht Liebermann bei einem Freund eine Skizze nach der Natur. Sie stellte Gänse rupfende Frauen dar. Der Freund wundert sich, mit welchem Interesse sein Besucher auf das Blättchen starrt, und sagt schließlich: »Wenn du die Skizze ausführen willst, bitte schön . . .«

Liebermann bedankt sich und hastet in sein Atelier. An irgendeiner Stelle seines Gehirns ist ein Kontakt ausgelöst worden. Stundenlang raschelt sein Stift über das Papier, eine Unmenge von Bewegungsskizzen entsteht. Er rennt straßauf, straßab durch Weimar und sucht sich für seine Bäuerinnen die geeigneten Vorbilder. Er bestellt ein eineinhalb mal ein Meter großes Stück Leinwand. Mit Tagesanbruch steht er vor der Staffelei und wartet ungeduldig auf das Eintreffen seines Modells. Während der Arbeit würgt er ein paar trockene Brötchen herunter.

Das Bild »Die Gänserupferinnen« machte in Weimar Furore. Die guten Freunde versuchten, ihren Neid hinter dick aufgetragenem Lob zu verbergen. Die schlechten Freunde suchten nach Fehlern. Pauwels meinte, daß er nun wohl überflüssig sei. Aus Berlin kam der Kunsthändler Lepke und bot dem talentierten jungen Mann einen Vertrag, mit dem er sich alle künftigen Liebermanns sichern wollte. Ein zweiter Händler stieg aus dem nächsten Zug. Die Weimaraner wunderten sich. Dabei war nichts überwältigend Neues hier entstanden, keine Revolution der Malerei würde durch dieses Bild verursacht werden. So anekdotenhaft hatten schon die Belgier gemalt, so ateliermäßig gefällig die Münchner und Düsseldorfer Genremaler. Verblüffend jedoch war die perfekte Technik dieses jungen Studenten, nicht zu überhören das große Wollen, das aus jedem Strich sprach, die Sachlichkeit, die sich von jeder Art von »Interessantheit« fernhielt.

Liebermann schickte sein Bild nach Hamburg auf die Ausstellung und konnte bereits wenige Tage später über eine Anweisung von 1000 Mark quittieren. Die» Gänserupferinnen« schmückten später die Gemäldegalerie des Eisenbahnkönigs Strousberg in Berlin, die Liebermann oft als Schüler besucht hatte. Adolph von Menzel sah das Bild und gab Order, den Maler sofort zu ihm zu schicken, falls er an der Spree auftauche. Liebermann folgte dem »Befehl« der Kleinen Exzellenz bei der nächsten Gelegenheit. Als er in der Sigismundstraße, vier Treppen hoch, klingelte, kam Menzel angeschlurft, fixierte ihn eine Weile mit seinen kleinen, scharfen Augen und knurrte: »Was? Sie sind der Maler dieses Bildes? Ihr Vater sollte Ihnen die Hosen vollklopfen, so altklug malt man mit Fünfzig, aber nicht in Ihrem Alter!«

Die »Gänserupferinnen« kamen später in die Nationalgalerie. Viele bewunderten auf dem Bild den prächtigen alten Mann in seinem zerschlissenen blauen Leibrock, links im Vordergrund — aber niemand ahnte, um wen es sich dabei handelte. Liebermann hat es im hohen Alter Karl Scheffler verraten, der ihm zu einem Porträt saß: »Das war Goethes Kutscher. Na, als der mir nun Modell stand, habe ich ihn ausgefragt, und da hat er mir erzählt, wie er als junger Mensch den alten Goethe spazierenfahren mußte, nach Tiefurt, nach Belvedere oder sonstwohin. Und wenn sie dann die Landstraßen entlangfuhren und es kam ein hübsches junges Bauernmädel, so mußte er halten, Goethe rief das Mädchen an, ließ es zu sich einsteigen — und dann zog er die Gardinen zu.«

Zwei Jahre nach dem Deutsch-Französischen Krieg, vor dem ihn ein schlecht verheilter Armbruch bewahrt hatte, fühlte sich Liebermann stark genug, nach Paris zu gehen. Dazu gehörte viel Selbstbewußtsein. Am Malerhimmel der Seine flammten die alles überstrahlenden Sonnen der Corot, Courbet, Millet, Daubigny, während gleichzeitig die Sterne der später zur Weltberühmtheit gelangenden Impressionisten aufglühten: Renoir, Manet, Degas, Pissarro, Monet, Sisley.

Um sich hier durchzusetzen, bedurfte es nicht nur der Leistung, man durfte auch kein Deutscher sein. Unterlegene Völker pflegen ihre Besieger nicht übermäßig zu lieben. Und Liebermann war nicht nur Deutscher, er war sogar Preuße. Trotz glänzender Empfehlungsbriefe gelang es ihm nicht, Kontakt mit französischen Künstlern zu bekommen. Der gefeierte Porträtist Bonnat riet ihm, sich naturalisieren zu lassen — dann würde er einer der Ihrigen sein. Und der Kritiker der Zeitschrift »Le Tintamarre« schrieb: »Beim Durchblättern des Ausstellungskatalogs finde ich: ›Herr Liebermann, geb. in Berlin‹, ohne weitere Erklärung. Wenn das, wie ich vermute, mit Absicht geschehen ist, so halte ich mich verpflichtet, Herrn Liebermann zu sagen, daß er im Austausch für die von der französischen Ausstellung ihm gewährte Gastfreundschaft wohl seine Eigenschaft als Preuße, wie stolz er auch darauf sein mag, hätte zum Opfer bringen können.«

Liebermann brachte nichts zum Opfer. Weder seine Staatsangehörigkeit noch seine berlinisch-preußischen Tugenden der Nüchternheit, des Fleißes und der Zähigkeit. Er hätte es leichter haben können, hätte in der publikumssicheren Manier der »Gänserupferinnen« weiterarbeiten können, die Kunsthändler drängten ihn dazu. Max Liebermann aber spürte die revolutionäre Kraft, die von Frankreichs neuer Malkunst ausging, er wollte nicht erstarren in der glatten Dekoration der Atelierkunst. Das Spiel mit dem flirrenden Licht lockte ihn, der »Pleinair«, wie dieses Malen unter offenem Himmel genannt wurde. Ihn reizte der ungeheuerliche Gedanke, daß auch im Augenblick, in der »Impression«, die Ewigkeit aufleuchten konnte. Was er lernen wollte, das war die Überwindung des platten Naturalismus, es war die neue Stilform der Malerei, die zugleich den Gegenstand darstellte *und* seine Beziehungen zum Kosmischen, zugleich die Natur *und* das vergeistigte Erlebnis dieser Natur.

Liebermann fuhr nach Barbizon, dem Künstlerdorf im Urwald von Fontainebleau, um dem großen Millet ganz nahe zu sein. Er bereiste Holland, ein Land, das später zu seiner eigentlichen künstlerischen Heimat werden sollte, und kopierte im Rathaus von Haarlem die Meisterwerke des Frans Hals. Sein Auge trank die satten und doch an den Duft eines Aquarells gemahnenden Farben, das zauberische Spiel des Lichts auf den grünen Ulmen, auf den dunkelroten Backsteinen und in den Spiegeln der Grachten. Er gab sich vielen Eindrücken hin und verlor sich doch nicht.

Fast in jedem Jahr gelang es ihm, ein oder zwei Werke in den »Salon« zu bringen, die jährliche Pariser Ausstellung. Ein Erfolg, der jedem europäischen Künstler als Ziel vorschwebte. Die »Arbeiter im Rübenfeld« wurden dort gezeigt, die »Nähschule«, die »Zimmermannswerkstatt«, die »Straße in Zandvoort« und die »Konservenmacherinnen«. Aber er hatte nicht mehr damit erreicht, als daß einzelne Kenner auf ihn aufmerksam wurden.

1880 ist Liebermann wieder in Amsterdam. Ein beglückender, arbeitsreicher Sommer liegt hinter ihm, seine Mappen sind gefüllt mit Studien und Skizzen. Zum Abschied besucht er einen Freund im

»Rembrandt-Hotel«. Als er die Treppe zur zweiten Etage emporsteigt, fällt sein Blick durch das Flurfenster auf einen Garten: Viele alte, in tiefes Schwarz gekleidete Männer sitzen dort in einem vom Sonnenlicht durchrieselten Laubengang. Ein rätselvolles Hell-Dunkel liegt über der Szene, eine zitternde, fleckige, lichtdurchstäubte Atmosphäre. Liebermanns Hände krampfen sich um das Fensterbrett, er hält den Atem an: das ist ein Bild, *sein* Bild!

»Es war«, so schreibt er später, »als ob jemand auf ebenem Wege vor sich hingeht und plötzlich auf eine Spiralfeder tritt, die ihn emporschnellt.«

»Altmännerhaus« nennt er das Gemälde, als er es von München aus, wo inzwischen seine Zelte stehen, nach Paris schickt. Am Tage der Eröffnung des »Salons« schließt er sich in seinem Atelier ein und wartet, von Nervosität gefoltert, auf das Telegramm mit der Nachricht: Bild verkauft! Er weiß, daß die Bilder, die am ersten Tage nicht weggehen, überhaupt unverkäuflich bleiben. Und nur der Verkauf gilt als Erfolg in Paris. Er wartet bis in die Nacht hinein. Dann klopft er einen Freund aus dem Bett und stammelt schluchzend: »Ich habe alles hergegeben, was ich hatte! Ich kann's nicht besser . . .«

Zwei Tage später zog Liebermann einen dickleibigen Brief aus dem Kasten. In Worten voller Überschwang schrieb der Käufer des »Altmännerhauses«: ». . . muß ich Ihnen, Monsieur, als glücklichen Besitzer Ihres prachtvollen Bildes im Namen einer Gruppe französischer Künstler meine ganze Bewunderung für Ihr Talent bezeugen und Ihnen sagen, daß die ehrenvolle Erwähnung, welche die Jury für Malerei Ihnen zuerkannte, eine erste Medaille bedeutet.« Zeitungsausschnitte fielen aus dem Kuvert, mit Kritiken, wie sie ein deutscher Maler in Paris noch nicht bekommen hatte: Sein Talent hatte über die Preußenfresserei gesiegt. Die Zahl 25 000 mußte Friedrich Krupp aus Essen ein Jahr später auf den Scheck schreiben, mit dem er das »Altmännerhaus« in seinen Besitz brachte.

Mit der »Schusterwerkstatt« und der »Freistunde im Amsterdamer Waisenhaus«, zwei Meisterwerken, überzeugte Liebermann im folgenden Jahr auch den widerstrebendsten Kritiker in Frankreich.

In Frankreich — aber nicht in Deutschland! In Deutschland galt er als ein »Apostel der Häßlichkeit«, hier nahm man es ihm übel, daß er alte Männer malte, bucklige Bäuerinnen, bleiche Waisenkinder, Schuhmacher und sonstige Proleten. Wer sich heute den »Zwölfjährigen Jesus im Tempel« in der Hamburger Kunsthalle ansieht, wird die Lawine der Empörung nicht begreifen können, die dieses Bild damals in München auslöste.

Liebermann hatte es gewagt, den Jesusknaben als ein Kind aus dem Volke — ohne Heiligenschein! — darzustellen, ein Kind, das überdies noch mit den Händen redet, um die Schriftgelehrten zu überzeugen. Ein prominenter Kritiker bekannte, daß er sich vor diesem Bild die Nase habe zuhalten müssen. Im bayrischen Landtag schrie man wie üblich nach den Verantwortlichen. Und wenn Liebermann in ein Bierlokal ging, dann hörte er, wie sich die Eingeborenen zuraunten: »Schaugt's, der Herrgottsschänder!« Aber er erlebte gleichzeitig die Genugtuung, daß der ebenso berühmte wie herkulisch gebaute Maler Leibl im Namen der Münchner Künstler jedem Prügel androhte, der dem Liebermann ein Haar krümmen sollte. Und daß der Prinzregent Luitpold in seiner Wohnung erschien, zugab, daß ihm das Jesusbild nicht gefallen habe, aber einräumte, daß das auch an ihm liegen könne, weshalb er bitte, bei Liebermann in die Schule gehen zu dürfen.

Im Jahre 1884 hielt es Max Liebermann nicht länger im bajuwarisch gemütlichen München. Berlin, die modernste, aktivste, einfallsreichste Stadt in Deutschland, Berlin zog ihn, so wie hunderttausend andere, in den Bereich seines magnetischen Kraftfeldes. Der »verlorene Sohn« erkannte, wo die Wurzeln seiner Kraft lagen, er spürte, daß auf diesem durch keine übermächtigen Traditionen belasteten Kolonistenboden der Weizen seiner Kunst, einer *neuen* Kunst, blühen würde.

Auf dem Gebiet der Malkunst herrschte hier die »Wernerei«. Anton von Werner hatte sich seine künstlerischen Sporen als Kriegsmaler der Armee des preußischen Kronprinzen während des Frankreichfeldzugs verdient. Er war mit dreißig Jahren Direktor der Akademie der bildenden Künste geworden und sah das höchste Ziel eines Malers darin, eine Rose so naturgetreu wiederzugeben, daß die Bienen darauf hereinfielen. Seine überdimensionalen Historienbilder »Kaiserproklamation in Versailles«, »Der Berliner Kongreß 1878« und ähnliche hatten ihn zum Lieblingskind der Hohenzollern gemacht.

Liebermann wurde in Berlin automatisch zum Haupt der Fronde. Um ihn kristallisierten sich die bis dahin führerlosen Kräfte der Moderne. Den Höhepunkt der jahrelangen Kämpfe zwischen den »Liebermännern« und den »Wernerianern« bildete die Gründung der Sezession. »Absonderung« heißt das Wort, und die Leistikow, Slevogt, Corinth, Lesser Ury und Liebermann sonderten sich ab vom offiziellen Kunstbetrieb. Sie machten von Stund an ihren Kram alleine, beschickten die »Große Berliner Kunstausstellung« am Lehrter Bahnhof nicht mehr, sondern bauten sich neben dem Theater des Westens ihr eigenes Häuschen. Später siedelte man zum Kurfürstendamm über, der gerade eifrig bemüht war, den »Linden« den Rang abzulaufen.

Die Ausstellungen der Sezessionisten wurden zum künstlerischen Ereignis der Saison. Hier lernten die Berliner die sagenhaften französischen Impressionisten kennen, hier begegnete die norddeutsche der süddeutschen Kunst — die provinziellen Mauern fielen. Auf der Sezession traf sich das andere Berlin, das fortschrittliche, internationale. Außerdem gehörte es bald zum guten Ton, dort gewesen zu sein (Offiziere allerdings nur in Zivil!). Die Geschäfte boten »sezessionistische« Teppiche an, und die Herren trugen »sezessionistische« Krawatten. So wenig die ganze Richtung den allerhöchsten Kreisen paßte, sie setzte sich durch. Selbst S. M. mußte widerwillig zugeben: »Malen kann der Liebermann, aber 'n Anarchist ist der Kerl doch.«

Der »Anarchist« hatte sich eine zu dicke Haut anschaffen müssen, als daß er von solchen Kernsprüchen berührt worden wäre. Außerdem ging sein eigener Witz auch nicht auf lahmen Füßen. Das Epigramm berlinischer Prägung wurde bei Liebermann zur Kunstform entwickelt. Wenn er irgendwo auftauchte, spitzte alles die Ohren nach einem neuen Bonmot. Kein Wunder, daß Liebermann begann, seine »spontanen Einfälle« sorgfältig vorzubereiten. Er servierte sie im Berliner Dialekt, den er mit der Nonchalance des gebildeten Spreeatheners sprach.

»Ick weeß nich, wat Sie woll'n, ick hab' Sie doch ähnlicher jemacht, als Sie sind, meine Jnädigste«, knurrte er eine Dame an, die ihr Porträt keineswegs geschmeichelt fand. Das aber hätte sie wissen können, denn Liebermanns Pinsel war erbarmungslos. Für idealisierende Schönmalerei hatte der Sohn der Mark nichts übrig: lieber gefühllos als sentimental. Er gab das *Gesicht,* nicht die *Maske.* Ein Prinzip, von dem er auch nicht abging, wenn er sich selbst malte. Da ist keine Spur von Selbstbespiegelung oder Eitelkeit. »Jeder Mensch hat Ähnlichkeit mit einem Tier«, sagte er einmal zu Fontane vor einem seiner großartigen Selbstporträts, »ick sehe aus wie'n Aasjeier.«

Die Spitzen der Gesellschaft standen trotzdem vor seinem Atelier Schlange. Die Chance, unsterblich zu werden, wollte sich niemand entgehen lassen, und wenn man sich noch so häßlich fand. Außerdem machte der Mann es preiswert. Für 5000 bis 6000 Mark wurde man prompt bedient. Wobei dieser Ausdruck aus dem Geschäftsleben zutrifft, verfertigte doch Liebermann manche seiner Porträts aus bloßer Freude am Profit. Sie wurden dann bisweilen zu wahren »Racheakten«. »Ick habe das Ruffjekommene zum Ausdruck bringen wollen«, schimpfte er über das Doppelporträt eines Ehepaars vom Stamme Neureich.

Doch immer, wenn er die große Persönlichkeit in einem Modell erkannte, wurde seine Malerei ernst. Dann gelangen ihm Bildnisse von faszinierender Kraft des Ausdrucks: Friedrich Naumann, Richard Dehmel, Rathenau, Virchow, Sauberbruch.

Solche Sitzungen müssen ein erregendes Erlebnis gewesen sein: wie er die Farben auf der Palette mixte, die leeren Tuben, von denen er eine Unmenge verbrauchte, in die Ecke feuerte, wie er den Ton mit einem energischen Hieb auf die Leinwand setzte, einige Schritte zurückrannte, um die Wirkung zu prüfen, wie er manche Stelle so oft übermalte, daß er, immer noch unzufrieden, zu einem Schustermesser greifen mußte, um die Farbe wieder herunterzukriegen. Jeder Griff, jede Bewegung von einer wachen Nervosität, rastlos das Spiel der feinknochigen Hände, das Gesicht wetterleuchtend vor Sensivität, Züge, die jeden Gedanken widerzuspiegeln schienen. Und bei aller Leidenschaftlichkeit des Malens dieses Feuerwerk von Bonmots, von Paradoxen, schlagenden Sentenzen und geistreichen Wortspielen. Ein Witz, wie er nur aus dieser für Berlin oft so glücklichen Mischung des Jüdischen mit dem Märkischen entstehen konnte.

Den ungeduldigen Virchow mahnte er mit den Worten zur Ruhe: »Wenn *Sie* 'n Fehler machen, lieber Jeheimrat, das deckt die Erde, aber *meine* Fehler hängen für 'ne kleine Ewigkeit an der Wand.« Zu einem prominenten Kunsthistoriker meinte er: »So janz überflüssig is das ja nich, was ihr da macht. Wer soll schon, wenn wir mal tot sind, unsere miesen Bilder für unecht erklären?!« Ein Schmeichler, der Velasquez und Liebermann als die größten Maler der Weltgeschichte bezeichnete, erhielt zur Antwort: »Wieso Velasquez?«

Max Liebermann hat ein hohes Alter erreicht, ohne alt zu werden. Es blieb ihm erspart, sich selbst zu überleben. Seine Lust am Experiment verhinderte, daß seine Kunst erstarrte. Er blieb niemals bei dem Erreichten stehen, nie sah er seine Entwicklung als beendet an. Den Jungen nahm er es nicht übel, daß sie ihn als »historisch« abtaten.

Im Gegenteil, als Präsident der Akademie ebnete er den Expressionisten voller Noblesse die Wege, er stellte sie bei jeder Gelegenheit aus. Der Aristokrat Liebermann war zu selbstbewußt, die Jugend zu fürchten. Manchmal geschah es, daß er auf einer Ausstellung einer der »Kommenden« am Rockärmel nahm, ihn vor einen neuen Liebermann führte und fragte: »Na nu sagen Sie mal, is det senil?«

Die preußische Pompadour

Vielleicht ist es gewagt, Wilhelmine Encke, die Pompadour von der Spree, in den Kreis jener Berlinerinnen aufzunehmen, denen wir hier eine offizielle Liebeserklärung machen.

Denn die Encke — wir gestehen es lieber gleich — war eine *Maitresse*. Maitresse ist zwar das französische Wort für »Herrin«, hat aber im Laufe der lockeren Zeiten die Bedeutung von »Kebsweib«, »Geliebte« angenommen.

Maitresse also ist unmoralisch. Im einschlägigen Geschichtsunterricht wird so was überblättert.

Bei Wilhelminchen kommt hinzu, daß sie über keine guten Zeugnisse verfügt. Das, was ihr der größte Teil der Zeitgenossen unter die Rubriken »Lebensführung«, »Charakter«, »Sitte und Anstand« geschrieben hat, kann sich nicht sehen lassen. Es wimmelt dort von Mangelhaft und Ungenügend.

Die Dame Historia aber, als die gerechtere, mit mehr Distanz ausgerüstete Richterin, hat die Zensuren im Lebenszeugnis der Encke inzwischen stark aufgebessert. Weil sich allzuviel von dem, was man ihr nachsagte, als Verleumdung herausgestellt hat. In einzelnen Fächern erreicht sie heute bereits ein Genügend, in anderen ein Genügend plus. Das ist auch für einen gewöhnlichen Sterblichen eine versetzungsreife Leistung.

Im übrigen hatte sie — selbst die bösesten Feinde haben das nicht leugnen können — viel Witz und Charme, viel Geschmack und Kultur, eine makellose Figur und ebenso makellose Gesichtszüge. Da ihr Leben außerdem spannend wie ein Roman ist und Fechter sie als »die berlinischste von den vielen Gestalten aus dem Bannkreis des preußischen Throns« bezeichnet hat, sind wir hinreichend legitimiert, endlich ihren pikanten Spuren folgen zu können.

Hübsch, verflucht hübsch muß Wilhelmine Encke tatsächlich gewesen sein. »Ihr Busen«, so schildert sie ein Zeitgenosse, »war voll und rund, seine Weiße übertraf den Alabaster, ihr Auge war feurig und blau, ihr Wuchs ganz zur Lust geschaffen.«

Als der zweite Friedrich Wilhelm, der dicke unter Preußens Königen, sie kennenlernte, verfügte sie über diese Qualitäten noch nicht. Sie war gerade dreizehn Jahre alt geworden. FW, damals noch Kronprinz und dünn, erkannte mit dem fachmännischen Blick des (Schürzen-) Jägers, welche Möglichkeiten dieses junge Wild für die Zukunft versprach. Er tätschelte ihr mit onkelhafter Güte die Wange, fragte: »Wie heißt du denn, mein Kind?« und gab erst mal Order zu einer standesgemäßen Erziehung.

Der Vater, Waldhornist im Königlich Preußischen Kammermusikorchester und nebenbei Kneipier, verbeugte sich und sagte: »Wie Eure Königliche Hoheit es befehlen.« Er wollte dem Glück seiner Tochter nicht mitten im Wege stehen.

Anschließend zog sich der Kronprinz mit Wilhelminens Schwester Dorothea zurück. Dorothea war momentan seine Geliebte (und Statistin an der Oper). Er besuchte sie des öfteren in ihrer gemütlichen Wohnung in der Mohrenstraße, bis sie mit dem russischen Grafen Matuschka durchging. Über der Suche nach passendem Ersatz vergaß der Prinz die kleine Wilhelmine.

Nach langer Zeit sah er sie wieder. Er brauchte nicht zweimal hinzusehen, um zu wissen, daß er sich damals nicht geirrt hatte. Sofort entschloß er sich, weiteres Kapital zu investieren. Er nahm die erregend schöne Fünfzehnjährige nicht nur mit auf sein Schloß in Potsdam, er übernahm auch ihre Erziehung. Gemeinsam saßen sie bis in die späte Nacht und paukten brandenburgische Geschichte, Geographie und die diversen Klassiker.

Wilhelmine machte in jeder Beziehung gute Fortschritte. Nicht nur ihr Wissen rundete sich. Als der Prinz das eines Tages errötend bemerkte, setzte er sich hin, nahm ein Federmesser und ritzte sich in den Ballen der linken Hand. Dann schrieb er, seinem Zeitalter der Empfindsamkeit treu, auf einen Zettel die blutigen Worte: »Bei meinem fürstlichen Ehrenworte, ich werde Dich nie verlassen!« Wilhelmine zeichnete mit ihrem Blut gegen. Sie schnitt sich dabei so tief in den Daumen, daß sie die Narbe bis an ihr Lebensende als Erinnerung behielt.

Anschließend ging Wilhelmine Encke für einige Monate nach Paris, behütet von Schwester Dorothea, die es inzwischen zur Gräfin Matuschka gebracht hatte, und von einem Stab ausgesuchter Begleiter. Daß sie ausgerechnet im Sittensumpf des Pariser Hofes den letzten Schliff sich holte, trug ihr später besonders häßliche Nachreden ein. Dabei wollte sie nur die neuesten Modetänze lernen. Hieß es offiziell.

»Es ist keine Prahlerei«, schrieb die Encke später in ihren Memoiren, »wenn ich sage, daß unter tausend Geliebten der Fürsten, welche die Geschichte aufweist, vielleicht nicht eine ist, die sich mit mir in einer Art vergleichen läßt. Sie können mich an Reizen des Körpers, an Vorzügen des Geistes bei weitem übertroffen haben, aber ihr Geist war nicht durch den Geliebten selbst gebildet.«

Mit diesen Bildungsbestrebungen war der Onkel des Geliebten nicht einverstanden. Er hieß auch Friedrich und trug bereits zu seinen Lebzeiten jenes Attribut, um das sich die Nachwelt alle Jahre wieder streiten sollte. Friedrich *der Große* also traf die Encke im Schloßpark und sprach ungefähr so: »Es muß alles seine Ordnung haben, auch die Unordnung, Demoisellchen. Tue sie mit meinem Neffen wie beliebt, aber heirate sie irgend jemand, und das auf der Stelle!«

Dagegen war wenig zu machen. Der Kammerdiener Rietz wurde nach eingehender Beratung als Schein-Ehemann kommandiert und ein Schein-Kontrakt geschlossen. Alle waren zufrieden. Der Olle Fritz: wußte er doch seinen verluderten Neffen bei der Encke in besseren Händen als bei den Schauspielerinnen der französischen Komödie, die er für Spioninnen hielt; der verluderte Neffe: weil er seine Freundin behalten durfte; und die Encke: weil es ihr in ihrem luxuriös eingerichteten Landhaus in Charlottenburg großartig gefiel. Gar nicht erst gefragt wurde die Frau des Kronprinzen, eine Prinzessin von Hessen-Darmstadt. Die schwieg fein still, sie hatte keine Lust, ihrer Vorgängerin, der Elisabeth von Braunschweig, in das triste Verbannungsnest Küstrin zu folgen.

Wilhelmine Enckes Haus in Charlottenburg wurde bald zu einem Anziehungspunkt. Besonders die ausländischen Nobilitäten, die sich im preußischen Berlin sonst zum Sterben langweilten, verkehrten hier. Die Hausherrin bewies ihren Gästen allabendlich, daß das in sie investierte Kapital nicht fehlinvestiert war. Sie befriedigte den Geist durch ihren Charme und ihre Kenntnisse, sie schmeichelte den Gaumen durch ihre Tafel, auf deren Genüsse jeder Gourmet neidisch gewesen wäre.

Sie entzückte selbstverständlich auch ihren kronprinzlichen Freund, der häufig mit einer Gondel die Spree abwärts nach Charlottenburg gondelte. Friedrich Wilhelm hatte eines Tages überrascht feststellen müssen, daß das, was als bloßes »physisches Amüsement« (nach den »Vertrauten Briefen über die inneren Verhältnisse am Preußischen Hofe«) geplant war, sich zur Liebe entwickelt hatte. Seine Wilhelmine hatte ihn ohnehin vom ersten Tage an geliebt.

Sie hatten drei Kinder zusammen. Den Knaben Friedrich Wilhelm Moritz Alexander, das Mädchen Marianne Dieterike und . . , nun das dritte wollte Friedrich Wilhelm nicht anerkennen, er fand eine zu große Ähnlichkeit mit dem Schein-Ehemann Rietz. Es ist anzunehmen, daß hier die Eifersucht seinen Blick trübte.

Dann wurde aus dem Kronprinzen Friedrich Wilhelm der König Friedrich Wilhelm Numero zwo. Sein Onkel, der Olle Fritz, hatte kurz vor seinem Ableben zum Grafen von Hoym gesagt: »Ich werde ihm sagen, wie es nach meinem Tode gehen wird. Es wird ein lustiges Leben bei Hofe werden. Mein Neffe wird den Schatz verschwenden, die Armee ausarten lassen. Die *Weiber* werden regieren, der Staat wird zugrunde gehen.«

Er sollte recht behalten. Das aber lag nicht an den Weibern. Und schon gar nicht an Wilhelmine. Es hatte tiefere Gründe. Wir brauchen sie hier nicht zu durchleuchten, weil wir es nicht mit der Politik zu tun haben, sondern eben mit den Weibern. Mit Wilhelmine.

Der nun gerade warf alle Welt vor, daß sie sich in die Politik einmische, nachdem aus ihrem prinzlichen Freund ein königlicher Freund geworden war.

»Viele wurden ihr zinsbar«, schreibt ihr erbittertster Gegner Baranius, »und es fiel beinahe von allem, was gezahlt wurde, etwas für sie ab. Durch die Encke wurde Herr von Eisenhart geadelt und dann als Hofrichter angestellt. Dafür sollte er ihr aber auch stets das Recht so sprechen, wie sie es wollte . . . Allenthalben fürchtete man ihre Späher . . .«

Nun, Baranius war, wie gesagt, erbittert, also ungerecht. Und die Gräfin ist befangen, wenn sie in eigener Sache spricht: »Nicht einmal mittelmäßige oder kleine Posten, außer etwa ein paar Lakaien, die ich am Hof anbrachte, habe ich vergeben, nicht vergeben können, nicht vergeben wollen, weil es gänzlich gegen meine Grundsätze war, mich damit zu befassen.«

Die Geschichtsschreibung als einigermaßen objektive Instanz drückt es durch einen ihrer Vertreter so aus: ». . . jenes Raffinement der Berechnung, durch welches die großen französischen Kurtisanen zu Glanz und Macht gelangten, fehlte ihr ganz. Sie war ganz Weib, wobei sie die schlechten Eigenschaften mit den guten teilte ... Mancher der Höflinge mochte sie als ›Vorzimmer‹ zum König benutzt haben, um seinen Wünschen nachhaltiger Gehör zu verschaffen. Aber im bösen Sinne mißbrauchte sie nie das Vertrauen, das ihr der König auch in öffentlichen Angelegenheiten entgegenbrachte.«

Gelegentlich mischte sich Wilhelmine aber doch ein, eben weil sie — ganz Weib war.

Eines Tages erfährt sie, daß die Herren Offiziere des Regiments Gens d'armes Spottgedichte auf sie verfaßt haben, daß im Kasino Karikaturen von ihr herumgereicht wurden. Hier versteht sie keinen Spaß. Sie beschwört ein königliches Donnerwetter herauf und eine königliche Untersuchung. Ergebnis: die Offiziere von Quast, von Kalckreuth und von Schweinitz werden aus der Residenzstadt verbannt und in die Wüste geschickt.

Wer jemals auf der Pfaueninsel lustwandelte, hat dort sogar ein steingewordenes Produkt »Wilhelminischer« Einmischung bewundern können: das Pfaueninselschloß.

Dem König war die liebliche Insel im Havelstrome des öfteren aufgefallen, wenn er vom nahen Potsdam aus seine Wasserpartien unternahm. »Wilhelmine«, ließ er dann wohl verlauten, mit der den preußischen Königen eigenen sprachlichen Kargheit, »superbes Plätzchen für Lustschloß, schwebt verfallene Ritterburg vor, was Gotisches, sofort bauen lassen.«

Er kam nicht dazu, diesen Plan persönlich zu verwirklichen. Es gab viele Händel zu dieser Zeit, und er hatte des öfteren im Felde zu tun. Die Encke vertrat ihn. Sie wälzte Wälzer mit Kupferstichen. Und sie entdeckte das Bild eines ruinösen Kastells auf der Insel Capri. Schon stand ihr Entschluß fest: Es mußte was Römisches sein. Die Pfaueninsel war schließlich auch eine Insel. Eigenhändig übersetzte sie die gotische Skizze des Königs in eine römische Skizze und gab den Befehl anzufangen. Es entstand ein Bau, den unsere Kunsthistoriker als ein Monstrum bezeichnen, dessen Inneres aber mit den erlesensten Kostbarkeiten einer Wohnkultur ausgestattet ist, wie sie vom Berliner Kunsthandwerk in dieser Qualität nie wieder erreicht wurde.

Nebenbei kümmerte sich Madame Rietz, wie sie nach ihrem »Gatten« allgemein genannt wurde, darum, ihr Charlottenburger Liebesnest noch ein bißchen anheimelnder zu machen. Sie tat das mit einigem Temperament. Einmal fiel ihr auf, daß die auf den Listen angegebenen Baustoff nicht mit den tatsächlich vorhandenen Mengen übereinstimmten. Irgend jemand mußte Steine geklaut haben. Sie spürte die Schuldigen auf und bestellte sie auf ihr Zimmer. Dem Gärtner Ohm schallerte sie eine, dem königlichen Bauinspektor schlug sie die Papiere um die Ohren, dem Bauschreiber drohte sie Knast an. Nicht sehr fein von einer Dame, diese Amateurjustiz, den Schuldigen aber ersparte es viele Jahre Festung, die sie von einem ordentlichen Gericht bekommen hätten.

Sie hatte es nicht leicht in Berlin, die Wilhelmine Encke. Die Berliner haßten sie, weil sie glaubten, daß sie an allem, was faul im Staate war — und es war manches faul in Preußen —, die Schuld trug. Die Schuld an Korruption, Mißwirtschaft und Vetternwirtschaft. Nicht Friedrich Wilhelm II. herrsche, sagten die Leute, sondern Wilhelmine I.

Der wirkliche Herrscher aber war eine Clique von Geistersehern und Geheimbündlern, an ihrer Spitze zwei Herren namens Wöllner und Bischoffswerder. Sie gaben vor, Gold machen zu können und im Besitz eines Elixiers zu sein, das die ewige Jugend garantiere. Beides gefiel dem Friedrich Wilhelm sehr. Besonders das Elixier. Man nannte ihn ja nicht nur den »Dicken«, sondern auch den »Vielgeliebten«. Um diesem Spitznamen gerecht zu werden, brauchte er beides: Geld und Jugendkraft.

Doch nicht allein deshalb trat er ein in diesen Geheimklub. Schwächlich und weichlich, sentimental und versponnen, wie er war, hatte er einen Hang zu allem Mystisch-Phantastisch-Übersinnlichen, und wenn es noch so idiotisch war. Die Ordensbrüder nutzten das gründlich aus. Sie versuchten auch, sich die Rietz vom Halse zu schaffen. Wilhelmine nämlich hielt nichts von dem kabbalistischen Krimskrams, dazu war sie zu berlinisch nüchtern. Immer wieder drängte sie Friedrich, die Scharlatane die Schloßtreppe hinunterzuwerfen.

Wöllner und Bischoffswerder baten den König schließlich zu einer spiritistischen Sitzung in das Belvedere, ein pavillonartiges Schlößchen im Charlottenburger Schloßpark (das nach dem Kriege wieder in neuer Schönheit erstanden ist). Gegen Mitternacht erschienen die Herren Cäsar — mit offener, blutender Todeswunde —, Mark Aurel und der Große Kurfürst. Sie befahlen dem König, sofort mit der Rietz, dieser Erzhure, Schluß zu machen. Friedrich versprach es, weinend vor Angst und Grauen.

Er hielt sein Versprechen nicht, Wilhelmine war ihm unentbehrlich geworden. Er brauchte ihren Rat, und er brauchte ihren Trost. Er konnte nicht von ihr lassen, selbst als sich ihr der für eine Frau bitterste Feind näherte: das Alter.

Auch diesen Kampf bestand sie. Noch als Madame von einigen Vierzig hatte sie eine untadelige Figur. Besonders ihre Arme rühmte man. Wenn sie in Paskels Galanteriegeschäft am Schloßplatz Handschuhe kaufte, fanden sich auf der Stelle einige Kunstkenner ein, um ihre beim Anprobieren entblößten Arme zu bewundern.

Sie besiegte das Alter, weil sie sich nicht nach der Art alternder Frauen aufführte: die Leidenschaft vergangener Tage verlangte sie nicht von ihrem Liebhaber. Sie sagte niemals dieses: »Früher, ja, da warst du noch viel . . .«, und dergleichen mehr. Sie machte dem König keine Szenen, wenn er ihr untreu gewesen war, was immer häufiger vorkam. Im Gegenteil — und jetzt kommt ein Kapitel, welches man nur als ein gewagtes Kapitel bezeichnen kann. Geben wir darum vorsichtshalber einem Zeitgenossen, dem Herrn von Coelln, das Wort:

»Nun wurde sie die Kupplerin des Königs und unterrichtete die Schlachtopfer seiner Wollust, wie sie sich mit dem König zu benehmen hätten. Sie hatte aber des Königs Reizbarkeit so genau studiert, daß die alte Freundin, wenn er sich durch häufigen Wechsel abgestumpft hatte, noch Reizmittel im Rückhalt hatte, wodurch sie ihn zu fesseln wußte, daß er immer wieder zu ihr zurückkam.«

Ein Fräulein Horst, von Beruf Wäschermädel, wurde das erste Schlachtopfer. Dann kam Madame Baranius vom Theater an die Reihe, schließlich die Tänzerin Schulzki vom Ballett, eine hübsche, aber ziemlich dumme Person. Die Schulzki wurde dem König *ärztlich verordnet:* seine alten Glieder sollte sie ihm wärmen. Man griff dabei auf ein vergilbtes Rezept des berühmten holländischen Arztes Boerhave zurück. Der hatte im siebzehnten Jahrhundert einem greisen deutschen Kurfürsten zwei junge Mädchen ins Bett verordnet, um ihn durch fremde Körperwärme zu kräftigen und zu verjüngen.

Diese Kuppeltätigkeit der Wilhelmine war bestimmt nicht sehr geschmackvoll. Aber die Encke war ein Kind ihrer Zeit und ihrer Umgebung, sie tat nichts anderes als das, was an den Höfen des späten Rokokos üblich war: sie operierte mit den Waffen der Frau, um sich die Gunst des großen Freundes zu erhalten.

Sie war beileibe keine Tugendboldin. Den schmachtenden Kavalieren bezeigte sie ihre Gunst, einmal mehr, einmal weniger. Es fehlte ihr nicht daran, weder an Gunst noch an Verehrern. Als sie im Alter von 44 Jahren nach Italien reiste, wurde sie von der internationalen Globetrotterschaft empfangen, als sei sie die Göttin Venus in Person. Der Marquis von Lucchesini, der Prinz August von England, der Chevalier de Saxe, der Herzog von Sussex, der Graf Colonna, alles Experten in ihrem (Liebhaber-) Fach, verfielen ihr auf der Stelle. Mylord Bristol, Bischof von Londonderry, drängte ihr sein Londoner Schloß, seine Parks und Gewächshäuser seine Güter in Irland geradezu auf.

Einem Triumphzug glich die Fahrt der Venus von der Spree, die sie von einem italienischen Höfchen zum anderen führte. Erst in Neapel, wo der Mond wärmer scheint als die Sonne in Berlin, gab es einen peinlichen Zwischenfall.

In Neapel residierte die Königin Caroline. Die war eine geborene österreichische Erzherzogin und gewaltig stolz darauf. Sie schlug der Encke die Palasttür vor der Nase zu. Ließ ihr aber zum Troste ausrichten: Eine adlige Mätresse des preußischen Königs würde sie liebend gern empfangen, eine bürgerliche Mätresse aber sei ihr zu ordinär.

Wilhelmine Encke, Tochter des Waldhornisten Elias Encke, schnaubte sich wütend die Nase und schluckte die Tränen hinunter. Dann schrieb sie einen Eilbrief nach Berlin. Die kurze Zeit später eintreffende Antwort trug die Adresse: »An die Gräfin Lichtenau, zur Zeit Neapel, Italien«. Es gab kein Fräulein Encke mehr und keine Madame Rietz, es gab nur noch die Gräfin Lichtenau, ausgerüstet mit einem nagelneuen Wappen und nagelneuen Ahnen, vier Stück väterlicherseits und vier Stück mütterlicherseits.

Sie war nie besonders scharf auf den Adelstitel gewesen — sie hätte ihn sonst längst haben können —, doch jetzt, wo sie ihn besaß, jetzt wollte sie ihn auskosten. Sie hatte sich zehn Jahre lang die Platze geärgert, daß die meisten Damen und Herren des Hofes sie wie ein Stück Dreck behandelten; jenes Hofes, der sie nicht zu empfangen brauchte, weil sie eine Bürgerliche war.

Jetzt mußte man sie empfangen. Jetzt mußte ihr der Kronprinz, wenn auch unter sichtlichen Qualen, die Hand küssen. Jetzt mußte die Kronprinzessin, die spätere Königin Luise, ein paar huldvolle Worte an sie richten. Jetzt mußten die Hofdamen und Kavaliere ihren Kratzfuß machen, vor ihr, der erklärten Favoritin Seiner Majestät des Königs von Preußen. Es war ihr Triumph. Ein Triumph, den sie bitter bezahlen sollte. Sie erlebte ihn an der Seite eines Mannes, der vom Tode gezeichnet war.

Im Herbst desselben Jahres kann Friedrich Wilhelm II. sein Zimmer im Marmorpalais zu Potsdam nicht mehr verlassen. Er sitzt in einem Lehnstuhl, die unförmig geschwollenen Füße in Kissen gehüllt, sein Atem geht röchelnd, sein Blick irrt über den Kamin, vor dem die Kinder der Gräfin Dönhoff spielen, einer verflossenen offiziellen Geliebten. Der Vorleser rezitiert aus Moliéres Komödie »Der eingebildete Kranke«. Ab und zu huscht Madame Schulzki herein, eine der inoffiziellen Geliebten und versucht, den Monarchen durch einen Tanz aufzuheitern.

Die Gräfin Lichtenau sitzt neben dem König und streichelt ihm die Hand. Er beugt sich zu ihr und wiederholt seine Mahnung, sie solle auf der Stelle aus Berlin fliehen. Die Gräfin schüttelt den Kopf. Seit sechs Wochen pflegt sie den Kranken Tag und Nacht.

Gegen Abend betritt die Königin mit ihrem ältesten Sohn, dem Kronprinzen, das Krankenzimmer. Der Prinz kniet nieder und empfängt den Segen des Vaters. Beim Abschied dankt die Königin im Vorzimmer der Gräfin Lichtenau für ihre aufopfernde Pflege, sie umarmt die Geliebte ihres Mannes und küßt sie.

Der Kronprinz steht neben ihnen und spricht kein Wort. Die Gräfin fängt einen Blick von ihm auf, und da weiß sie, welches Schicksal sie erwartet, wenn dieser Mann den Thron bestiegen haben wird. Haß sprüht der Blick und kalte Verachtung für die Maitresse seines Vaters, diese personifizierte Beleidigung der geliebten Mutter.

Als die Gräfin das Krankenzimmer wieder betritt, richtet sich der König auf und fragt: »Was hat mein Sohn zu dir gesagt?« — Sie antwortet: »Nichts.« — »Wie, kein Wort des Dankes?« klagt der König. »Ist es möglich? Ich kann es nicht fassen.« Gegen Morgen des anderen Tages läuten die Glocken Potsdams. Der König ist tot. Es lebe der König!

Vierundzwanzig Stunden später betraten der Oberst Zastrow und der Major von Kleist das Schlafzimmer der Gräfin von Lichtenau und erklärten sie für verhaftet. Im Namen seiner Majestät König Friedrich Wilhelms III.! Man brachte sie in das Kavalierhaus im Neuen Garten und stellte sechzehn Soldaten vor den Eingang. Dort saß sie sechs Monate. In ihrem Prozeß wurde sie folgender Verbrechen angeklagt: des Hochverrats, des Diebstahls, der unrechtmäßigen

Bereicherung aus königlichem Gut, der seelischen und geistigen Schädigung des verstorbenen Königs.

Die Lichtenau bewahrte Haltung. Offen beantwortete sie die Fragen. Es gelang ihr, alle Punkte der Anklage zu widerlegen. Die Richter gerieten in Verlegenheit. Sie sprachen die Gräfin frei. Was ihrer Zivilcourage ein hohes Zeugnis ausstellte.

Der neue König scherte sich nicht um das Urteil. Er ließ das gesamte Besitztum der Gräfin Lichtenau beschlagnahmen und schickte sie für den Rest ihres Lebens auf die Festung Glogau in Schlesien.

Nach drei Jahren überlegte sich Friedrich Wilhelm III. die Sache jedoch noch einmal. Er kam zu der Einsicht, daß man ein wenig übereilt gehandelt hatte. Damals. Außerdem war inzwischen einiges Wasser die Spree hinuntergeflossen. Ließ er also die Gräfin laufen.

Sie zog nach Breslau. Da sie sich so verlassen fühlte, ging sie eine Ehe mit dem Theaterdichter Franz von Holbein ein. Herr Holbein war ein Filou, er brannte ihr nach drei Jahren durch. Als sie ihn in Wien suchen wollte, wurde sie auf der Straße von Passanten erkannt und angespuckt: »Königshure!«

Zehn Jahre später zwang Napoleon den preußischen König, ihr einen Teil des beschlagnahmten Vermögens und der Güter zurückzugeben. Die Gräfin zog 1812 wieder nach Berlin und vergrub sich in ihrem kleinen Palais Unter den Linden. Sie empfing niemanden und setzte keinen Schritt vor die Tür.

Im Jahre 1820 starb sie: Wilhelmine Encke, Musikertochter aus Berlin, eine Frau, die nichts dafür konnte, daß sie als Dreizehnjährige einer Majestät aufgefallen war.

Eine Frau aber auch, die es nie bereut hatte, daß sie einer Majestät aufgefallen war.

»Du hast jesacht, wies is«

Int Alter beinah ein Schenie —
Dein Bleistift! na, von wejn . . . !
Janz richtig vastandn ham se dir nie —
die lachtn so übalejn.
Die fanden dir riehrend un komisch zujleich.
Im übrijen: Hoch det Deutsche Reich!
Malen kannste.

Zeichnen kannste.
Witze machen sollste.
Aba Ernst machen dürfste nich.
Du kennst den janzen Kleista —
den ihr Schicksal: Stirb oda friß!
Du wahst ein jroßa Meista.
Du hast jesacht, wies is.

Kurt Tucholsky

»Der Berliner Abort- und Schwangerschaftszeichner Heinrich Zille ist zum Mitglied der Akademie der Künste gewählt und als solcher vom Minister bestätigt worden. — Verhülle, o Muse, dein Haupt.«

An dieser Stelle mußte der Mann mit dem Vollbart und den listigen blauen Augen hinter den randlosen Gläsern seine Rede unterbrechen. Die Herren Professoren, die da in feierlichem Rund den großen Saal der Akademie füllten, lachten zu laut. Es war eine Gefühlsäußerung, die sich sonst rar machte in diesen heiligen Hallen. Der frisch gekürte Professor Zille aber schien ohnehin fertig mit der Verlesung seines Lebenslaufes, zu der jedes neue Mitglied verpflichtet war. Er legte den Zettel mit dem Zitat aus der völkischen Zeitung »Fridericus« wieder in seine Mappe, und während die Herren applaudierend ihre Stühle zurückschoben, trat der Präsident der Akademie, Professor Max Liebermann, auf ihn zu, legte den Arm um seine Schulter und schritt plaudernd mit ihm auf und ab.

Liebermanns Initiative war die Aufnahme Zilles in den Klub der Unsterblichen zu verdanken. Allen Widerständen von rechts und aus den eigenen Reihen zum Trotz hatte er die Kandidatur des Armenmalers durchgedrückt.

»Zwar ist das, was Sie darstellen, lieber Zille«, hatte er ihm geschrieben, »durchaus nicht vergnüglich. Im Gegenteil! Tausende und aber Tausende werden achtlos und, wenn sie darauf achteten, sogar mit Abscheu an den Szenen, die Sie schildern, vorübergehen, wenn sie ihnen im Leben begegnen sollten. Sie dagegen werden von ihnen tief bewegt. Das große Mitleid regt sich in Ihnen, aber Sie beeilen sich, darüber zu lachen, um nicht gezwungen zu sein, darüber zu weinen. Wir spüren die Tränen hinter Ihrem Lachen.«

Zille nahm sich nach der Sitzung eine Droschke zweiter Güte (ohne Polster) und zuckelte nach Hause. Die neumodischen Autos des Jahres 1924 mochte er nicht. Er war konservativ und zog das alte Berlin dem neuen vor. Über ein Menschenalter lebte er schon in seiner Wohnung in der Sophie-Charlotten-Straße, vier Stock hoch. Die Straße lag im Bezirk Charlottenburg, im Westen also; worüber sich mancher wunderte, denn Zilles Domizil vermutete man im Norden der Stadt oder im Osten, dort, wo sein Milljöh herrschte. Doch war ihm seine Klause immer nur Stützpunkt für seine Wanderungen durch die Armenviertel. Auch könnte die Sophie-Charlotten-Straße beinahe auf dem Wedding liegen, so echt berlinisch ist sie.

Zille begrüßt seinen Sohn Walter und die Schwiegertochter, die mit ihm die Wohnung teilen; seine Frau ist schon seit Jahren tot. Da liegen die ersten Briefe mit der Anschrift: »Herrn Professor Heinrich Zille«. Verärgert dreht er das Kuvert in der Hand. »Die sollen nicht Professor schreiben!« murrt er. Meist sind es Gratulationsbriefe: von seinen alten Freunden und von den neuen, die ihn als Akademiemitglied endlich für gesellschaftsfähig halten. Von seinen Kumpeln aus den Hinterhöfen, die Pinselheinrichen um ein paar Piepen anhauen, weil er doch nun als Professor 'ne Masse Kies haben müsse, ist auch einiges darunter. Die Mappen mit den Arbeiten junger Maler, die sein Urteil wünschen, stapeln sich daneben zu Bergen. Musenjünger sind es in der Mehrzahl, die sich einbilden, daß man aus ein bißchen Talent einen Beruf machen könne.

»Wenn Sie sich berufen fühlen, denn mal'n Se nebenberuflich. Hab' das dreißig Jahre lang gemacht, bis es zum freien Künstler reichte«, pflegte er ihnen zu raten.

Und er würde wohl heute noch als Lithograph bei der Photographischen Gesellschaft beschäftigt sein, wenn ihm die Herren nicht eines Tages »wegen Überalterung« den Stuhl vor die Tür gesetzt hätten und er gezwungen worden wäre, sein Brot als »Freier« zu verdienen.

Und da sind die Bettelbriefe der Schnorrer. In letzter Zeit fingen sie an, ihm persönlich auf die Bude zu rücken. Einer hatte ihm gedroht, sich auf der Stelle an der Türklinke des Ateliers aufzuhängen. Da hatte er ihm geraten: »Ach nee, das würde nicht schön aussehen, und 'n Motiv wär's auch nicht.« Simulanten, ihm konnten sie nichts vormachen! Er hatte genug Selbstmordkandidaten kennengelernt, echte, denen es damit ernst war; die das Fläschchen Strychnin mit sich herumtrugen wie andere ihre Kaffeeflasche, falls da mal wirklich kein Ausweg mehr war; denen er hatte gut zureden müssen: »Laß det man, das Zeug soll ooch ville schlechter jeworden sint und wirkt janz träje!«

Zille zieht sich seufzend die Schuhe aus und schlüpft in die Filzpantoffeln. Die geschwollenen Beine machen ihm Kummer. Mit aufgekrempelten Ärmeln, die Zigarre im Gehege seines Bartes, sitzt er da am Tisch, zwei Dutzend Päckchen mit kleinen Geldscheinen vor sich. Die Tochter hat sie sorgfältig aufgebaut. Die zierliche kleine Schrift kratzt über die Kuverts. Für jeden seiner Schützlinge weiß er einen besonderen Gruß. Es sind so viele, allzu viele: er kämpft gegen eine Hydra, die Köpfe wachsen zu rasch nach. Und jeden Tag mehr Bittsteller. Ist er denn Rothschild? (Die Tochter durfte in der Umgebung nicht mehr einkaufen gehen, sie machten ihr alle Überpreise, die Händler!)

Den Brief von Brose, August, dem Droschkenkutscher aus der Ackerstraße, den würde er nie vergessen. Dem war mal der Gaul gestürzt in der Chausseestraße, ein Schupo war erschienen mit seinem Notizbuch, ein gutes Dutzend Passanten mit guten Ratschlägen. Krach — Protokoll — Verkehrsstockung, so 'ne richtige Berliner Szene. Zille hatte im Hintergrund gestanden, unbeachtet, sein Kohlestift war atemlos über den Skizzenblock gehetzt. Schnell nach Hause dann und an die Staffelei; solange es noch warm war, ließ sich's am besten umsetzen.

Es paßte gut, daß Ullstein gerade sein großes Preisausschreiben gestartet hatte. Gesucht wurden die besten Bilder aus dem Alltagsleben einer Großstadt. Zille hatte seinen gestürzten Droschkengaul eingeschickt. Ein paar Wochen später waren sie mit dreitausend Emm rübergerückt: 1. Preis. Und nun kam der Brief von Brose, August. Der schrieb:

»Jestern hat ick eine Fuhre nach Schalottenburg raus und da läßt mein Fahrgast die Illustrierte Zeitung in Wagen liegen. Ick lehse sonz keene Zeitung aber weil ick jrahde lange Weile hatte, kuke ick mal rein und ick denk mir laust der Affe, is de janze Jeschichte von damals drin, wo meine Lise damals in de Schosseestraße das dumme Luder mir gefallen is, ick habe damals vil Erger wegen dise Jeschichte jehabt weil der Olle mir doch 12 Emm uf die kaputije Deikzel abgezogen hat. Nu haben Sie ihre 3000 Piepen for det Bild jekricht, ick jenne se Ihnen ja fon Herzen, sie werden se brauchen. Aber nu hochgeerter Herr Maler Zille denken Se ooch en bisken an Mir. Ick ferdine es nich so leichde. Also wie wär es mit so 20 Emmchen. Ick will Sie dafor ooch jerne bei meine Bekante emfäln wenn mal eener was zu mahlen hat . . .«

Zille hebt den Kopf und schaut lächelnd zum Fenster. Drei Spatzen picken gegen die Scheibe. Nee, ich hab' euch ja nicht vergessen. Er nimmt zwei Brötchen aus der Schublade und schneidet sie in kleine Stücke, schlurft dann auf den Balkon 'raus zum Vogelhäuschen. Die hatten es ja auch nicht leicht, die Sperlinge, dreimal im Jahr Junge, und immer weniger Pferde, von den Autos war nichts zu erwarten. Früher kamen ja manchmal noch Waldvögel rüber, aber der Wald war schon lange weg. Ach ja, früher . . .

Kleine Andreasstraße war ihre erste Bleibe gewesen, im Osten. *Zill* hatte er damals noch geheißen, Heinrich Zill. Das kleine »e« hatte Vater weggelassen, von wegen der Gläubiger. Die verfolgten ihn seit Radebeul bei Dresden, wo Heinrich geboren worden war, am 10. Januar 1858. Da wurden die säumigen Zahler noch in den Schuldturm gesteckt, das reinste Mittelalter. Vater war jahrelang drin, bis das Gesetz über die Schuldhaft fiel. Immer wieder war er so leichtsinnig gewesen und hatte Bürgschaften übernommen. War aber ein fideles Gefängnis. Wenn Heinrich seinen Vater besuchte, saßen sie in fröhlicher Runde, Heiratsschwindler, Scheckfälscher, Hochstapler, Abenteurer, ließen die Pulle kreisen und erzählten Schwänke aus ihrem vielfarbigen Leben.

Freudlos die ersten Berliner Jahre. Vater arbeitslos. Der knapp zehnjährige Heinrich sollte die Familie ernähren, ach, du lieber Himmel! Koffer geschleppt am Anhalter Bahnhof: Wehe, wenn man von den Gepäckträgern erwischt wurde. Zeitungen ausgetragen im Morgengrauen, treppauf, treppab, die Hinterhöfe entlang. Erster Hof: Gestank nach Kohl; zweiter Hof: ein »Naturforscher« durchstöberte den Müllkasten nach etwas Brauchbarem, der Optimist; dritter Hof: die keifende Portiersche verprügelte ihren besoffnen Ollen; vierter Hof: im Keller hustete die blinde Korbstuhlflechterin. Im fünften Hof stank die Karnickel- und Ziegendeckstation gegen das Stückchen Himmel.

Mietskaserne an Mietskaserne, nach 70/71 schossen sie bloß so aus dem sandigen Boden. Schwindelbauten, feine Erfindung: die Rabitzwand aus Gipsmörtel und Kälberhaaren. Je mehr Höfe, um so weniger Straßen waren notwendig, je weniger Straßen, um so mehr Wohnungen, um so mehr Mietzins. »Meyers Hof«, die berüchtigste aller Mietskasernen, Ackerstraße 132/33, ein Vorderhaus und sechs Quergebäude mit je fünf Stockwerken, die sechs (!) hintereinanderliegenden Höfe durch eine einzige enge Zufahrt mit der Straße verbunden. 225 Mietparteien mit über 1000 Personen, zusammengepfercht in einem Bau, der bereits im ersten Jahr anfing zu verfallen. Man konnte mit einer Wohnung einen Menschen genauso totschlagen wie mit einer Axt. Noch 1912: 600 000 Menschen in Wohnungen, in denen jedes heizbare Zimmer mit fünf bis 13 Menschen belegt war. Noch 1925: 45 000 Schlafburschen, so nannte man Aftermieter ohne eigenes Zimmer, aber mit eigener Bettstelle in der Küche. Der fünfte Stand, die Vergessenen, die Verrufenen, Zille war schnell ihr Vertrauter geworden.

Er wirft noch ein paar Hände voll Sonnenblumenkerne in die Blumenkästen, er putzt sich die Finger ab und geht wieder in die Stube. Auf der Staffelei liegt eine angefangene Arbeit. Daneben ein großer Bogen, auf den er einige kleine Skizzen aufgeklebt hat — Milieustudien, Jagdbeute vom Wedding. Prüfend gleitet sein Blick von der Staffelei zu den Bogen, hinüber — herüber. Er vergleicht, wischt mit dem Knetgummi die Konturen sauber, tritt wägend einen Schritt zurück. Dann öffnet er die Tür des Mahagonischrankes. Hier liegen die Skizzen zu Hunderten, zu Tausenden, akkurat gebündelt nach den verschiedenen Themenkreisen. Einige Blätter fallen ihm in die Hand: es sind seine allerersten Zeichnungen. Aus der Zeit, da er als Lithographen-Lehrling bei Meister Hecht angefangen hatte. Alte Jakobstraße. Direkt über dem Tanzpalast »Orpheum«.

»Als Steinzeichner, Heinrich, da bist du fein raus. Hast ein Dach über dem Kopf, immer Schlips und Kragen um, machst dir keine schmutzigen Finger, und von Schweißvergießen ist schon gar nicht die Rede. Außerdem reden sie dich mit ›Sie‹ an. Was willst du mehr!«

Es war sein alter Zeichenlehrer, der so zu ihm gesprochen hatte. Zweimal in der Woche war er in seine Dachstube gestiefelt, um sich weiterzubilden. Heinrich sagte nicht nein zu dem Vorschlag. Lithograph, das war was anderes als Schlächter. Da war ihm gleich am ersten Tag übel geworden; der blöckende Hammel auf dem Block, das rauchende Blut, es hatte ihn gewürgt, und er war weggelaufen.

Die Lithographen hatten Hochkonjunktur. 1872, man hatte einen Krieg gewonnen, verbaute die französischen Milliarden, in den vielen neuen Häusern starrten viele nackte Wände, da mußten Bilder dran. Am besten gingen Könige, Fürsten und Feldmarschälle. Heinrich zeichnete ihre Köpfe nach Photographien auf den Stein. »Ölgemälde der Armen« nannte man diese Blätter, und die Armen kauften sie dann auch in erster Linie. Waren ja nicht nur billig und bunt, waren ja auch so praktisch als Wanzenfallen. Man brauchte sie bloß alle Wochen umzudrehen und die Wanzen von der Rückseite des Generals oder Fürsten abzusammeln. In einer erbärmlichen Wohnküche, wo sieben Menschen hausten, hatte er einmal beobachtet, wie sich das Porträt des alten Kaisers Wilhelm ganz sachte bewegte. Da waren ihm dessen Worte eingefallen: »Ich habe keine Zeit, müde zu sein . . .«

Sehr gelacht hatte der alte Professor Hosemann darüber. Zu Theodor Hosemann, dem Altmeister der Berliner Malerei, der mit soviel Humor den Alltag an der Spree schilderte, pilgerte Heinrich nach Dienstschluß.

»Gehen Sie auf die Straße raus«, hatte der Alte ihm immer wieder eingehämmert, »ins Freie, beobachten Sie selbst, das ist besser als nachmachen. Ohne zeichnen zu können, sollte kein denkender Mensch sein.«

Abends dann in den Aktsaal der Akademie, Unter den Linden. Dazu brauchte man die Erlaubnis Anton von Werners, des Schlachtenmalers. Der wohnte in der Potsdamer Straße. Zerstreut blätterte er in Zilles Zeichnungen, schrieb ihm einen Wisch aus: Darf als Hospitant teilnehmen. Viel gekümmert haben sich die Professoren nicht um die geduldeten Hospitanten; waren die Modelle gestellt, so ververschwanden die Herren. Dabei waren die Geduldeten die Besessensten.

Ihm hatte die Besessenheit bald Früchte eingebracht. Die Witzblätter »Simplicissimus«, »Ulk«, »Jugend« druckten seine Bilder. Man wurde aufmerksam auf den Arme-Leute-Maler. Irgend jemand überredete ihn, die Schwarz-Weiß-Ausstellung der »Sezession« zu beschicken; das war eine Vereinigung Berliner Künstler, die zu neuen Ufern strebten. Zu Ufern, die jenseits hohenzollernschen Kunstgeschmacks lagen. Liebermann gehörte dazu, der Maler märkischer Landschaft Leistikow, die Impressionisten Corinth und Slevogt. Gemurrt hatte Zille: Was ich strichele, wird der Müllkasten der Zeit schlucken. Hatte sich doch ein paar Blätter entreißen lassen: Szenen aus dem »Milljöh«.

In der Kantstraße hingen sie dann, neben dem Theater des Westens, in einem großen Saal. Unter die Besucher hatte er sich gemischt, wollte hören, was sie so sagten über seine Bilder. Viele schimpften: Verunglimpfung Berlins und seiner Bewohner. Ein Offizier knarrte angesichts der rachistischen Kinder, zerlumpten Luden, fahlen Kokotten, schwangeren Weiber: »Der Kerl kann einem die janze Lebensfreude nehmen.« Andere schwiegen betroffen, erschüttert: So viel nackte Not gab es in dieser Stadt?! Die Rechtspresse griff in ihrer Kritik das Wort des Kaisers auf, das er bei der Einweihung der Siegesallee im Tiergarten für diese Art von künstlerischer Betätigung gebraucht hatte: »Rinnsteinkunst!«

Siegesallee — Zille schnürt das Päckchen mit den alten Skizzen wieder sorgfältig zusammen —, oder wie die Berliner respektlos sagten: »Puppenallee«. 96 Figuren wie in Schmalz gehauen, dazu bestimmt, den Spaziergängern weihevolle Schauer über den hohenzollerntreuen Rücken zu jagen. 96 Fijurn — und eine davon war er: Heinrich Zille! Wilhelm II. hat es nie erfahren, daß der selige Ritter Wedigo von Plotho die unseligen Züge des Rinnsteinkünstlers Zille trug. Porträtgetreu! August Kraus, der Freund, hatte damals eine Vorlage gebraucht für den Ritter. Doch selbst die dickbäuchigsten Historienschwarten hatten hier versagt. Da nahm er sich kurzerhand den Heinrich zum Modell.

Zille geht hinüber ins Nebenzimmer. Dort steht ein Abguß der Ritterbüste. Er tätschelt ihm mit verschmitztem Grinsen über die Wange. Wie oft hatte er sich früher das diebische Vergnügen geleistet, durch die Puppenallee zu lustwandeln und seinem Ebenbild mit Augurenlächeln zuzublinkern!

Die Klingel der Flurtür schnarrt. Zille schrickt zusammen. Nee, bloß keine Besucher jetzt! Warum kann man ihn nicht in Ruhe lassen? Das gibt sich die Klinke in die Hand, tagaus, tagein, bis unters Hemde kriechen sie einem. Und er braucht die paar Stunden Tageslicht so. Überall liegt Unfertiges. Es ist noch so viel fertig zu machen. Die Klingel, wieder die Klingel! Wo bleibt denn die Tochter?

Zille geht den Korridor entlang und öffnet die Flurtür. Ein kleines Ladenmädchen steht draußen und will ein Paket abgeben. Zille fingert in seiner Westentasche nach einem Groschen.

Die Kleine sagt: »Ick hätt' na nu lieber 'ne kleene Zeichnung von Ihnen, Meesta.«

Der Meister guckt sie erstaunt an. Jetzt fangen die Jören auch schon an, ihn anzuschnorren. Die Erwachsenen tun das schon seit eh und je. Er ist immer nur ausgeplündert worden. Aber mach einer was gegen die eigene Gutmütigkeit.

Er sagt zu dem Mädchen: »Na schön, aber ich weiß nicht so recht, was da drauf sein soll.«

Das Mädchen wischt sich mit dem Handrücken die Nase und meint: »Ach, wenn't ooch wat janz Jemeinet is, ick freu mir drüber.«

Heinrich bleibt todernst und vertröstet auf morgen. Die Kleene sagt »Dufte!« und trollt sich.

Ach ja, seine Meechen, seine Jören, die hatte er immer am liebsten gemalt. Die Erwachsenen, na, die konnten sich wenigstens wehren. Gegen den Hunger, gegen die Kälte, gegen die Krankheit. Die Kinder aber waren allen Schrecken des Milljöhs ausgeliefert.

»Kinder, lernt nischt«, sagt da ein Lude zu zwei Budikerkindern, die in der Kneipe Schularbeiten machen, »sonst müßt ihr arbeeten.«

Fröhlich sind diese Kinder — trotz allem. Wenn ihre Fröhlichkeit auch makaber wirkt. Eine grausige Art von Humor entwickeln sie. Da kutschiert Fritzchen mit einer toten Ratte über den Hof und sagt zu seiner Freundin Erna: »Unsere Wohnung ist zu naß, da is se dran jestorben.« Seine Eltern gehören zur Kategorie der »Trockenwohner«, der einzigen Mieter, die ihre Miete nicht mit Geld zu bezahlen brauchen — sondern mit ihrer Gesundheit. Eine satanische Methode, noch feuchte Neubauten schneller beziehbar zu machen.

Fritze fährt mit seinem Rollwägelchen ein Stückchen weiter und kiekt dem achtjährigen Emil zu: Mensch, kann der prima Lungenzüge. Aber richtig besoffen, wie Pachulkes ihre Frieda, det war der noch nicht! Die Frieda, die jibt natürlich 'ne Welle an. Neulich, als es geschneit hatte, da hat sie geprotzt: »Wenn ick will, kann ick Blut in Schnee spucken.«

Draußen vor der Tür hauen sich ein paar Besoffene. Soll'n se! Vater kann diesmal nicht dabei sein, der sitzt in Tegel. An der Teppichstange steht ein Geranientopf, der blüht so schön. Fritze und Erna schnuppern 'n bißchen dran. Da tönt die keifende Stimme der Portierfrau: »Wollt ihr weg von de Blume! Spielt mit'n Müllkasten!«

Zille schaut aus dem Fenster seines Arbeitszimmers, das den zünftigen Namen »Atelier« so gar nicht verdient. Drüben auf dem Kohlenplatz spielen die Kinder. Hopse, Einkriegezeck und »Ziehe durch, ziehe durch«. Das sind billige Spiele, dazu braucht man kein Spielzeug. Es war oft schwierig gewesen, die Jören in freier Wildbahn zu zeichnen. Daß sie nicht stillhielten, hatte ihn nicht gestört. Je mehr Bewegung, um so besser. Aber die Mütter dachten immer, er wollte ihrer Brut etwas anhexen. Photographieren lassen — ja! malen lassen

— nee! Is denn was mit meine Kinder, ham die 'n körperlichen Fehla? Da galt es, den richtigen Ton zu finden.

Der richtige Ton war wichtig, wenn man eine Tour durch die Berliner Slums machte. Manchmal sogar lebenswichtig. Gewiß, die meisten kannten ihn und grüßten schon von weitem: »Tach, Vater Zille!« Selbst die Kriminellen machten hierin keine Ausnahme, die Spanner (Schmieresteher), Schränker (Geldschrankknacker), Klingelfahrer (Ausbaldowerer), Kofferstripper (Bahnhofsspezialisten), Kollidiebe (Leute, die Lastkraftwagen beklauten) und Schneeriecher (Wäschediebe). Es gab aber welche, die waren unberechenbar.

Einmal hatte er in der »Melone« gesessen, einer Kaschemme im berüchtigten Scheunenviertel, unweit vom Alex, den Block auf den Knien und den Kohlestift in der Hand. Da waren sie ihm plötzlich auf den Leib gerückt mit den dickwandigen Weißbiergläsern: »Raus, du olle Sau, vadienst bloß Jeld an unse Miseere, hau ab!«

Zille hatte seine Angst hinuntergeschluckt und seelenruhig geantwortet: »Wäre schade um euer Bier, wenn ihr mit de Jläser schmeißt.«

Da waren sie friedlich geworden und hatten knurrend ihre Beine wieder unter die Tische gesteckt. Einer kam und meinte: »Mir kannste ruhig schön ähnlich machen, Heinrich, die Polente hat mein Abziehbild sowieso.«

Wenn eine solche Zeichnung dann später veröffentlicht wurde, zusammen mit der Unterschrift (die machte er übrigens immer selbst; wehe dem Verleger, der ihm da ins Handwerk pfuschte! Bild und Text waren ihm so 'ne Art künstlerische Einheit), dann pflegten sich die Leute meist sehr zu amüsieren. Nein, dieser Zille, immer zu Scherzen aufgelegt! Sie wollten nicht wahrhaben, daß seine Zeichnungen krasse, eng benachbarte Wirklichkeiten waren. Auf dem »Hofball bei Zille« im Großen Schauspielhaus hatte ihn ein besserer Herr jovial auf die Schulter geklopft: »Nehm' Se sich noch 'ne frische Havanna, Meister Zille, Sie ham uns mit ihre Nutten und arme Leute imma so viele Freude jemacht.« Das waren Momente, in denen er sich geschworen hatte, nie wieder einen Strich zu tun.

Uberhaupt diese Zille-Bälle . . . Wie oft hatte er es bereut, sich dafür hergegeben zu haben!

Feine Pinkel, die gepolsterte Brieftasche im Ludenjackett, machten für eine Nacht auf arm. »Eintrittskarten von 12 bis 50 Mark in den bekannten Vorverkaufsstellen«. Der Kurfürstendamm schmiß sich in

Lumpen und enthemmte sich planmäßig, hoch lebe Freud! Nachgemachte Kaschemmenmiezen kreischten, Herr Doktor als Brillanten-Ede — was wollen Sie eigentlich, mein Herr, der Reinertrag des Abends wird doch den Armen zugeführt?! Der Präsident der Deutschen Bühnengenossenschaft versteigert eine Original-Zille-Zeichnung auf amerikanisch. Der Meister steht daneben und fröstelt. Er will türmen: Mit dem Rummel hat er nicht gerechnet, sie zerren ihn in den von Bühnenbildner erstklassig ausgestatteten Verbrecherkeller. Dort sitzt er, den kalten Stummel in der Hand, zusammengesunken, mit entzündeten Augen, und schreibt Autogramme; aufgeweichte Bieruntersetzer reichen sie ihm, mit Mostrich bekleckerte Pappteller. — Nach Mitternacht schlich er sich raus, Kragen hoch und den Hut in die Stirn gedrückt. Draußen vor dem Sportpalast standen die echten Zille-Typen, zitterten in der Kälte, rissen die Türen der Autos auf. Kommerzienrat Y mit Blindenbrille und Stelzbein drückt einem Mann mit Blindenbrille und Stelzbein zwei Mark in die Hand. Nee, pfui Deibel! Aber er brauchte doch Geld! Für seine Leute.

Dann war die Zille-Lawine den Hang hinabgedonnert: Zille-Schnäpse, Zille-Kneipen, Zille-Knöpfe, Zille-Zigaretten, Zille-Bücher. Schließlich der Clou: Zille-Filme!

»DIE VERRUFENEN. Ein Großstadtbild aus Berlin. Acht Akte nach Erlebnissen und scharfen Beobachtungen von Professor Heinrich Zille. Regie: Gerhard Lamprecht. Unter anderen wirken mit: Paul Bildt, Margarete Kupfer, Mady Christians, Aribert Wäscher.«

Die Statisten hatte man aus der »Palme« geholt, dem großen Obdachlosenasyl auf dem Prenzlauer Berg. Für 5,60 Mark, frei Essen und frei Bier spielten sie sich selber. Zille mußte überall Hand anlegen. Die konnten noch nicht mal eine richtige Kneipe aufbauen, die Filmfritzen. Von seinem Milljöh hatten sie nicht den richtigen Begriff.

»Die da unten« hieß der nächste Streifen. Dann kam, der Abwechslung halber, ein Zille-Lustspielfilm heraus. »Schwere Jungen, leichte Mädchen« nannte er sich. Mit Gustav Fröhlich, Lissi Arna, Fritz Kampers.

Zille schiebt die Staffelei zurück und legt den Stift auf den Tisch. Er geht zu dem großen Kachelofen in der Ecke, stellt sich mit dem Rücken dagegen und simeliert vor sich hin. Er ist müde. Später geht er auf den Treppenflur und hängt das Schild an die Korridortür, das er sich vor einigen Tagen gemalt hat: »Bin krank! Bitte keine Besuche!« Eigentlich hatte er schreiben wollen: »Bin tot.« Da war der Briefträger gegen gewesen. »Die brechen sonst gleich bei Ihnen ein, Meister!« hatte er gegrinst.

Am 9. August 1929 starb Heinrich Zille. Man brachte ihn auf den Stahnsdorfer Friedhof. Oberbürgermeister Dr. Böss hielt eine Rede. Die Philharmoniker spielten. 1931 enthüllte man an seinem Wohnhaus in der Sophie-Charlotten-Straße eine Gedenktafel. Sie hing nur zwei Jahre. Dann kamen die Nationalsozialisten und nahmen sie ab. Dieser Zille war zwar nicht gerade entartet zu nennen, schließlich konnte man alles erkennen auf seinen Bildern, aber seine Kunst »erhob« nicht, sie »zog herab«, in denselben Rinnstein, der schon dem Kaiser Wilhelm aufgefallen war. Die Bronzetafel landete auf dem Schrottplatz einer in der Nähe liegenden Gasanstalt. Zu Beginn des Krieges kamen die Schrottplatzarbeiter zu Walter Zille, dem Sohn von Heinrich, der die Wohnung übernommen hatte, und fragten, was sie mit der Tafel machen sollten, die solle jetzt eingeschmolzen werden. Walter fragte, ob sie die Tafel nicht ein bißchen in die Ecke stellen könnten. Die Arbeiter meinten, daß sich das schon machen lasse.

1949 wollte man die Tafel wieder anbringen. Aber da war sie verschwunden. Die Zeitungen riefen die Berliner auf, danach zu forschen. Die Chancen standen eins zu tausend. Der Arbeiter Oswald Fichte hatte Glück: Auf einem Lagerplatz am Kottbusser Tor zog er sie aus einem Haufen Gerümpel hervor. Seitdem ziert sie wieder — von Richard Scheibe restauriert und mit einem Relief versehen — das Haus Numero 88.

Die Urberlinerin

Sie starb am 22. Juli 1827, morgens um dreiviertel neun Uhr, im Alter von 79 Jahren. Man brachte sie auf den Friedhof der französischen Gemeinde in der Chausseestraße 127. In ihren Grabstein schlug man die Inschrift:

Marie Anne Dutitre
Née George
Fille de Benjamin George
Et de Sara Robert

Né le 27 Janvier 1748
Mort le 22 de Juillet 1827

Wanderer aus der Fremde, verschlägt es dich einmal in diesen Winkel eines der ältesten Berliner Friedhöfe, so nimm nicht nur den Hut ab, das hast du als wohlerzogener Mann schon getan, mach auch noch eine tiefe Verbeugung! Mach sie, obwohl du als kenntnisreicher Fremder sofort erkannt hast, daß der Text auf dem Grabstein Fehler enthält, die einem Schüler der französischen Sprache zur Unehre gereichen würde.

Aber du weilst ja nicht vor der Ruhestätte einer Pariserin, du stehst vor dem Grabe einer Berlinerin. Was heißt — einer? Es ist *die* Berlinerin, die Urberlinerin schlechthin.

Wundert es dich, daß du hier trotzdem auf französisch angesprochen wirst statt auf gut berlinisch, so laß dir flüstern: Die Marie Anne kam aus einer alten Berliner Hugenottenfamilie. Und die Hugenotten waren bekanntlich jene Leute, die irgendwann ihre Heimat Frankreich verlassen mußten, weil man dort mit der Art nicht einverstanden war, in der sie den lieben Gott verehrten.

Er bleibt trotz allem ein Kuriosum, dieser französische Text auf dem Grabstein einer Berlinerin. Man stelle sich vor, daß auf dem Friedhof Père-Lachaise zu Paris der Grabstein der Urpariserin vermelden würde: »Lisbeth Krause, geborene Kulicke, Tochter von Emil Kulicke und von Erna Schulze geboren am . . .« und so weiter. Man kann es sich *nicht* vorstellen.

Aber in Berlin — und damit wiederholen wir, was wir schon am Gegenbeispiel der Hamburgerin und der Stuttgarterin festgestellt haben —, in Berlin geht so etwas. Da bleibt selbst den Französinnen nichts anderes übrig, als Berlinerinnen zu werden.

Die orthographischen Fehler können wir der Marie Anne Dutitre ruhig nachsehen oder auch denen, die sie zu Grabe trugen. Mit der Rechtschreibung nahm man es damals nicht so genau, weder im Deutschen noch im Französischen. Und die Dutitre sprach auch viel lieber berlinisch als französisch. Sie sprach diesen verachteten Dialekt mit so viel Charme und Grazie, daß es selbst E. T. A. Hoffmann zu rühmen wußte.

Zu denen jedoch, die über das Berlinische die Nase rümpften, gehörte die Gesellschafterin der Madame Dutitre. Sie konnte es nicht lassen, ihre Herrin gelegentlich zu korrigieren. Einmal erzählte Madame in ihrer kurzatmigen Sprechweise — sie war oben herum etwas korpulent —, was sie heute schon alles in der Stadt erledigt habe:

»... und denken Sie sich, denn bin ick noch zu de Belmong jeloofen, und von de Belmong bin ick zu de Nikolain jeloofen, und von de Nikolain bin ick denn zu de Meiern jeloofen. Und wie ick so hin und her jeloofen bin, da ...«

Da war es mit der Beherrschung der Gesellschafterin zu Ende. »Aber Madame Dutitre«, hauchte sie, »on dit: gegangen. Gegangen, nicht jeloofen!«

Madame stemmte die Fäuste in ihre gutgepolsterten Hüften und fixierte die spärlichen Formen des adligen, aber späten Mädchens: »So! Gegangen heißt es, sagen Sie. Ick wer' Ihn' mal wat sagen, Mamselleken: Ick bin jeloofen und habe den reichen Dutitre jekricht, und Sie sind ge-gan-gen und ge-gan-gen und haben jar keenen jekricht.«

Marie Anne Dutitre verschwieg, daß es auch bei ihr bis zum zweiunddreißigsten Lebensjahr so ausgesehen hatte, als wenn sie »jar keenen kriejen« würde. Bis dahin fürchteten sich selbst tapfere Männer vor den Haaren auf ihren Zähnen.

Auch Etienne Dutitre bekam den Mund nicht auf, als er im Jahre 1780 dem Fräulein Marie Anne George in der Küche der elterlichen Wohnung beim Hacken der Petersilie zusah. Er mochte die stramme, schwarzhaarige, schwarzäugige Person über alle Maßen. Deshalb lud ihn ja auch Benjamin George, der Brauereibesitzer und Vater Marie Annes, immer wieder in sein Haus. Der hatte natürlich ewas gemerkt und betete heiß, daß endlich jemand seine Älteste unter die Haube zerren möge.

Etienne also steht in der Küche und guckt und druckst und überlegt schwitzend, auf welche Art man hier landen könne. Eine Fliege summt am Fenster. Das Wiegemesser gleitet knirschend über das Hackbrett. In das langsam peinlich werdende Schweigen ertönt endlich Marie Annes energische Stimme: »Na, Dutitern, Sie möchten woll janz jerne, daß ick in Ihre Küche später ooch mal Petersilie hacke?«

Der überraschte und erleichterte Etienne nahm den Antrag an. Wenige Monate später fand in der Berliner französischen Kolonie ein üppiges Hochzeitsfest statt: aus der Mademoiselle Marie Anne wurde die Madame Dutitre. Sie bewohnte von nun an ein großes Haus in der Poststraße und gab Empfänge, die stadtbekannt wurden.

»Hier werden den Damen die Röcke aufgehoben«, schrieb sie an die Tür eines Zimmers, in dem die weiblichen Gäste ihre Mäntel ablegen sollten. Im Flur hing unter Glas und Rahmen ein lederner Handschuh mit der Unterschrift: »Mein König hat mir dran gefaßt.« Aus dem Fenster ihres Salons streckte sie dem berühmten Arzt Ernst Ludwig Heim die belegte Zunge heraus. »Denn könn' Se sich das Treppensteigen sparen, Doktorchen.«

Eines Abends hatte sie Ludwig Devrient zu Gast. Das ist jener Mann, der von ernst zu nehmenden Theaterwissenschaftlern als der »genialste Schauspieler aller Zeiten« bezeichnet wird. In seiner frühesten Jugend war er, Sohn einer angesehenen Kaufmannsfamilie, von Hause weggelaufen, um zum Theater zu gehen. Wenn er seinen Franz Moor oder den König Lear auf die Bühne des Königlichen Schauspielhaus am Gendarmenmarkt legte, fielen die Frauen in Ohnmacht, und die Männer zeigten das Weiße im Auge. Er trank viel und gut, am liebsten mit seinem Freund E. T. A. Hoffmann. Er war so oft berauscht, daß er nur noch wenigen Einladungen folgen konnte.

Die Madame Dutitre aber wollte er kennenlernen. Er hatte zu viel von ihr gehört. Das sollte er bereuen. Kaum hatte er die Wohnung in der Poststraße betreten, als Madame auf ihn zueilte und ihn mit den Worten begrüßte: »Nu sagen Se bloß, Devrientchen, warum sind Se eijentlich damals Ihrem Vater durchjebrannt und unter die Lumpenkomödianten jejangen?«

Die Chronik verschweigt die Antwort. Vermutlich ist dem großen Mimen keine eingefallen. Überliefert ist nur, daß er sofort zu Lutter und Wegener eilte, um sich dort mehrere hinter die zitternde Binde zu gießen.

Sie hatte so wenig Respekt vor der Prominenz, die Dutitern, und zeigte sich auch hierin als echte Berlinerin. Selbst der dritte Friedrich Wilhelm, den die Berliner »den guten König« nannten, war vor ihr nicht sicher. Anfangs stand sie mit ihm auf dem Grußfuß. Sie brach regelmäßig mit einem tiefen Hofknicks zusammen, wenn sie den Monarchen auf den Linden oder im Tiergarten traf. Eines Spazierganges drückten den guten König düstre Gedanken, und er übersah die tiefgebeugte Madame. Da erhob sich die Dutitre mit einem Ruck, und während sie den Landesvater am Ärmel festhielt, hörten die erstarrenden Umstehenden die Worte: »Na, Majestäteken, Steuern nehm', det könn wir, aber 'ne olle Berlinerin jrüßen, is nich, wa?!«

Majestäteken hatte gottlob Humor und fühlte sich nicht majestätsbeleidigt. Im Gegenteil, der Chronist berichtet, daß »er die alte originelle Frau von nun an gebührendermaßen hochschätzte und keine Gelegenheit versäumte, ihr seine Geneigtheit an den Tag zu legen«.

Eine solche Gelegenheit bot sich meist, wenn der König im Sommer in Charlottenburg wohnte. Madame tat dies, wie alle wohlhabenden Berlinerinnen der Residenz, ebenfalls. Kam der König an ihrem Sommerhäuschen vorüber, dann war Marie Anne zur Stelle. Einmal fragte er in seinem merkwürdigen Leutnantsdeutsch: »Haus ausbauen lassen, Madame Dutitre?«

»Na und proper, Majestäteken«, kam die Antwort. Sie bat ihn näherzutreten und führte ihn treppauf, treppab durch die neue Einrichtung. Der König folgte geduldig und zog sich erst zurück, als sie ihm den neuen Lokus zeigen wollte.

»Den Gröditzbergs gut gehen in Rom?« fragte er zum Abschied. Baron von Gröditzberg war Madames Schwiegersohn, er reiste mit seiner jungen Frau gerade im Italienischen herum. Und sie prahlte: »Na und ob! Alle Dienstag und Freitag bei Papstens zum Tee, und die Päpstin immer freundlich zu meine Tochter.«

Und als der König seine Frau verloren hatte, die beim Volke so beliebte Königin Luise, bedauerte ihn die Dutitre: »Ach ja, für Ihnen is et ooch nich so leicht, wer nimmt heute schon'n ollen Witwer mit sieben kleine Kinder?«

Sie war ein Original, die Madame Dutitre. Sie verstand nie, warum man über ihre Aussprüche lachte. Sie war eben echt und lebte, wie alle wirklich originalen Menschen, aus dem Unbewußten. Kein falscher Ton kam deshalb bei ihr auf. Sie servierte keine Pointen, sie gab ihrem Affen keinen Zucker. Sie antwortete so, wie sie ihrem Wesen nach antworten mußte. Dieses Wesen war, trotz der französischen Abstammung, enorm berlinisch. Der Literarhistoriker Paul Fechter bezeichnete die Dutitre einmal als »eine Art von Ur- und Grundform der Frauenmöglichkeiten von Berlin«, als die Idee der Berlinerin.

Gewiß, nicht alle Geschichten, die man sich von ihr erzählt, stammen wirklich aus ihrem Dunstkreis. Es findet sich darunter manche Wanderanekdote, wie sie im Laufe der Jahrhunderte von der einen Persönlichkeit zur anderen hinüberwechselt. Auch wird sich gelegentlich Giordano Brunos »Se non é vero, é ben trovato« nicht unterdrücken lassen: »Wenn es auch nicht wahr ist, so ist es doch gut erfunden.«

Nicht nur gut erfunden, sondern wahr scheint die Geschichte von Madame Dutitres Begegnung mit Goethe zu sein. Der Olympier selbst weiß darüber zwar nichts zu berichten, dafür liegen aber Zeugnisse glaubwürdiger Zeitgenossen vor. Dem Altertumsforscher und Inhaber der Nicolaischen Buchhandlung, Gustav Parthey, hat Madame ihre Weimarer Erlebnisse erzählt.

»Ick hatte mir vorjenommen, Joethen doch ooch mal zu besuchen, und wie ick durch Weimar fuhr, jing ick nach seinen Jarten und jab dem Järtner einen harten Thaler, daß er mir in eine Laube verstecken und einen Wink jeben sollte, wenn Joethe kommt. Und wie er nu die Allee 'runterkam und der Järtner mir jewunken hatte, da trat ick 'raus und sagte: ›Anjebeteter Mann!‹ Da stand er stille, legte die Hände auf den Rücken, sah mir jroß an und fragte: ›Kennen Se mir?‹ Ick sagte: ›Jroßer Mann! Wer sollte Ihnen nich kennen‹, und ick fing an zu deklamieren: ›Fest jemauert in der Erden steht die Form, aus Lehm jebrannt.‹ Darauf machte er einen Bückling, drehte sich um und jing weiter.«

Als Parthey Madame Dutitre darauf aufmerksam machte, daß der von ihr deklamierte Vers aus Schillers »Lied von der Glocke« stamme, antwortete sie: »Ach, det macht ja nischt. Schiller und Joethe sind im Jrunde janz ejal.«

Sie ließ sich nie aus der Fassung bringen und war ständig im Bilde. Auch hatte sie die für die Berlinerin so charakteristische Gabe, aus der schlechtesten Situation das Beste zu machen. Da war die Einquartierung französischer Truppen in den napoleonischen Kriegen — für die Berliner Hausfrauen eine immer stärker die Existenz bedrohende Last. Madame beherbergte in ihrem Hause einen französischen Stabsoffizier. Der war so vornehm, daß er sich seinen Leibkoch aus Paris mitgebracht hatte. Madame nahm ihre beiden Töchter zur Seite und sagte: »Seid nett zu dem Mann, der kann ooch nischt dafür, daß er hier ist. Aber wenn ihr seinen Koch nich mindestens drei französische Saucen abjekiekt habt, bevor er wieder abhaut, dann jnade euch Jott.«

Ihre beiden Töchter sollen übrigens sehr hübsch gewesen sein. Madame schien trotzdem manchmal zu fürchten, auf ihnen sitzenzubleiben. Sie brachte die beiden deshalb viel unter die Leute. Auf den Brühlschen Bällen, wo sich die Creme der Gesellschaft tummelte, sah man die beiden Mädchen in jeder Saison. Mutter Dutitre saß dann meist in einer stillen Ecke, äugte durch ihre riesige, mit Brillanten verzierte Lorgnette auf die Schar der Kavaliere, die sich bei ihren Töchtern in die Tanzkarten einschrieben, und sie murmelte befriedigt: »Jaja, wo Aas is, da sammeln sich de Adler.«

Sie ist nicht auf ihren Töchtern sitzengeblieben, sie hat ihnen gute Partien besorgt. Die älteste wurde die Baronin von Gröditzberg. Die jüngste heiratete den schwerreichen Bankier C. W. Benecke. Beide Damen gehörten bald zu den auffallenden Erscheinungen der Berliner Residenz. Während die Baronin in den Strahlen einer soliden Eleganz prangte, wiegte sich Madame Benecke im leichten Schimmer gefälliger Anmut.

Ihre beiden Männer waren nicht immer ganz glücklich mit der neuen Schwiegermutter. Besonders Herr Benecke hatte einigen Ärger. Er führte ein großes Haus in Wilmersdorf, in der Wilhelmsaue Nr. 116 (das Haus ist den Berlinern noch heute erhalten und beherbergt jetzt als »Schoelerschlößchen« ein Kinderheim). Mutter Dutitre war dort anfangs gern gesehen. Da sie als stadtbekanntes Original mildernde Umstände genoß, sah man ihr vieles nach. Gelegentlich überforderte jedoch ihr goldener Mutterwitz selbst starke Nehmerqualitäten. Die ältesten Freunde des Hauses ließen sich dann frühzeitig ihre Mäntel bringen. Für einen berühmten Klaviervirtuosen und Komponisten bedeutete es zum Beispiel nicht unbedingt ein Lob, wenn Madame nach dem Konzert zu ihm sagte: »Über Ihre Fingerchens hab' ick mir sehr amüsiert, wenn bloß die eklige Musik nich jewesen wäre.«

Benecke tat das einzige, was ein Schwiegersohn mit Courage tun konnte: er lud Schwiegermuttern nicht mehr ein. Aber die konterte auch diesen Schlag vernichtend. Beim erste Galaabend, den Benecke ohne sie gab, faßte sie Posto vor seinem Haus und begrüßte jeden Gast mit den Worten: »Sind Sie ooch bei Beneckens injeladen? Ick bin seine Schwiejermutter und muß hier vor de Türe stehn.«

Und dann ist da noch eine Geschichte. Aber bei der möchte man beinah sagen: Nichtberliner, mal einen Augenblick 'rausgehen! Weil man nämlich fürchtet, die fern der Spree Geborenen könnten das in die falsche Kehle kriegen und Madame falsch beurteilen. Etienne Dutitre lag auf dem Krankenbett, und alle Welt wußte, daß er es nicht mehr lange machen werde. Er selbst ahnte das auch, und so rief er nach seiner Frau, um sie noch einmal zu sehen. Madame eilte die Treppen hinauf, sie war hochrot und keuchte, die Bereitung des

Leichenschmauses hatte ihre ganze Kraft in Anspruch genommen. In der Tür des Krankenzimmers blieb sie stehen und sagte schluchzend: »Ach Jott, Vater, wat soll denn det, du weeßt doch, ick kann nu mal keene Doten sehn.«

Vielleicht muß man Berliner sein, um diese Worte nicht gefühlsroh zu finden. Oder man muß wissen, daß sich die Leute aus dieser Stadt bisweilen mit einem derben Wort zur Wehr setzen, um nicht vom Sentiment überwältigt zu werden. Nur keen Jefühl nich zeijen, denn det is peinlich. Tränensusen stehen an der Spree nicht hoch im Kurs.

Und deshalb: Wanderer, verschlägt es dich manchmal auf den alten Friedhof an der Chausseestraße, mach nicht nur deine Verbeugung vor dem Grab der Urberlinerin, leg auch ein paar Blumen hin! Sie hat es verdient, die Marie Anne Dutitre, denn es jibt sie nicht mehr, und wir kriegen sie vorläufig auch nicht mehr 'rein.

Der Verteidiger hat das Wort

»Herr Präsident, meine Damen und Herren, jetzt will ick Ihnen ma wat erzähln!«

Mit diesen Worten wandte sich an einem Januartag des Jahres 1957 der Angeklagte Willibald K. an das Gericht und an die Zuhörer im Großen Schwurgerichtssaal des Moabiter Justizpalastes. Willibald, ein mittelschwerer Junge mit überdurchschnittlicher Vorstrafenlatte, gehörte mit den anderen sechzehn Angeklagten zu einem Klub, der sich »Sparverein Südost« nannte. Ein Name, der von den meisten Mitgliedern offensichtlich falsch verstanden wurde, denn das einzige, was sie sich ersparten, war die Begleichung ihrer in den Kneipen des Berliner Kreuzbergs gemachten Zechen.

Doch davon sprach der biedere Willibald nicht in dieser Stunde. In einem ausführlichen Kolleg, das mit berlinischen Kraftausdrücken saftig garniert war, schilderte er die große Vergangenheit jener Institutionen, die in den zwanziger Jahren jedes Schulkind an der Spree unter dem Namen »Ringvereine« kannte und die so schöne Namen trugen wie »Immertreu«, »Alte Kraft«, »Hand in Hand«, »Felsenfest«. Willibald war der einzige unter den siebzehn Sündern, der noch aktiv unter den alten Fahnen gedient hatte, dem noch der Bannerspruch leicht von den Lippen ging: »Laß Neider neiden, Hasser hassen! Was Gott uns gönnt, muß man uns lassen!« Mit einer in zahlreichen Terminen erworbenen Fachkenntnis versuchte er, den hohen Gerichtshof zu überzeugen, daß der »Sparverein Südost« genauso wenig eine verbrecherische Organisation im Sinne des § 129 StGB sei, wie es seine großen Ahnen gewesen seien, die Ringvereine. Nicht um Verbrechen zu begehen, habe man sich zusammengeschlossen, sondern um Verbrechen zu verhüten! Einziges Ziel sei es ihm und den »Brüdern« immer gewesen, dem Strafentlassenen, der sich in seiner fremd gewordenen Umwelt so verlassen fühlt wie ein Kind auf dem Jahrmarkt, das seine Mutter verloren hat, eine neue Heimat zu geben.

Senior Willibald wies nicht ohne Pathos darauf hin, daß die Brüder vielleicht mehr Ehre im Leib gehabt hätten als mancher, dem das Schicksal es gestattete, ohne Unfall die Klippen des Lebens zu umschiffen. Und zum Beweis erzählte er jene berühmte Geschichte von dem Rechtsanwalt, dem man während eines Prozesses, bei dem er einige prominente Ringvereinler verteidigte, den kostbaren Gehpelz geklaut hatte — worüber ganz Berlin in ein unbändiges Gelächter ausgebrochen war.

»Sehen Se, Herr Präsident, und um diese ungeheuerliche Schmach nich auf uns sitzen zu lassen, haben wir damals sofort zweieinhalb Mille frei jemacht und haben dem Dr. Frey zum Christfest einen neuen Pelz geschenkt.«

Der Rechtsanwalt Professor Dr. Dr. Erich Frey, Mitglied der Akademie von Coimbra, Advokat h.c. der Gesandtschaft von Columbien, Präsident h.c. der Archäologischen Gesellschaft von Neapel, Mitglied der Académie Diplomatique Internationale und des Office Juridique in Paris, Träger zahlloser Ehrenzeichen, Ritter höchster Orden, er lächelte, als er auf der Terrasse seines Hauses in Santiago de Chile die Berliner Zeitung mit dieser Gerichtsreportage sinken ließ. Es war ein wehmütiges Lächeln. Die versunkene Welt der goldenen zwanziger Jahre tat sich wieder auf vor ihm. Über ein Vierteljahrhundert war es jetzt her, daß man ihn gezwungen hatte, die Stadt an der Spree zu verlassen.

»Wenn es stimmt, daß alle guten Berliner aus Breslau kommen«, so beginnt der Dr. Frey seine viel beachteten Memoiren, »dann bin ich ein guter Berliner. ›Geboren in Breslau‹, so steht es noch heute in meinem Paß. Aber auch ohne diese Eintragung wäre ich wohl kein schlechter Berliner geworden. Wer einmal in dieser Stadt gelebt, gearbeitet, geatmet hat, kann sie nicht vergessen. Man muß Berlin lieben und es bewundern, immer wieder. Und mir hat ein freundliches

Geschick dazu viele Jahre Gelegenheit gegeben.«

Ein freundliches Geschick wollte es auch, daß der aus dem Kriege zurückgekehrte Intendant bei der 1. Marinedivision in Flandern, Erich Frey, im Korridorlabyrinth des Moabiter Kriminalgerichts einen Kriegskameraden traf, der ihm geistesabwesend die Hand schüttelte, ihn einen Augenblick nachdenklich ansah, um plötzlich mit dürren Worten die Frage zu stellen: »Sagen Sie, lieber Frey, hätten Sie Lust, übermorgen den Massenmörder Friedrich Schumann zu verteidigen?«

Eine ungewöhnliche Frage an einen unbeschriebenen Rechtsanwalt. Doch kannte Frey den Landgerichtsdirektor Pioletti als einen viel zu seriösen Herrn, um ihm einen geschmacklosen Witz zuzutrauen. Piolettis nächste Worte zeigten, daß er es bitter ernst meinte: Der vom Staat bestellte Offizialverteidiger habe — nach sechswöchigem gründlichem Aktenstudium — im letzten Moment die Verteidigung niedergelegt, weil er es anscheinend mit seinem Gewissen nicht vereinen könne, für eine Bestie in Menschengestalt Worte der Entschuldigung zu finden. Ein Standpunkt, den vor ihm schon andere Anwälte eingenommen hätten, der ihm, Pioletti, aber jetzt den Prozeß platzen lasse, und das zu einem Zeitpunkt, zu dem der ganze riesige Apparat bereits aufgebaut sei — ein Dutzend Sachverständige, fünfzig Zeugen, die Presse die ausländischen Beobachter und so weiter ...

Dem Dr. Frey tat der verzweifelte Landgerichtsdirektor aufrichtig leid. Helfen aber konnte er ihm nicht. Er kannte den Fall, aber er kannte weder seinen Mandanten noch die Akten. Und dann: sollte er, Erich Frey, einen Fall übernehmen, den seine Kollegen mit Abscheu von sich gewiesen hatten, sollte er seinen zwar unbekannten, aber ehrlichen Namen mit diesem Schumann in Verbindung bringen lassen, gab es eine unpopulärere Aufgabe als die, einen Mann zu verteidigen, den die Berliner in Stücke reißen würden, ließe man ihn einen Moment ohne Polizeischutz? Frey sah an Pioletti vorbei und zuckte bedauernd mit den Schultern.

Eine Stunde später saß er an seinem Schreibtisch, zündete sich eine auf dem Schwarzmarkt erstandene Zigarette an — man schrieb das Jahr 1920 —, goß sich eine Tasse »schwarzen« Kaffee ein und wischte mit der Hand über ein Aktenkonvolut, das die Aufschrift trug: »Anklageschrift des Staatsanwalts Dr. Steinbrecher in Sachen Schumann. 11 vollendete Morde, 13 versuchte Morde, Notzuchtverbrechen, Brandstiftungen, Einbrüche.« Insgesamt 54 Anklagepunkte.

Dr. Frey hatte sich in letzter Minute umstimmen lassen und die Offizialverteidigung des Massenmörders vom Falkenhagener See, Friedrich Schumann, übernommen. Er zog die goldene Taschenuhr aus der Westentasche und ließ den Deckel aufspringen. Bis zum Prozeßbeginn am Montag um 9 Uhr blieben ihm noch genau vierzig Stunden.

Der Lebensweg des Rechtsanwaltes Erich Frey war bis dahin nicht sonderlich aufregend gewesen: Sohn wohlhabender Kaufleute, die von Breslau nach Berlin übersiedelten, als der Filius drei Monate alt geworden war; Abitur am Luisenstädtischen Gymnasium, Studium der Jurisprudenz in Genf, München und Heidelberg, wo es ihm der dicke väterliche Wechsel gestattete, ein bißchen zu bummeln und durch die ersten Examen zu rasseln; schließlich der Dr. jur. mit einer Arbeit über das Thema »Streik und Strafrecht«, und weil's so glatt ging, schnell noch der Dr. phil. hinterdrein; man war ehrgeizig und wollte etwas weiter kommen als die Kommilitonen, man war auch begabter; man quittierte deshalb nach einigen Jahren kleinlich-zermürbender Tretmühlenarbeit am Berliner Kammergericht den Dienst: zu bitter ist der Lorbeer, der dem Richter nach langen Jahrzehnten blüht.

Frey ließ sich in der Zimmerstraße, die von der Friedrichstraße abzweigt, als Anwalt nieder. Sein Büro bestand aus einem Zimmer, von dessen Decke der Putz und von dessen Wänden die Tapete abbröckelte. Sein erster Klient war ein Vater, der seinen geistesschwachen, mit einer Gouvernante durchgebrannten Sohn suchte. Frey machte sich auf nach London und entriß den Sprößling mit Hilfe von Scotland Yard den liebesgierigen Fängen des ältlichen Fräuleins. Eine Aufgabe, die nicht ganz seiner Vorstellung von der Tätigkeit eines Verteidigers entsprach.

Da war der Prozeß um die »unsittlichen Lebkuchen« des Weihnachtsmarkts im Lustgarten schon interessanter gewesen. Vierzig Händlerinnen waren angeklagt, eßbare Herzen vertrieben zu haben, deren Aufschriften die Gemüter vorweihnachtlich gestimmter Besucher arg verletzt hatten. Bei der Verlesung der Texte durch den Vorsitzenden war der Herr Staatsanwalt fast erstickt — so sehr hatte er sich bemühen müssen, das in seiner Brust aufkeimende Lachen hinunterzuwürgen. Man hatte volles Verständnis für seine Not, denn wie anders waren solche weihnächtlichen Sinnsprüche schon zu kommentieren: »Pfefferherz an seidenem Strumpf stillt der Liebe ärgste Brunft.« Oder: »Verspeist du diese Lebekuchen, kannst du jede Frau aufsuchen.« Erich Frey hatte es in seiner Jungfernrede nicht schwer gehabt, den schmunzelnden Vorsitzenden zu einer entsprechenden Strafe zu überreden: 5 Mark pro Sünderin.

Der Rest der Fälle war Kleinkram gewesen: Heiratsschwindler, die ein Jahr weniger haben wollten; »Schränker« (Geldschrankknakker), deren Alibi nicht astrein war; Warenhausdiebe, die keine Ahnung hatten, wie »das da« in ihre Tasche gelangt sei; Zuhälter vom Bülowbogen, deren schüchterner Augenaufschlag an hinterpommersche Pastorentöchter erinnerte; »Schneeriecher« (Wäschediebe), die auf den Trockenböden den Hausfrauen die Arbeit abnahmen; Erbstreitigkeiten, Prozesse vom Typ »Mieter Schulze gegen alle«, Verschiedenes. Der Dr. Frey hatte sein gutes Auskommen damit gehabt, doch zum Prädiakt »bekannter Strafverteidiger« oder gar »berühmter Anwalt« hatte es nicht gereicht.

Im Berlin der Jahre um den Ersten Weltkrieg war es schwer, sich in der Anwaltsbranche durchzusetzen. Es gab zu viele große Sterne, deren Leuchtkraft die kleinen Lichter verdämmern ließ. Da war Dr. Bahn, der den Hauptmann von Köpenick vor einer hohen Zuchthausstrafe bewahrte. Hans Litten ließ im Prozeß gegen den SA-Mordsturm 33 den Zeugen Adolf Hitler zu einem stotternden, schwitzenden Kleinbürger werden (was er 1938 mit dem Tod im Konzentrationslager büßen sollte). Dr. Heinitz galt als internationale Koryphäe auf dem Gebiet des Stempelrechts, und der Justizrat Kempner war unentbehrlich, wenn die Großbanken vor unlösbaren Problemen standen. Da waren Alfons Sack und Munckel, Wronker und Sello, Dix und Werthauer, Grünspach, Drucker — Persönlichkeiten, die das berühmte Wort des Müllers von Sanssouci »Es gibt noch Richter in Berlin!« in den Satz abwandelten »Es gibt noch Anwälte in Berlin!«; brillante Fechter auf dem forensischen Parkett sie alle, ausgerüstet mit phänomenalem Gedächtnis und einer Gabe unfehlbarer Orientierung im Dschungel der Paragraphen.

An ihrer Spitze stand Max Alsberg, der die Logik eines Demosthenes mit der hypnotischen Überredungskraft Dantons vereinte. Bei seinen Plädoyers hingen die Schöffen selbstvergessen an seinem Mund, und im Zuschauerraum konnte man die bekannte Stecknadel zu Boden fallen hören. Seine Vorträge in der Berliner Philharmonie über berühmte Prozesse der Weltgeschichte waren Monate vorher ausverkauft. Seiner Rhetorik entsprach seine brillante Feder. Neben grundlegenden Werken der Rechtskunde schrieb er für die Bühne zwei vielgespielte Stücke: »Voruntersuchung« und »Konflikt«. Er las an der Berliner Universität und war entscheidend beteiligt an den Vorarbeiten zur Strafrechtsreform. Im Herbst 1933 schoß er sich in einer Pension im Engadin eine Kugel durch den Kopf. Er war, wie viele der großen Berliner Strafverteidiger, Jude.

Als Dr. Frey die Akte Schumann zuklappte, schien die Morgensonne durch die heruntergelassenen Jalousien, und unter seinen Augen lagen dunkle Ringe.

»Ein grausiges Bild stieg aus den Schilderungen des Kriminaloberwachtmeisters Lahmann auf«, schreibt Frey in seinen Erinnerungen, »irgendwo im Gebüsch Schumann ... Mit einem scharfen Feldstecher, den er als Erinnerung an seine Frontzeit als Maschinengewehrschütze behalten hat, sucht er den gegenüberliegenden Waldrand ab ... Jetzt hält er das Glas still. Dort drüben bewegt sich etwas ... Ein Pärchen hat sich hinter einem grünen Gebüsch niedergelassen. Schumann beobachtet weiter, das Pärchen, die Büsche ringsum, bis er weiß, daß er mit seinen Opfern allein ist. Dann läßt er das Glas sinken und gleitet wie eine Raubkatze zu Boden. Kein Ast knackt, kein Farnkraut bewegt sich, als er sich an die beiden heranschleicht ... Jetzt hört er Lachen, verliebte Worte. Wieder hebt er den Feldstecher. Ganz groß hat er die beiden jetzt im Blickfeld. Während die Linke noch das Glas hält, zieht die Rechte aus der Brusttasche die schwere, langläufige Parabellumpistole. Spielerisch drückt der Daumen den Sicherungsflügel herunter, fest schließt sich die Hand um den Kolben.

Im gleichen Sekundenbruchteil, in dem der Schuß kracht, ist Friedrich Schumann schon auf den Beinen und im Sprung auf sein Opfer. Er wartet nie ab, ob er auch getroffen hat. Er fehlt nie, er hat dafür das Eiserne Kreuz bekommen.

Und dann ist er über dem Mädchen, das noch gar nicht begriffen hat, was geschehen ist. Nur daß statt des vertrauten Gesichts da plötzlich ein anderes, fremdes ist. Zwei brennende Augen stechen aus diesem Gesicht, die Augen eines Raubtieres. Und bevor sich ihr Schreckensschrei noch aus der Kehle gelöst hat, hat der Kerl, das Tier, die Bestie, schon seine Hand über ihren Mund gelegt, eine eiserne Klammer, und doch beinahe zärtlich. Bald krachte wieder ein Schuß ...«

Noch am Nachmittag desselben Tages, es war ein Sonntag, fuhr Frey hinaus nach Moabit ins Untersuchungsgefängnis. Der schmalbrüstige junge Mann, der ihm in der Besucherzelle vorgeführt wurde, ähnelte mehr einem Taschendieb als einem Mörder. Schumann hatte inzwischen sein in der Voruntersuchung gemachtes Geständnis als »erpreßt« widerrufen, obwohl die Beweise eindeutig waren. Gleichzeitig verbot er dem neuen Offizialverteidiger, den Paragraphen 51 (Unzurechnungsfähigkeit) zu seiner Verteidigung heranzuziehen; er sei weder schuldig noch verrückt. Als Frey sich nach einer halben Stunde verabschieden wollte, hielt ihn Schumann am Ärmel zurück.

»Hören Sie das Pfeifen da draußen«, flüsterte er, auf das Fenster zeigend, »das ist die Revier-Amsel, die verjagt einen Vogel, der in ihr Reich eingedrungen ist. Recht hat sie, recht hat sie . . .«

Frey schlug fröstelnd den Kragen seines Mantels hoch. Lag hier der Schlüssel zu den Taten dieses Mannes? Hatte er, der den Wald so liebte, den Falkenhagener See im Spandauer Forst als sein »Revier« betrachtet, in dem jeder dem Tode verfallen war, der es entweihte? Wenn es sich so verhielt, konnte man einen solchen Menschen als normal bezeichnen?

Die medizinischen Sachverständigen, die am ersten Tage des Prozesses aussagten, bejahten diese Frage. Die beiden von der Verteidigung zusätzlich beantragten Psychiater kamen zum selben Ergebnis: voll verantwortlich. Es blieb nicht die einzige Schlappe des Rechtsanwaltes Frey. Herzzerreißende Szenen mit den als Zeugen geladenen Angehörigen der Ermordeten spielten sich ab. Dem Vater des Spandauer Försters Nielbock, des letzten Opfers, konnte im letzten Moment die Pistole aus der Hand gerungen werden, mit der er auf Schumann angelegt hatte.

Das Gericht verurteilte den Angeklagten sechsmal zum Tode. Als Dr. Frey, der fest von der Unzurechnungsfähigkeit seines Mandanten überzeugt war, Revision einlegte, hatte er nicht nur die öffentliche Meinung gegen sich, sondern auch — Friedrich Schumann. Der wünschte sich, wie er im grausigen 20-Pfennig-Romanstil darlegte, daß »des Henkers Beil ihn bald treffen möge«, beteuerte aber nach wie vor seine Unschuld.

Ein Jahr später erlebt der Delinquent seine letzte Nacht in der Todeszelle des Strafgefängnisses Plötzensee. Der Scharfrichter Gröpeler aus Magdeburg, wie immer im feierlichen Gehrock, ist mit seinen beiden Gehilfen bereits eingetroffen (300 Mark plus Spesen bekam der ehemalige Pferdeschlächter und spätere Kürschner für jede Hinrichtung), als der Dr. Frey sich melden läßt. Schumann, die weiße Epaulette, womit die Mörder gekennzeichnet werden, quer über der Schulter, springt überrascht auf: Es ist nicht üblich, daß ein Anwalt mit seinem zum Tode verurteilten Mandanten wenige Stunden vor der Hinrichtung noch einmal spricht. Erich Frey könnte selbst nicht sagen, was ihn zu dieser Stunde noch einmal hierhertreibt.

Der Aufseher läßt die beiden allein. Schumann delektiert sich in aller Gemütsruhe an der Henkersmahlzeit: Buletten mit Teltower Rübchen, Grießflammeri mit Blaubeerkompott, eine Weiße mit Schuß. Er schmatzt und sagt zwischendurch: »Ich bin verdammt gespannt, wie's is, wenn's aus is.« Er trinkt in langen Zügen seine Weiße, daß der Adamsapfel glucksend auf- und niederfährt. Dann rückt er etwas näher an seinen ehemaligen Anwalt heran und meint ganz ruhig: »Sechse ham se mir nachjewiesen, aber 's warn ja eijentlich fünfundzwanzig . . .«

Dr. Frey springt entsetzt auf: Neunzehn unaufgeklärte Morde, wen würde man einmal dafür verantwortlich machen?! Schumann schwört, daß er die Wahrheit sage. Frey drückt ihm Papier und Bleistift in die Hand; er braucht Einzelheiten, er braucht Schriftliches. Und Schumann malt auf das Papier: »Mein erster Mord am 14. Mai 1908. Hertha Balzuweit, die Kusine. Im Wald bei der Laubenkolonie ›Frieden‹ mit dem Tesching erschossen . . .« Als sie ihn im Morgengrauen holen, hat er die Liste des Grauens noch nicht beendet . . .

Der Schumann-Prozeß machte den Rechtsanwalt Dr. Frey nicht reich — er erhielt eine Offizialverteidigergebühr von 16 Reichsmark —, aber er machte ihn bekannt. Sein Auftreten vor Gericht, die Macht seiner Rede, die ins Schwarze treffenden Beweisanträge ließen die Fachwelt aufhorchen. Frey sollte bald Gelegenheit erhalten, seine frisch erworbenen Lorbeeren zu vermehren. Leider war es wieder ein Massenmörder, den ihm Frau Justitia bescherte. Carl Großmann — auf das »C« bei Carl legte er den größten Wert — hatte auf dem Schlesischen Bahnhof junge Landmädchen angesprochen, wie sie aus den Waggons vierter Klasse mit ängstlichen Augen und ohne festes Ziel täglich zu Dutzenden stolperten, hatte sie in seine Wohnung gelockt, dort fachgemäß zerstückelt und die einzelnen Teile in die Spree geworfen. Insgesamt bezichtigte man ihn, 23 Morde begangen zu haben. Der berühmte Sexualforscher Magnus Hirschfeld bekundete nach einer Untersuchung des Angeklagten sein eisiges Entsetzen und warf die Frage auf, ob Großmann nicht bereits jenseits alles Menschlichen stehe.

Dr. Frey übernimmt trotzdem den Fall. Er tut es, obwohl er von der Unschuld seines Mandanten *nicht* überzeugt ist — was dem Ethos des Rechtsanwalts im Grunde widerspricht. Aber er sagt sich, daß es keinen Menschen gibt, der einsamer und verlassener ist als der Angeklagte vor Gericht, daß selbst ein Mörder ein Mensch ist, den Gott geschaffen, daß es eine Mutter gibt, die ihn geboren hat. Mit Schaudern entsinnt er sich der Szene, da ihn Großmann tränenden Auges bat, doch für seinen armen, kleinen, nun so einsamen Zeisig zu sorgen. Das Schlußplädoyer aber erspart der Angeklagte seinem Verteidiger: Es gelingt ihm, sich in der Zelle an einem winzigen Nagel aufzuhängen.

Lola Bach hieß eine der nächsten prominenten Klientinnen Erich Freys. Sie war eine typische Vertreterin jener verrückten Jahre nach dem Ersten Weltkrieg, in denen Berlin auch in erotischer Hinsicht eine Stadt der unbegrenzten Möglichkeiten war. Man propagierte die freie Liebe, erklärte die Homosexuellen und die Lesbierinnen für stinknormal und trat energisch für die gesetzliche Einführung der »Ehe auf Zeit« ein. Hinter verschwiegenen Portieren tanzte *er* mit *ihm* den neusten Shimmy oder *sie* mit *ihr* einen Java. Vor allen Dingen aber tanzte man nackt.

Lola Bach gehörte zu den kultivierten Nackttänzerinnen, zu denen also, die sich nicht nur ausziehen, sondern die auch tanzen konnten. Umdröhnt von indischen Tempelgongs, umwogt von Schwaden wohlriechenden Räucherwerks, produzierte sie sich und ihr Ballett in einer privaten Luxuslasterhöhle in der Lützowstraße — vor einem Publikum, das sich »Gesellschaft der Freunde der Kunst« nannte. Dem Staatsanwalt waren, bei aller Kultiviertheit, diese Tatsachen zu nackt, und er erhob Anklage wegen »Erregung öffentlichen Ärgernisses durch die Vornahme unzüchtiger Handlungen«.

Die 6. Strafkammer des Landgerichts II in Berlin — im Volksmund die »Reigenkammer« genannt, weil vor ihr über die Aufführung von Schnitzlers ach so sittenlosem Theaterstück »Reigen« verhandelt worden war — sah sich bald von ganz Berlin beneidet. Der Rechtsanwalt Dr. Frey, dieser Fuchs, hatte einen Lokaltermin in einer Kleinkunstbühne durchgesetzt, wo das Gericht sich persönlich davon überzeugen sollte, daß kultivierte Nackttänze nichts mit Unzucht zu tun hätten. Vielleicht dachte er dabei an seinen berühmten Ahnen

Hypereides, den Anwalt aus dem antiken Athen, der die Richter zur Milde bewogen hatte, indem er den Busen seiner Mandantin, der Hetäre Phryne, vor ihnen entblößte. In diesem merkwürdigen Lokaltermin flatterten vor einem grimmig dreinblickenden Staatsanwalt, einem leicht indignierten Vorsitzenden und mehreren fasziniert starrenden Schöffen ein Dutzend nur mit einem Ohrring bekleidete Damen herum. »Frühlingsstimmen«, »Eine Motte flog zum Licht« und »Die Nonne« hießen die nacktesten unter den einzelnen Szenen.

Ihrer Wirkung hatte sich das Gericht wohl nicht ganz entziehen können. Die schöne Lola kam mit einem Monat Gefängnis nebst Bewährungsfrist davon, da man ihr das »künstlerische Wollen« nicht hatte in Abrede stellen können. Für Frey war es ein Sieg, der ihm besonders unter den oberen Zehntausend neue Klienten verschafft.

Und im Stil dieser »upper ten« führte er sein Leben. Sein Äußeres war dazu wie geschaffen. Die rassige Reiterfigur mit den attraktiv angegrauten Schläfen erinnerte an einen schmaleren Hans Albers. Seinem Charme konnten besonders Frauen schwer widerstehen. Die Nonchalance seines Auftretens, der delikate Snobismus, den er trug, irritierte die Staatsanwälte und imponierte den Schöffen. Die Schau, die er während eines Plädoyers mit seinem riesigen Monokel aufzog, inspirierte Victor Auburtin, den unvergeßlichen Meister der kleinen Form, zu einem Feuilleton im »Berliner Tageblatt«: »Herr Frey benutzt das Monokel als Beweismittel und rhetorische Wendung. Er klemmt es scharf ein, wenn er dem Staatsanwalt etwas Energisches zu sagen hat. Er läßt es im bewegten Moment pathetisch aus dem Auge fallen. Das sieht sich sehr vornehm an ... Wie denn überhaupt jetzt, wo es keine Offiziere mehr gibt, der Rechtsanwaltsstand der eleganteste Stand im Vaterland ist. Übrigens macht er seine Sache vorzüglich, ist gerissen, in allen Sätteln gerecht und hat den Mund auf dem rechten Fleck. Man kann also ein Monokel tragen und doch ein tüchtiger Mann sein ...«

Der Dr. Frey verkehrte mit der Creme de la Creme. Er soupierte heute mit Vicky Baum und Richard Tauber im Grillroom des »Adlon«, küßte morgen nach der Premiere im Metropol-Theater der göttlichen Fritzi Massary die Hand und spielte übermorgen mit dem brasilianischen Gesandten ein Match im exklusiven Lawn-Tennis-Klub Rot-Weiß. Die Speisekarte von Kempinski verzeichnete ein Rinderfilet mit Paprikaschoten und Kaviar, das den Namen trug

»Filet à la Dr. Frey«. Wenn er in seinem schneeweißen Talbot über den Kurfürstendamm rollte, starrten die Leute ihm nach wie einem Filmstar.

Und wie ein Schauspieler genoß Frey die Bewunderung, die er erregte. Er war maßlos ehrgeizig und eitel. Aber Ehrgeiz und Eitelkeit hatten bei ihm Format — sie standen ihm. Den König Alfons von Spanien, der ihm im Escorial die »Medalla del Homenaje« für Verdienste um die internationale Rechtspflege an den Frack heftete, erschreckte er durch sein mephistophelisches Aussehen: Er hatte sich quergestellte Augenbrauen frisieren lassen. In seiner Praxis im Hause des Cafés Josty am Potsdamer Platz wurde der Besucher von einem Boy empfangen, der ein großes »F« auf der jadegrünen Livree trug, und die zahlreichen »Klapperschlangen«, wie der Berliner die Stenotypistinnen nannte, waren so hübsch, daß sie längst hätten beim Film sein müssen. Es gab Tage, an denen der Dr. Frey 17 (!) Terminen in Moabit nachkommen mußte.

Noch einmal trat Erich Frey einem Massenmörder gegenüber. Fritz Haarmann aus Hannover, die wohl grausigste Figur der deutschen Kriminalgeschichte, hatte sich »diesen Dr. Frey da aus Berlin« zum Verteidiger auserkoren. Der Anwalt fuhr in die Leinestadt, um sich einen Menschen anzusehen, der dreißig, vierzig oder fünfzig (die genaue Zahl wußte der Mörder selber nicht) junge Männer umgebracht hatte. Die Einzelheiten wiederzugeben sträubt sich die Feder. Nur so viel sei bemerkt: Zur selben Zeit war an vielen Stellen — Menschenfleisch zum Verkauf angeboten worden. Eine Welle des Grauens ging damals durch Deutschland. Und nur dem oberflächlich Urteilenden wird es wie blanker Zynismus erscheinen, daß der Volksmund Walter Kollos Schlager: »Warte, warte nur ein Weilchen, bald kommt auch das Glück zu dir« umdichtete in die aktuellere Version: »Warte, warte nur ein Weilchen, bald kommt Haarmann auch zu dir. Mit dem kleinen Hackebeilchen macht er Schabefleisch aus dir.« Im Grunde war es nichts weiter als eine Abwehrreaktion, eine Formel, die verniedlichen sollte: weil nicht sein konnte, was nicht sein durfte!

Dr. Frey wurde nach einem langen Gespräch von Haarmann mit den Worten verabschiedet: »Nüch wahr, das iss ein großer Moment für Sie! Der Massenmörder Friedrich Haarmann ernennt Sie hiermit zu seinem Verteidiger ... Auf dem Klagesmarkt werden sie mich köppen, nüch wahr. Viele Leute werden da sein ... Es ist ein kalter

Tag ... Aber die Sonne wird scheinen. Und dann isser wech, der Kopf. Und auf dem Friedhof werden sie mir einen Grabstein setzen ... iss schon bezahlt von der Sterbekasse ... Und da steht drauf: ›Hier ruht der Massenmörder Haarmann‹.« Da legte der Dr. Erich Frey die Verteidigung nieder.

Wie vergleichsweise sympathisch erschienen ihm da seine Klienten aus den Berliner Ringvereinen! Diese Vereine ließen sich vor dem Ersten Weltkrieg zum Zwecke »gemeinsamen Gewinnsparens« bei den Behörden eintragen. In Wirklichkeit waren es Selbsthilfeorganisationen der Unterwelt: verschüttgegangenen Mitgliedern besorgte man erstklassige Anwälte; wer im Knast saß, erhielt Freßpakete, während die einsamen »Mullen« (Freundinnen) oder »Schwestern« (Ehefrauen) mit einem Notgroschen vor dem Hungertuch bewahrt wurden; Strafentlassene bekamen »schnafte Schale« (neue Zivilkleidung); »sang« oder »pfiff« (plauderte) jemand bei den »Bullen« (Kriminalbeamten) am Alex, dann setzte es »Kattun« (Keile), oder man verpaßte ihm gar eins mit der »Kanone« (Revolver). Kratzte ein Mitglied ab, so ließ sich der Vorstand nicht lumpen: ein Begräbnis erster Klasse von Grieneisen mit Viererrappenzug, Blaskapelle, Kirchenchor (»Üb immer Treu und Redlichkeit« sang er, nicht »Schädlichkeit«, wie man behauptete!), das war gerade gut genug.

Die Statuten des Vereins waren streng. Beitragsschulden wurden mit Schlagring und Knüppel einkassiert. Mörder, Raubmörder, Totschläger und Sittlichkeitsverbrecher wurden nicht aufgenommen. Der Vorstand achtete eisern darauf, daß während der Vereinsabende kein »Ding ausbaldowert« und keine »Sore verschärft« (Diebesgut verkauft) wurde. Niemand durfte in den Stammkneipen, im »Hundejustav« am Stettiner Bahnhof oder im »Albert-Keller« in der Weinmeisterstraße, in der Kreide stehen. Bald gab es in Berlin 50 Vereine mit über 1000 Mitgliedern.

Die Kriminalpolizei sah diesem ungewöhnlichen Vereinsbetrieb anfangs eher wohlwollend als mißbilligend zu. Die Konzentrierung eines Teils der Verbrecher in einem bestimmten Revier erleichterte ihr die Arbeit. Nicht selten bekamen die Beamten aus diesen Kreisen wertvolle »Eitzes« (Tips), die manchen »nassen Fisch« (unaufgeklärten Fall) endlich trocken werden ließen. Sie pflegten deshalb ihre Beziehungen und waren nicht zimperlich, wenn es galt, einer Einladung zum Stiftungsfest der »Deutschen Kraft« im Restaurant »Rheingold« am Potsdamer Platz nachzukommen. Eine Stätte, wo man auch den

Dr. Frey beobachten konnte, wie er mit Latten-Paul und Löffel-Erna genüßlich Schampus schlürfte. »Der Doktor« war hier besonders gern gesehen, hatte er doch schon manchem versehentlich in die Fallstricke des StGB geratenen Bruder wieder auf die Beine geholfen. Der Höhepunkt der Veranstaltung war immer erreicht, wenn ein Bulle sich breitschlagen ließ, den Taktstock zu ergreifen und mit der Kapelle die Ouverture zur Offenbach-Operette »Orpheus in der Unterwelt« zu intonieren.

Die Zweckfreundschaft zwischen den Gesetzeshütern und den Gesetzesbrechern geriet bald in eine Krise. In den zwanziger Jahren hatten sich neue Ringvereine aufgetan, die sich an die ungeschriebenen Gesetze der Gaunerehre nicht mehr hielten. Sie gründeten, nach dem Vorbild der Chicagoer Gangster, »Rackets«. Das waren Terrororganisationen, die Gastwirte und Geschäftsinhaber zwangen, sich gegen eine hohe Monatsgebühr »beschützen« zu lassen. Unvernünftige Budiker, die das aus dem Herzen kommende Angebot ablehnten, standen eines Morgens im Kleinholz ihrer wertvollen Einrichtung. Und niemand wollte es gewesen sein.

Die Vertrauenskrise wurde zum offenen Bruch nach den blutigen Kämpfen, die sich der Ringverein »Immertreu« und die Gilde der Hamburger Zimmerleute lieferten. Die Hamburger waren Kerle, die selbst des Teufels Großmutter aus der Hölle geholt hätten. Wer ihre Fäuste sah, hatte den Eindruck, daß sie täglich mit Kommißbroten Skat spielten. Ihnen waren selbst die brutalsten Schläger der Unterwelt nicht gewachsen. Bei der Entscheidungsschlacht vor der Kneipe von Naubur, Holzmarkt - Ecke Breslauer Straße, am 30. Dezember 1928, signalisierten die zum Rückzug gezwungenen Ganoven »Alarmstufe 3«: Kurze Zeit später waren 30 Taxis mit Verstärkung unterwegs. Neben zahlreichen Schwerverletzten auf beiden Seiten blieben zwei Zimmerleute tot auf der Strecke — man hatte sie hinterrücks erschossen.

Berlin war empört. Und der Spießbürger, der den »Gauner im Frack« bis dahin in gefährlicher Weise romantisiert hatte, er rief nach der Polizei. Präsident Zörgiebel verbot »Immertreu« und »Norden« und beschlagnahmte das Vereinsvermögen. Vor Gericht ließen sich die Immertreuen von Erich Frey und Max Alsberg vertreten. Zum erstenmal saßen die beiden Großen zusammen auf der Verteidigerbank. (Als sie sich das nächste Mal trafen, im berühmten Lübecker Ärzteprozeß, kreuzten sie als erbitterte Gegner die Klingen.)

»Vor den Angeklagten tauchen die Leuchten der Anwaltschaft auf«, schrieb das 8-Uhr-Abendblatt, »Dr. Alsberg blättert ruhevoll in den Akten, das Monokel Dr. Freys blitzt kampfbereit. Der große Tag von Moabit beginnt. Die Unterwelt gibt ihre Geheimnisse der Oberwelt preis . . .«

Die erhofften Sensationen aber blieben aus, sieht man von dem Diebstahl des Freiyschen Seals ab. Muskel-Adolf bekam zehn, sein Kumpan Mollen-Albert sechs Monate Gefängnis, die übrigen Angeklagten wurden freigesprochen.

Den Gipfel seiner Karriere hatte der Rechtsanwalt Dr. Dr. Frey bereits ein Jahr früher erklommen. In einem Sensationsprozeß, wie ihn selbst die in dieser Hinsicht leider verwöhnten Berliner nicht erlebt hatten, verteidigte er den Primaner Paul Krantz. Für diese »Steglitzer Schülertragödie« sind Tonnen von Druckerschwärze geflossen: Reportagen, Abhandlungen, Essays, Romane, Tatsachenberichte, Broschüren. Die Maurer auf der Baustelle diskutierten darüber und die Professoren in den Wandelgängen der Universität. Im Preußischen Landtag kam es zu einer Großen Anfrage. Und mancher Hausherr, der Gäste erwartete, ließ in seinem Salon ein Schild anbringen mit der Aufforderung: »Hier darf über den Krantz-Prozeß nicht gesprochen werden!«

Im Großen Schwurgerichtssaal waren allein 200 Plätze für Ehrengäste, Zeugen, Sachverständige und Pressevertreter reserviert. Die europäischen und amerikanischen Nachrichtenagenturen hatten ihre Gerichtsreporter nach Moabit beordert. Selbst aus Japan war eine Delegation führender Juristen erschienen. Auf der Anklagebank saß der neunzehnjährige Paul Krantz, ein sympathischer, hochbegabter Junge, der nachts glühende Verse schrieb. Man beschuldigte ihn des Doppelmordes, begangen an seinem Mitschüler Günther Scheller und an dem Kochlehrling Hans Stephan. Schauplatz der Tat war eine Wohnung in der Steglitzer Albrechtstraße. Kronzeugin der Anklage war Hilde Scheller, die Schwester des Ermordeten, eine attraktive Sechzehnjährige mit dem sicheren Auftreten einer Dame; sie bildete die Schlüsselfigur jenes Dramas in der Juninacht. Als der korrekte, aber instinktlose Vorsitzende sie über die intimsten Einzelheiten ihres Verhältnisses zu Paul Krantz ausfragte, fiel sie in Ohnmacht — ein Proteststurm gegen diese Vernehmungsmethoden ging durch ganz Deutschland.

Es kommt auch zu schweren, in dieser Form nie dagewesenen

Zusammenstößen zwischen Verteidigung und Gericht, die damit enden, daß der Landgerichtsdirektor Dust dem Dr. Frey nach längerer Beratung eine öffentliche Rüge erteilt. Der Anwalt sieht sich daraufhin nicht mehr in der Lage, die Verteidigung fortzusetzen. Und das zu dem entscheidenden Zeitpunkt, da der Staatsanwalt die Anklage wegen Mordes bereits fallengelassen hat und nur noch Bestrafung für gemeinschaftlichen Totschlag fordert. Der bisherige Verlauf des Prozesses hat nämlich eindeutig ergeben, daß nicht Krantz der Täter, sondern Günther Scheller der Mörder und Selbstmörder war. Und wieder geschieht etwas nie Dagewesenes: Vorsitzender und Verteidiger treffen sich in einem Séparée des Weinrestaurants Hiller und schließen einen Waffenstillstand, der die Ehre jedes Partners unangetastet läßt. Die Fortführung des Prozesses ist gesichert.

Erich Frey begnügte sich in seinem Plädoyer nicht, seinen Mandanten von der Anklage des Totschlages zu entlasten — er riß den Vorhang vor den Kulissen weg, er legte, wie es so schön heißt, den Finger auf die Wunde der Zeit. Wer waren denn die eigentlichen Schuldigen an dieser Krankheit der Jugend? Waren es nicht die Erwachsenen, die sich in diesem Prozeß selbst angeklagt hatten: diese glotzäugige Erstauntheit der Erzieher, die sich darüber wunderten, daß Achtzehnjährige moderne Philosophen lasen; diese hoffnungslose Naivität von Eltern, deren Vorstellungen sich in den Regionen wilhelminischer »höherer Töchter« bewegten; diese Primitivität eines Staatsanwalts, der nie begriff, daß Primaner nicht als Kinder, sondern als Persönlichkeiten zu werten waren?

Erich Frey sprach über eine Stunde, erregt, leidenschaftlich, ohne ein einziges Mal in seine Akten zu blicken. Nach dem letzten Satz ließ er sich erschöpft auf die harte Bank fallen. Er gestand später, daß er um Paul Krantz gekämpft habe, als sei es sein eigener Sohn. Und das Gericht sprach den Angeklagten frei.

Geben wir dem großen Anwalt, dem Professor Dr. Dr. Erich Frey, das Wort zu seinem eigenen Schlußplädoyer: »Am 30. Januar 1933 sprach ich am Sender Breslau über das Thema ›Neben dem Recht‹. Die ehemals hochkonservative Schlesische Zeitung begrüßte mich mit einem kräftigen Angriff. Es war harmlos im Vergleich zu dem, was dann in einer Sonderausgabe des Völkischen Beobachter stand ... Die Rettung verdanke ich einem Rechtskollegen, einem Mitglied des Kriminalbeamtenvereins, dessen Syndikus ich war. Am 20. Oktober 1933 fragte er mich, was ich einem politisch unerwünschten

Mandanten raten würde, gegen den in dieser Zeit ein Haftbefehl ausgestellt werde. Die Art, wie er mich dabei anblickte, war unmißverständlich ... Meine Wohnung suchte ich gar nicht mehr auf, denn dort würde man mich schon erwarten; ich fuhr mit einem Taxi zum Anhalter Bahnhof, um über Zürich nach Paris zu gelangen ... Mit einer Bahnsteigkarte für 10 Pfennig bestieg ich den Zug. Das war der Abschied von Berlin.« — In Chile fand Erich Frey eine neue Heimat. — »Dem spanischen Dramatiker Calderon war das Leben ein Traum. Dem deutschen Anwalt, der deutsch geblieben ist trotz chilenischer Nationalität, ist es ein vom lieben Gott gut ausgedachter Kriminalfall. Wie er endet, weiß der Mensch, der in ihm mitspielt, nicht.«

Klassiker und frische Wurst

Stellen Sie sich vor, Sie schlagen morgens am Kaffeetisch die Zeitung auf und lesen folgende Anzeige:

> Die Intendanz beehrt sich, den verehrlichen Gästen anzuzeigen, daß das Theater in der Bismarckstraße heutigen Sonnabend ein Spektakel des Herrn Schiller zu geben beabsichtigt: »Das Mädchen von Orleans«. In den beiden nach dem 1. und 3. Akt stattfindenden Pausen empfiehlt es seinen stets frischen Gänsebraten nebst dem Weißbiere.

Vor genau hundert Jahren gab es das in Berlin. Für »Die Indendanz« setzte man »Frau Julie Gräbert«, und statt »Theater in der Bismarckstraße« muß es »Vorstädtisches Theater vor dem Rosenthaler Tor« heißen. Und schon stimmt die Anzeige oder, wie man damals sagte, die Annonce.

Sogar der falsche Titel des Schillerschen Dramas ist kein Druckfehler. Die Besitzerin des Vorstädtischen Theaters, Julie Gräbert, hatte darüber am Tage vorher eine erbitterte Debatte mit ihrem Regisseur Schütz gehabt:

»*Jungfrau* von Orleangs jeht nich, Herr Schütz, jeht bein besten Willen nich, wenn Sie darauf bestehen, daß die Kaisarn die Hauptrolle spielt. Mein Publikum lacht sich dußlig, wenn es det liest: Carla Kaisar als Jungfrau. Nee, nee, allet, wat recht is, aber schreiben Se man ›Mädchen von Orleangs‹, der Schiller wird uns det nich verübelnehmen.«

Regisseur und Schauspieler Ernst Friedrich Schütz — vom Publikum des Vorstädtischen Theaters kurz »Jummi-Schütz« genannt, weil er die Bösewichte stets mit Gummischuhen spielte, um das Schleichend-Gemeine dieser Kreaturen zu betonen —, Schütz hatte klein beigeben müssen. Seine Chefin redete ihm sonst in die künstlerischen Dinge nicht hinein. Prinzipienfragen jedoch entschied sie kategorisch.

Dazu gehörte auch die immer wiederkehrende Streitfrage über die Länge und die Zahl der Pausen. Schütz war für eine kurze Pause, weil, wie er als Künstler argumentierte, das Publikum sonst aus seiner Verzauberung gerissen würde. Julie Gräbert war für mehrere lange Pausen, weil, wie sie als Wirtin anführte, sonst der frische Gänsebraten alt würde und die Schinkenstullen schimmelten.

Schütz biß hier, sooft er das Problem anschnitt, auf Granit. Die Julie war nicht gegen den »Jeist«, wie ihr der Regisseur vorwarf, sie vertrat lediglich den Standpunkt, daß Magen und Jeist gleiche Rechte zukämen. Um Schütz zu ärgern, hatte sie einmal einem hohen Beamten aus dem preußischen Finanzministerium, der zu ihren Stammkunden zählte, zugerufen: »Essen Se man ruhig langsam, Herr Geheimrat! Ick laß den zweeten Akt 'n bißken warten.«

Gelegentliche Sondervorstellungen, die sie an den sonst spielfreien Dienstagen gab, entsprangen dem Umstand, daß im Keller noch einige Hundert vom Sonntag übriggebliebene Gänsekeulen lagen, die an den Mann gebracht werden mußten. An diesen Dienstagen führte Schütz ausschließlich junge Autoren auf. Seine Chefin kam an die Stücke sehr billig heran; es verging keine Woche, ohne daß ein Dichter oder eine Dichterin in ihrem Büro vorgesprochen hätte. Dieser eigenwillige Akt, jungen Talenten zum Durchbruch zu verhelfen, spielte sich meist so ab:

»Na, Herr Reichel, wat haben Sie 'n diesmal zu bieten? Wieder eine jriechische Tragödie?«

»Ein Trauerspiel, Frau Gräbert, ein historisches und in fünf Akten.«

»Kommen Dote drin vor?«

»Drei Stück, Frau Direktor, in der Reihenfolge: Dolch, Gift und Strick.«

»Dreie? Sie, Herr Reichel, mein Publikum is hellisch verwöhnt. Drei Dote is für fünf lange Akte nich jerade viel.«

»Man könnte ja vielleicht im letzten Akt . . .«

»Na, jeben's man erst Schützen, wenn der meint, kriejen Se sechzehn Taler und aus is.«

»Verzeihen Sie gütigst, Frau Direktor, aber ich habe diesmal an Tantieme gedacht.«

»Nee, nee, mein Lieber, dadruff laß ick mir nich ein. Da jehn Se man 'rüber zu Hülsen ans Hoftheater, der macht sowat. Tantieme, wissen Se, det kommt mir vor wie 'ne neue Mantille, jedesmal, wenn ick ihr anziehe, soll ick dafür bezahlen. Nee!«

So war Julie Gräbert. Eine Frau, die sich in Berlin bald den Ehrennamen »Mutter Jräbert« verdient hatte. Sie gehörte zum Typus der Berliner Witwe, die gezwungen ist, ohne ihren Mann ihren Mann zu stehen, und dabei über sich selbst hinauswächst. Ihre »Schauspielers« ließen nichts auf sie kommen. Zwar war die Chefin streng und zahlte ungern Vorschüsse, dafür spürte jeder, daß man auf sie Häuser bauen konnte. Sie hatte vor allem ein unbestechliches Gefühl für Ordnung und Sauberkeit. Eine sehr berlinisch-märkische Eigenschaft übrigens, die meist von einem gewissen Mangel an Phantasie begleitet wird.

»Ihr Repertoire bestand aus Ritter- und Räuberstücken«, so berichtet ein Zeitgenosse, »aus den französischen Boulevarddramen und Wiener und Berliner Possen. Außerdem spielt sie Klassiker. Die Gagen, welche für die ersten Fächer 30 Taler monatlich betrugen, wurden am Schänktisch pünktlich gezahlt. Die Vorstellungen besuchte sie nie; nur im Zwischenakte, während sie einem Stammgast eine Weiße einschenkt, ließ sie sich von ihm erzählen, ›ob det Stück jut is‹. Fiel der Bericht lobend aus, so sagte sie zum Oberkellner: ›Pausewein, jehn Se mal hinter und sagen Se, die könn' alle zum Abendbrot bleiben.‹

Eine große Beschützerin war sie auch für die Storchenfamilie, die ihr Nest auf einem alten Baum im Theatergarten aufgeschlagen hatte. Im Sommer, wenn im Freien gespielt wurde, machten sich die Störche für die unter dem Baum sitzenden Gäste bemerkbar, indem sie auf die Hüte oder in die Weißbiergläser Zeichen ihrer Verdauung fallen ließen. Und sehr oft drang man in die Direktorin, die Familie zu verjagen. Dann sagte sie: ›Der olle Storch bringt mir det Jlick ins Haus; wenn ick ihm verjage, fallen mir am Ende alle Stücke durch.‹«

Sie mußte trotzdem einmal an dem Glücksbringer zweifeln. Das war zu der Zeit, als sich Louis Gräbert, ihr Mann, für immer auf und davon machte.

Louis war ein Riesenkerl von zweieinhalb Zentner Lebendgewicht.

Seine Leidenschaft waren Austern, deren Schalen er als sparsamer Mensch zur Abgrenzung der Beete im Theatergarten benutzte. Er kam aus dem Amüsiergewerbe Berlins. Sein Vater besaß eines jener Lokale, die solche schönen Namen führten wie »Lederne Flinte«, »Schmortopf«, »Patzkopf« und in denen außer Tanzvergnügen Keilerei geboten wurde.

Seine Julie hatte sich der Louis aus Teltow geholt, dort, wo die berühmten Rübchen wachsen. Im blauen Frack mit goldenen Knöpfen hielt er beim Vater der Braut, dem Bürgermeister Pickenbach, um sie an. Julie folgte ihm errötend in den Norden Berlins, wo sich ihr junger Gatte alsbald ein Theaterchen erbaute. Anfangs vermietete er den Saal an den Theaterverein »Concordia« und an die Liebhaber-Gesellschaft »Laetitia«. Nach der 48er Revolution gelang es ihm, die Konzession für ein öffentliches Schauspielhaus zu bekommen. Das war damals nicht so einfach. Außer Louis war das nur noch zwei anderen Berlinern gelungen. Vater Staat war streng und hielt sich für das »Vergnügen der Einwohner«, sofern es von der Bühne kam, für allein zuständig.

Der Ehrgeiz des jungen Paares aber ging noch weiter. Eines Tages sagte Julie zu Louis: »Wir könnten doch ooch Klassiker spieln, Vater, mach doch mal 'ne Eingabe.« Die Werke von Schiller, Goethe, Lessing und den anderen todernsten Herren durften nämlich nur die königlichen Bühnen über die Bretter gehen lassen.

Louis Gräbert wandte sich an den Generalintendanten Botho von Hülsen. Herr Hülsen, ehemaliger Premierleutnant aus Potsdam, war vom König auf seinen Posten kommandiert worden, weil er auf den Kasinoabenden immer so schön Stimmung machen konnte. Herr Hülsen wurde, als er die Gräbertsche Eingabe las, so blaß wie Schillers Luise und schrieb dem wohl wahnsinnig gewordenen Untertan mit ironischem Grinsen: Er selbst dürfe diese Genehmigung nicht erteilen, Louis Gräbert möge sich doch direkt an den König wenden. Womit die Angelegenheit für ihn erledigt war.

Botho hatte nicht mit der Initiative der jungen Leute gerechnet. Julie holte den blauen Frack mit den goldenen Knöpfen aus dem Schrank, zwängte den dicken Louis hinein und schickte beide zum König in die Stadt. Das Wunder geschah: Als der Bürger Gräbert von der Audienz bei seinem höchsten irdischen Herrn kam, knisterte in seiner Rocktasche ein wichtiges Papierchen: Er durfte Klassiker spielen. Und Botho schäumte.

Louis Gräbert hat sich über seine Klassiker nicht lange freuen können. Wenige Monate später fiel für ihn der Vorhang. Er war nur 43 Jahre alt geworden. Als seine junge Witwe vom Elisabeth-Friedhof in der Ackerstraßc zurückkam, war sie ratlos. Da saß sie nun in dem riesigen Berlin, sie, die Julie Pickenbach aus Teltow, hatte keinen Mann mehr, dafür einen Riesenbetrieb mit ein paar Dutzend Angestellten. Das beste schien, den Laden zuzumachen und in die väterlichen Arme zurückzukehren.

Am anderen Vormittag ließ sie durch Jummi-Schütz das gesamte Personal auf die Bühne rufen. Alles sah ihr ahnungsschwer entgegen, als sie aus dem Parkett die drei Stufen emporstieg: Kellner, Serviererinnen, der erste Liebhaber und der zweite, die Salondame, der Charakterkomiker, die komische Alte, die Souffleuse.

»Eijentlich wollt' ick Schluß machen«, sagte sie, »aber denn müßtet ihr ooch Schluß machen, und det wär' nich jerecht. Also machen wir alle zusammen weiter. Von eure Spielerei hab ick keenen Dunst, da wird jetzt auf den Schütz jehört. Aber die Küche behalt ick und die Kasse ooch. Nu fangt man jleich an zu proben.«

Mutter Jräbert, wie sie nun bald allgemein genannt wurde, machte ihr Sache so gut, daß der gestrenge Bühnen-Almanach bereits ein Jahr später dem Vorstädtischen Theater das Prädikat verlieh: »Außerordentlich solide!« Die Tante Voß, die »Vossische Zeitung«, schrieb: »Man dürfte sich in großem Irrtum befinden, wenn man mit blasiertem Vornehmtun dieses Theater nur besuchen wollte, um bei ernster Darstellung zu lächeln, bei heiterer spotten zu können. Wir haben eine kerngesunde Vorstellung gesehen und von dieser ebenso wie von der gesunden Empfänglichkeit des ehrenwerten bürgerlichen Publikums eine Erinnerung mit uns genommen, die uns veranlaßt zu behaupten: Dieses Theater vor dem Tore ist besser als manches andere in der Stadt.«

Eine Schmiere war die kleine Bühne auf dem ehemaligen Wollankschen Weinberg also wirklich nicht. Das hätte allein das Publikum verhindert. Das war nicht nur »ehrenwert bürgerlich«, es rekrutierte sich aus allen Ständen. Studenten kamen und Beamte, Offiziere in auffällig unauffälligem Zivil, Angehörige des Hofes in verschämtem Inkognito und viele Arbeiter. Arbeiter, die sich Dramen von Schiller und Goethe ansahen, das war neu für Berlin! Sie waren die begeistertsten Zuschauer. Manchmal wurde ihre Begeisterung geradezu gefährlich.

Eines Abends spielt man im Vorstädtischen Theater »Die Räuber« des Herrn Schiller. Der Regisseur Schütz hat die Rolle des Franz Moor genommen. Er spielt ihn, wie üblich in Gummischuhen, so niederträchtig echt, daß das empörte Gemurmel des Publikums immer stärker wird. Als er zum Schluß seinen alten Vater dem Hungertod preisgibt, werden Pfuirufe laut. Der Vorhang fällt, da stürzt ein schreckensbleicher Kellner zu Mutter Gräbert an die Theke und schreit: »Frau Direkta, Frau Direkta! Kommen Se schnell, die wolln den Schütz verhaun, weil er seinen Vater hat verhungern lassen.«

Julie Gräbert, geborene Pickenbach, bleibt Herrin der Situation. Sie wischt sich die Hände an der Schürze ab und geht nach hinten zum Bühneneingang. Eisenarbeiter von Borsig sind es, die hier auf Franz, die Kanaille, lauern. Kerle, breit wie die Doppelschränke, mit düsteren Mienen und eisernen Fäusten. Mutter Gräbert spürt die Gefahr, die ihrem Institut droht. Und sie handelt danach. Sie geht festen Schrittes auf die Aufrührer zu und sagt: »Nu jeht man zu Hause, Kinder. Den Franz Moor hat längst die Polente geholt.«

Am 18. Januar 1870 trat Mutter Gräbert ab von der Bühne. Als sie ihren letzten Gang tun mußte, zum Elisabeth-Kirchhof an der Ackerstraße, war sie das, was sie selbst als »'ne scheene Leiche« bezeichnet hätte. Tausende von Berlinern folgten dem mit vier Rappen bespannten Leichenwagen, eine Blaskapelle spielte so schön traurig, das ganze gemischte Publikum aus ihrem Musentempel war vertreten: die ehrenwerter Bürger, die Studenten und die Beamten, die Offiziere in auffällig unauffälligem Zivil, die Angehörigen des Hofes in verschämtem Inkognito und die Arbeiter.

Vielleicht guckte auch Friedrich von Schiller von oben herunter, dessen »Mädchen von Orleangs« sie so oft gegeben hatte. Vielleicht hat er gelächelt, als er hörte, was die Berliner jetzt aus seiner Ode »Die Götter Griechenlands« machten:

Da du noch die Bretterwelt regiertest
In der Vorstadt — und mit Schinkenfett
Reich der Stulle weites Rund gezieret
Und die Spargel eintest dem Kotlett,
Mit geübter Hand die Spielers lenktest
Der Vollendung höchstem Gipfel zu,
Anmutsvoll die kühle Blonde schenktest —
Sel'ge Mutter Gräbert, du!

Julie Gräbert war im richtigen Augenblick gestorben. Sie brauchte nicht mehr mit anzusehen, was aus ihrem geliebten Musenstall wurde. Mit dem ging es von Stund an bergab. Die Nachfolger hatten zwar mehr Theatererfahrung, aber kein Glück. Ihnen fehlte — der gute Geist des Hauses, *ihr* Geist. Sie versuchten, eine Art »moderner höherer Richtung« zu pflegen, aber davon wollte das alte Stammpublikum nichts wissen.

Die Erben verkauften das Grundstück schließlich an den Amtmann Jäger aus Bremen. Der ließ das Vorstädtische Theater abreißen und die Zedenicker Straße anlegen. Der alte Garten wurde in Baustellen aufgeteilt. Mietskasernen reckten ihre tristen Mauern in die Höhe. Die Kinder, die auf den lichtlosen Hofschächten mit den Müllkästen spielten, wußten bald nichts mehr von Mutter Gräbert, von ihrem Storch und den Schinkenstullen mit Fransen.

Einen Logenplatz in der Theatergeschichte Berlins hat sich Julie Gräbert gesichert. Mancher junge Theaterwissenschaftler von heute wäre froh, wenn ihm solche originelle Formulierungen gelängen wie ihr. Was sie da zum Beispiel über den Schauspieler sagt, ist nicht nur auf einmalige Art berlinisch, es ist schlechthin klassisch.

Als sie in ihrem Theater einen vornehmen Stammkunden dabei erwischte, wie er im Gang hinter der Bühne mit einer jungen Schauspielerin anbändelte, nahm sie ihn beiseite und sagte:

»Mein Verehrtester, jehn Sie derjleichen aus 'n Wege. Schauspieler sind im Jrunde janz nur auf Materie einjestellt, so ville sie auch aufs Jeistige hin sich uffführen. Ick weeß et, det keener mehr rechnet als sone Kinstler. Und janz ohne Charakter sind se, und det müssen sie wohl ooch sein, um sozusagen janz nackicht — wenn Sie mir det nicht als unanständig auslegen wollen —, um janz nackicht in ihre Rollen 'rinkrauchen zu können wie in eine fertige Kledage.«

Goldenes Herz und eiserne Schnauze

Ein kleiner dicker Berliner wollte mit der Schreibmaschine eine Katastrophe aufhalten . . . *Erich Kästner*

Geboren wurde er am 9. Januar 1890 in der Lübecker Straße Nr. 13 zu Berlin-Moabit. Aber dort kennt ihn keiner.

Eine herrlich berlinische Straße diese Lübecker! Falsche Barockfassaden mit dicken Säulen. Falsche Renaissancefassaden mit Architraven. Einer hat sich, kühn die Baupolizisten herausfordernd, auf seinen Gitterbalkon eine richtige Laube gesetzt, mit Fenstern und Regenrinne, wo im Sommer der wilde Wein rankt und die Petunien mit den Köpfen wackeln. An einigen Häusern hat man den ollen Stuck runtergeklopft. Was zum Vorschein kam, zeigte, daß die Architekten der berüchtigten Gründerjahre gar nicht so dämlich gewesen sein können: Die Gliederung ist klar und anständig. Der neue Putz aber nimmt den Häusern, die Ausstrahlung, ihren Berliner Sex-Appeal sozusagen, den sie bei allem Epigonentum doch hatten.

Auch das Haus Numero 13 trägt solch eine neue Fassade.

»Wer soll da jeborn sein? Tucholsky?« Der Heringsbändiger vom Nachbarhaus, sprich Kolonialwaren-Fritze, wundert sich: »Is ja interessant. Ick wohne nämlich erst sechzig Jahre hier. Wer iss'n das nu' wieder jewesen?«

An der Ecke stehen die Hausfrauen Schlange und tauschen ihre Kartoffelschalen gegen Brennholz ein. Ein Stückchen weiter ist eine Kneipe.

»Ein gewisser Tucholsky?« Der Wirt gibt sich wirklich Mühe. Er ruft in die Dämmerung des Hinterzimmers: »Willi, hast du den Namen hier schon mal fallen jehört?« Stammgast Willi sitzt bei seinem Frühstück, Molle mit Korn, starrt auf den Kater, der sich faul am Ofen räkelt, und sagt: »Ick weeß nich, meiner frißt nur Schabefleisch . . .«

Niemand hat den Namen fallen jehört. Der Kohlenhändler nicht, in dessen Keller ein Schild mit dem Sinnspruch hängt: »Gepumpt wird nur Achtzigjährigen in Begleitung ihrer Eltern.« Die Apotheke an der Ecke empfiehlt das Polizeirevier.

Die Papierwarenhändlerin machte eine sensationelle Aussage: »Ich habe früher immer Ansichtskarten von Nummer 13 verkauft.«

Ja, bitte und . . .?

»Aber von den anderen Häusern habe ich auch Karten verkauft. Die sind alle mal photographiert worden . . .«

Warum soll ihn denn Frau Krause oder Herr Krutschke aus der Lübecker auch kennen? Hat doch in der »Weltbühne« geschrieben, der Mann, in einem Blatt, das selbst in seinen besten Zeiten nicht über 25 000 gedruckte Exemplare hinausgekommen ist; für einen Kreis, der sich aus linksstehenden Intellektuellen und liberalen Bürgern zusammensetzte.

Aber für den »Ulk« hat er auch geschrieben und für den sozialdemokratischen »Vorwärts«, für den »Simplicissimus« und die »Berliner Illustrirte Zeitung«, für das »8-Uhr-Abendblatt« und die »Vossische Zeitung«, für den »Uhu« und die »Berliner Volkszeitung«, für die »Arbeiter Illustrierte Zeitung« und die »Berliner Tageszeitung«.

Und nach 1945 sind allein in der Bundesrepublik und in Westberlin über drei Millionen Exemplare seiner Bücher verkauft worden. Und im Osten hat man eine Gesamtausgabe in sechs Bänden herausgegeben. Die vom anderen Sektor haben es sogar zu einer Tucholskystraße gebracht wie inzwischen auch zehn Städte in der Bundesrepublik und acht weitere Städte in der DDR. Und auf vielen Schallplatten kann man seine frechen Lieder hören!

Die Leute von der Lübecker Straße aber, die vom Wedding und die aus Neukölln, Leute, denen er seine schönsten Sachen widmete, deren Sprache er so wiedergeben konnte wie seit Glaßbrenner keiner mehr, die kennen ihn nicht. Kein Aas kennt ihn. Während bei dem Namen Zille die Gesichter aufleuchten, bei Tucholsky gucken sie ratlos: »Nee, nich daß ick wat jenauer wüßte . . .«

Tucho hat einmal einem jungen Mann, der auf einem seiner Vortragsabende keinen einzigen Arbeiter entdecken konnte, sondern nur das, was man »die Gesellschaft« nennt, und der sich darüber verwunderte, in einem Brief geantwortet: »Ich verstehe Ihre Einwände und Bedenken, aber ich bitte Sie, die Nebenwirkungen meines Tuns nicht als seine Krönung zu werten. Sie sind Begleiterscheinungen — nicht mehr. Ich sehe die Gefahren, ich kenne sie . . .«

Er kannte die Gefahr, sich von den einfachen Leuten zu entfernen, für die er im Grunde schrieb. Aber er hat ihr nicht immer begegnen können. Wenn er sich auch immer wieder sagte, daß er beim Schreiben stets an das Leid der Anonymen denke, an den Proletarier, an den Angestellten, den Arbeiter, »an ein Leid, von dem ich durch Stichproben weiß«. Dazu war seine Lust am funkelnden Bonmot, seine Freude an der geistreichen Formulierung zu groß. Und da sind die zwölf Jahre, in denen Kurt Tucholksy niemand kennen *durfte;* in denen er das war, was die Nationalsozialisten unter Heinrich Heines berühmtes Lied von der Lorelei geschrieben hatten: »Ein unbekannter Dichter«.

Lange gehalten hat es die Tucholskys nicht in Moabit. Wie viele

Berliner zogen sie gern ein bißchen in den Bezirken herum. Schließlich wurden sie sogar fahnenflüchtig und entliefen nach Stettin. Aber dort hielt es sie nicht sehr lange. Um die Jahrhundertwende tauchte Vater Alex Tucholsky, ein stattlicher Schnurrbartträger, wieder in Berlin auf und begann Karriere zu machen, die mit der Stellung eines Direktors der von Carl Fürstenberg geleiteten Berliner Handels-Gesellschaft ihren Höhepunkt erreichte.

Kurt war also wohlhabender Leute Kind und damit konsequenterweise ein Sorgenkind. Mit der Schule nämlich, da haperte es. Das war besonders peinlich, weil er die Bänke einer der berühmtesten deutschen Anstalten drückte: des 1689 gegründeten, einst Königlichen Französischen Gymnasiums am Reichstagsufer, dem Nobelpreisträger, berühmte Literaten und Gelehrte entsprossen. Leider ist anzunehmen, daß sich die Schule ihres Ehemaligen Kurt Tucholsky nicht mit jenem Stolz erinnert wie ihrer anderen Größen. Der Exgymnasiast Kurt hat nämlich die Anstalt später ziemlich madig gemacht, ohne allerdings ihren Namen zu nennen. Es wurde ihm trotzdem von anderen Ehemaligen sehr verübelt, die keinen seiner Vorwürfe berechtigt fanden, als da sind:

»Was hat man uns beigebracht —? Nichts. Nicht einmal richtig denken, nicht einmal richtig sehen, richtig gehen, richtig arbeiten — nichts, nichts, nichts. Wir sind keine guten Humanisten geworden und keine richtigen Praktiker — nichts . . . Und was lernten wir?

Deutsch: lächerliches Zerpflücken der Klassiker; törichte Aufsätze, schludrig und unverständig korrigiert . . .

Geschichte: eine sinn- und zusammenhanglose Zusammenstellung von dynastischen Zahlen . . .

Geographie: Die Nebenflüsse. Die Regierungsbezirke. Die Städtenamen . . .

Französisch: undiskutierbar.«

Und so weiter. Es bleibt trotzdem zu hoffen, daß der heutige Lehrkörper des Französischen Gymnasiums am Kurt-Schumacher-Damm diese — vielleicht sogar ziemlich ungerechten — Vorwürfe vergessen hat und Tucholskys in den Klassen oder gar in der Aula gedenkt. Immerhin sind über fünfzig Jahre seit seinem Abgang von der Obertertia vergangen (das Abitur hat er an einer anderen Penne gemacht). Er hätte Schülern und Lehrern einiges zu sagen. *Leider*, möchte man beinahe behaupten, ist er in mancher Beziehung immer noch aktuell.

Doch von dieser Aktualität sei hier nicht die Rede. Über Tucholsky, den erbarmungslosen Satiriker, überzeugten Pazifisten, lächelnden Rebellen, Antimilitaristen, Warner und kritischen Humoristen, deutschen Jeremias, Richter seiner Zeit, Gewissen seiner Zeit, ist ausführlich und profund geschrieben worden. Zwei Studenten, der eine aus Leipzig und der andere aus München, haben sich den Doktorhut an Tucho verdient (inzwischen sind es insgesamt neun). Und in einer bekannten Monatszeitschrift spritzte die Tinte hoch auf, als die große Tucholskygemeinde geschlossen auf die Barrikade stieg, um ihren Meister gegen schiefe, unglückliche Charakterisierung zu verteidigen. Uns soll er hier lediglich als *Berliner* interessieren.

»Um einer Dame auf den Popo zu klopfen«, schrieb Tucho einmal mit einem Seitenblick auf denselben der dicken Berolina, »muß man mit ihr recht vertraut sein — dem zum erstenmal eingeladenen Gast steht es gar übel an, solches bei der Gastgeberin zu unternehmen. Auch die fremde Sprache ist eine Gastgeberin. Berlinern soll nur, wer Berlin wirklich in den Knochen hat; beginnt der Berliner aber Wien-Ottakring nachzuahmen, dann endet das meist fürchterlich: Wir können das nicht. Auch wird nie ein waschechter Czernowitzer oder Prager über ›icke — dette — kieke mal‹ hinauskommen; für die feineren berlinischen Wendungen wie: ›Die er kennt, sagt er du‹ hat der Fremde nicht das nötige Verständnis.«

Hier ist alles gesagt, was über das Berlinern zu sagen ist, und das mit jener Präzision, Bildkraft und Witzigkeit, wie es nur Tucholsky konnte. Er selbst sprach ein köstliches Berlinisch. Erich Kästner erzählt von der Sorge, die die Mitarbeiter der »Weltbühne« packte, wenn sie hörten, der Tucho sei gerade in der Schweiz: »Da werden nun also alle Eidgenossen berlinern!«

In einer Leserzuschrift hat einmal eine Dame aus Paris Tucholsky gegen den »Vorwurf« in Schutz genommen, daß er berlinisch gesprochen habe. Sie, so schrieb sie, könne es bestätigen, daß er als Gast in ihrem Pariser Heim nicht ein einziges Mal Berliner Jargonausdrücke gebraucht habe. Nun, das spricht nicht für die Gastgeberin. Der richtige Berliner berlinert nicht pausenlos, er gebraucht seine Heimatsprache nur dann, wenn er sich besonders wohl fühlt, wenn er sich vor lauter Gemütlichkeit einen Bonbon ans Hemd kleben möchte, wenn er etwas besonders Treffendes ausdrücken will. Der richtige Berliner spricht sie mit jener Selbstverständlichkeit wie der Bayer bayrisch und der Schwabe schwäbisch. Nur leider: es gibt immer weniger von dieser Sorte!

Tucholsky berlinerte nicht nur vollendet, er hatte auch das empfindlichste Ohr dafür. Es kam vor, daß er mit schmerzverzogenem Gesicht ein Theater verließ, wenn der Komiker da oben mit seinem »Oojen, Fleesch und Beene-Berlinisch« anfing. Ein hohes Vergnügen war es ihm, sich in eine Kneipe zu setzen, so zu tun, als stiere er tiefsinnig in sein Bier, und dabei die Berliner zu belauschen. »Man sollte mal heimlich mitstenographieren, was die Leute so reden. Kein Naturalismus reicht da heran.« Aber die 300 Silben Deutsche Einheitskurzschrift pro Minute, die dazu notwendig gewesen wären, schaffte er nicht.

So blieb es bei seinem Sudelbuch, in das er mit einer Schrift, die er selbst kaum lesen konnte, alles hineinschrieb, was er beobachtete, was er hörte, was ihm einfiel. Er ging mit der Zähigkeit eines phonetischen Jägers vor, merkte sich die Akzente, achtete auf Tonhöhe und Lautdauer, studierte die besonderen Gesetze berlinischer Grammatik. Er entdeckte das vornehme Schriftdeutsch, das plötzlich bei den einfachsten Leuten da ist: »Det war aber meine Schwester ihre Bessiehung.« — »Ick unterstelle mir, det frühestens zu konschtatieren.«

Er brachte es zu derartiger Meisterschaft, daß er nach einigen Sätzen wußte, ob er mit einem alteingesessenen Weddinger, mit einem Steglitzer oder einem Neuköllner sprach. Über die Berliner Stadtteile urteilte er: »Berlin S arbeitet, Berlin N jeht uff Arbeet, Berlin O schuftet, Berlin W hat zu tun.«

Eine der schönsten Früchte seiner Studien ist »der ältere, aber leicht besoffene Herr«, die Abenteuer eines Gemüsehändlers, der am Tag vor der Wahl eine Bierreise durch die Wahllokale macht, um die Programme der einzelnen Parteien zu studieren. Diese Geschichte wird für eine kleine Ewigkeit das Glanzstück aller Rezitatoren bleiben.

Der klassische Wurf aber gelingt mit der Figur des Herrn Wendriner. Eine Delikatesse für den Kenner sind diese Monologe, aus denen man den Mann schmeckt, riecht, bis in die kleinsten Nuancen seiner Gesten vor sich sieht. Wendriner ist der Typ des Berliner Geschäftsmannes der zwanziger Jahre, er hat immer »zu tun«, redet pausenlos, läßt sich selbst von der Schönheit des Kolosseums nicht von der Frage abbringen, ob Zucker gefallen ist, findet in Paris sehr viel, »Blöff, trotz Louwer und die Buhlewars«, grault sich bei Begräbnissen, hat immer 'n bißchen zu hohen Blutdruck, langweilt sich bereits nach acht Tagen Ahlbeck oder Ammersee, freut sich kindisch, wenn er auf einsamster Alm einen Landsmann trifft, ist im übrigen gutmütig, treu sorgender Familienvater, Mut zum Seitensprung nur, wenn Familie verreist und Dienstmädchen Ausgang. Wälzt er sich schlaflos neben der friedlich schlummernden Ehehälfte, so kommen ihm die ungewöhnlichsten Gedanken:

»... Fritz sagt, den ›Zauberberg‹ sollt ich mal lesen. Der hats gut. Ich komm kaum noch zum Lesen. Nich mal die Memoiren von Wagner, die ich zu Weihnachten bekommen habe, hab ich gelesen. Man kommt zu gar nichts mehr. Ich denk jetzt oft an den Tod. Quatsch. Doch, ich denk oft an den Tod. Das kommt von der Verdauung. Nein, das kommt nicht von der Verdauung. Man wird älter. Wie lange sind wir jetzt verheiratet ...? Nu, für sie is ja ausgesorgt, so weit bin ich schon, Gott sei Dank. Wenn ich tot bin, wern se erst wissen, was sie an mir gehabt haben. Man wird viel zu wenig anerkannt, im Leben. Hinterher ist zu spät. Hinterher wern se weinen. Damals, bei dem alten Leppschitzer warn ja enorm viel Leute. So viel kommen bei mir mindestens auch ... Jetzt kommt das Dienstmädchen erst nach Hause —! Die Tür könnt sie auch leiser zumachen ... Was macht nu son Mädchen abends? Geht zu Freundinnen ... Na, Emma hat ja'n Bräutigam. Eigentlich 'n ganz hübsches Mädchen! Vorn noch alles da — Lieg doch still! [...] Das Brom hilft auch nicht mehr — vielleicht hab ichs zu früh genommen. Was —? Nichts. Das war nichts. Das war bloß eine Sprungfeder, unten an der Matratze ... Schrecklich, wenn man nicht einschlafen kann. Wenn man nicht einschlafen kann, ist man ganz allein. Ich bin nicht gern allein. Ich muß Leute um mich haben. Bewegung, Familie, Arbeit ... Wenn ich mit mir allein bin: wenn ich mit mir allein bin, dann ist da gar keiner. Und dann bin ich ganz allein. Hinten juckts mich. Ich kenn das. Jetzt wer ich gleich einschlafen ...«

Es war nicht Tucholskys Absicht, daß sich die Leute über den Herrn Wendriner nur amüsieren sollten. Auch seine Kehrseite sollten sie erkennen: die Gefährlichkeit dieses so ungefährlichen, gutmütigen Spießbürgers, der alle Eigenschaften hatte zum Mitläufer, zum Jasager, dem die Politik Wurst war, solange die Kohlen stimmten. In einer beklemmenden Vision hat Tucholsky 1931 Wendriner unter den Nazis gesehen: »Das muß man ja sagen: aufgezogen ist das ja glänzend. Phantastisch! Was! Neulich auf dem Wittenbergplatz? Wie sie da mit ihren Fahnen ... — Ja, also, wenn auch manche noch so mäkeln —: ich finde, die Sache hat doch auch ihre guten Seiten.«

Im Bankhaus Bett, Simon & Co. in der Mauerstraße hat Tucholsky 1923 seine ersten Wendriner-Studien gemacht. Er tat es unfreiwillig — als Volontär. Das väterliche Erbe hatte die Inflation geschluckt, von der Schreibe konnten in den Jahren der Millionen-Mark-Butter nur wenige leben. Und mit dem Dr. jur., den er sich 1915 nach zweimaligem Anlauf von der Universität Jena geholt hatte, war momentan nichts anzufangen. Immerhin hatte er ihm im Krieg vielleicht das Leben gerettet.

Da sein endloses Studium ihn im Frieden vor dem Kommiß bewahrt hatte und 1914 keine Zeit mehr gewesen war, ihn frontreif zu machen, hatte man den Herrn Dichter kurzerhand in ein Armierungsbataillon gesteckt. Mit Picke und Schaufel war er durch das Grabengewirr der nördlichen Ostfront gelatscht und hatte sich bemüht, seinen Humor nicht zu verlieren, zumindest den Galgenhumor nicht.

»Es ist alles verlassen«, schrieb er an seine Schwester Ellen nach Berlin, »hier sind auf Meilen nur Soldaten; Civilpersonen ist das Betreten des Kriegsschauplatzes streng untersagt. (Steht auf Tafeln.) . . . Manchmal schießen sie hier. Dann ist Krieg, und zwar, wie ich Dir aus sicherer Quelle mitteilen kann, mit den Russen . . .«

Eines Tages erschießt sich jemand im Bataillon des inzwischen zum »überzähligen Unteroffizier« aufgestiegenen Kurt Tucholsky. Vielleicht, weil er der Meinung war, daß man selbst tun könne, was die anderen später ohnehin tun würden. Auf jeden Fall kommt ein Kriegsgerichtsrat nach vorn, um diesen Fall von Wehrkraftzersetzung zu untersuchen. Als juristischen Helfer zieht er den unterzähligen Überoffizier (wie Tucho seinen Rang veralbert) — hinzu — und ist von ihm so angetan, daß er ihm verspricht, alle seine Beziehungen spielen zu lassen, um ihn aus dem Dreck hier herauszuholen.

Er hält sein Wort: Tucholsky wird Bibliotheks»direktor« in einer kurländischen Fliegerschule und Chefredakteur der Soldatenzeitung »Der Flieger«. Zwei Posten, die ihm genügend Zeit lassen, wieder für die »Weltbühne«, die damals noch »Schaubühne« hieß, zu arbeiten. Von seinen Pseudonymen schickt er den Panter und den Tiger wieder durch den Blätterwald, hält aber den erbarmungslos radikalen Ignaz Wrobel an der Leine, denn die Zensur versteht in großen Zeiten noch weniger Spaß.

Auch bei Bett, Simon & Co. bewahrte Tucholsky seinen trockenen Berliner Humor. Das war fast noch schwerer als an der Front. Ein

Mann, der es gewohnt war, mit 5 PS (Pseudonymen) frisch-fröhlich auf die Jagd zu gehen, marschierte nun im letzten Glied endloser Zahlenkolonnen. Hinzu kam, daß ihm der nötige sittliche Ernst für das Bankfach fehlte.

»Was darf es sonst noch sein?« fragte er einen Kunden. »Vielleicht 'n Viertelpfündchen Dollars?« Als der ratlos mit dem Kopf nickt — in diesem Inflationstrubel ist schließlich alles möglich —, sagt Tucholsky mit todernstem Gesicht: »Geschnitten oder im ganzen?«

Bankdirekor Simon merkte genauso schnell wie weiland der Kriegsgerichtsrat, daß dieser komische Volontär in seinem Laden die falsche Spritze bediente. Tucholsky, Tucholsky — wo hatte er den Namen doch schon mal gehört? Dann fiel es ihm ein: 1912, vor jetzt elf Jahren also, hatte der junge Mann in allen deutschen Zeitungen gestanden. Und zwar nicht, weil er einen Safe aufgebrochen, sondern weil er einen Roman verbrochen hatte. Ein Romänchen wohl nur, doch die Herren Rezensenten sparten nicht mit Worten reichen Lobes, die Jungen und die Alten stürmten die Buchläden. »Rheinsberg — ein Bilderbuch für Verliebte« hieß der Titel. Es war, wenn er sich recht besann, eine ziemlich unmoralische Geschichte, für damalige Zeiten zumindest: Junger Student fährt mit junger Studentin zum Weekend in das märkische Städtchen Rheinsberg, sie nehmen sich ein Doppelzimmer (!) und benehmen sich, umgeben von Wiesen, Wasser und Wolken, ziemlich sündhaft.

Tucholksy hat die junge Medizinstudentin dann später geheiratet. Die glückliche Reise nach Rheinsberg hatte tatsächlich stattgefunden. Die Ehe allerdings endete nach drei Jahren unglücklich. (Auch eine zweite Ehe Tucholskys, mit der Baltin Mary Gerold, war nicht von Dauer.)

»Rheinsberg« gehört zu den Büchern, bei denen man sich, liest man sie heute, verwundert fragt: Na, und? Damals wirkte es wie ein frischer Windzug, der durch die guten Stuben brauste und die Kränzchendamen erröten ließ. Die Angehörigen der jungen Generation liebten förmlich »nach dem Blatt«, wenn sie »Rheinsberg« in der Tasche hatten.

Tucho war nach Erscheinen des Bändchens auf die verrückte Idee gekommen, am Kurfürstendamm eine Bücherbar aufzumachen: »Es war ein richtiger Studikerunfug. Die Presse brachte sich um, die Breslauer Zeitung war dagegen, die Vossische dafür. Prag und Riga verhielten sich neutral, und der Sankt Petersburger Herold vom 18.

Dezember schrieb, wer einen Wilde erstehe, der bekäme einen Whisky-Soda, und wer einen Ibsen kaufe, einen nordischen Korn. Das stimmte aber nicht, wir verkauften schrecklich viele ›Rheinsbergs‹.«

Direktor Simon also nahm seinen neuen Angestellten aus dem allgemeinen Betrieb heraus und beförderte ihn zum Privatsekretär. Tucho stand von nun an hinter dem Stehpult im Chef-Comptoir und versuchte, bei der Erledigung der Korrespondenz ernsthaft zu bleiben. Was ihm auch gelang. Bald war er bei den Feinden des Hauses gefürchtet wegen der messerscharfen Logik seiner Argumente, die Freunde schätzen die Brillanz seines Briefstils und seinen Humor. Meist war er mittags mit seiner Arbeit fertig. Es blieb ihm also genug Zeit, mit seinem Sudelbuch durch das Büro zu pirschen.

Er erlebt den Terror des Telefons, dessen Signalen sich kein echter Berliner, und sei es ein Generaldirektor, entziehen kann. Er entdeckt den »Mann mit der Mappe«, der, kaum daß er Platz genommen, den Verschluß klicken läßt und mit den Worten beginnt: »Ich habe hier eine Sache . . .« Er beobachtet, mit welch raffinierter Abstufung der Portier die verschiedenen Dienstgrade der Bank begrüßt, notiert die Gesten sich göttergleich dünkender Prokuristen, belauscht die heimlich auf der Toilette rauchenden Stenotypistinnen. Das Ergebnis sind die »Bilder aus dem Geschäftsleben« — nie ist ein Berliner Büro hautnäher beschrieben worden.

In dem Moment, da die Butter wieder zwei Mark statt zwei Millionen kostet, ist auch Tuchos Bankgastspiel beendet. Seine alten Gazetten rufen ihn zu neuem Kampf. Er aber ist pflastermüde. Die Schaumschlägerei auf dem Wasserkopf Berlin widert ihn an, er hat genug von der ameisenhaften Geschäftigkeit der Leute mit der Mappe, genug vom Protzentum der Raffkes und dem Geschrei der politischen Parteien. Es ist nicht mehr sein altes Berlin, das er liebte und das ihn prägte. So nimmt er sich Urlaub von der Vaterstadt und geht als Korrespondent der »Weltbühne« und der »Tante Voss« nach Paris. Wohin auch einst Heinrich Heine ging, sein großes Vorbild, mit dem er so vieles gemeinsam hat. (»Entsetzlich . . . dieser Mensch hatte alle Chancen, der Heine des XX. Jahrhunderts zu werden«, sagte Alexej Tolstoi, als er von Tucholskys Selbstmord erfuhr.)

Der kleine dicke Berliner wird von nun an ein Unbehauster. Er reist durch Europa, seine Schreibmaschine klappert in trostlosen Hotelzimmern kleiner Pyrenäenstädte und in den Luxusappartements der französischen Riviera. Die Berliner Kundschaft will beliefert sein. Normandie und Bretagne, Schweiz und Schweden, England und Dänemark vermitteln ihm ihre Impressionen. Kaum ein Jahr vergeht ohne einen neuen Tucholsky: »Ein Pyrenäenbuch« — »Mit 5 PS« — »Das Lächeln der Mona Lisa«.

Er hat keine Sehnsucht nach Deutschland und kein Heimweh nach Berlin.

»Liebe Kulicke«, schreibt er an Kate Kühl, »wann daß ich nach Berlin mache, weiß ich noch nicht; mir steht nicht, mit Verlaub zu sagen, der Sinn danach.« Aber er schreibt — wie auch schon vor seiner Odyssee — die rassigsten Chansons, die provozierendsten Lieder für Berlins Kabarette. Sein Name bleibt untrennbar verbunden mit »Schall und Rauch«, mit der »Wilden Bühne«, dem »Größenwahn« und Nelsons Revuen. Paule Graetz grollt: »Mensch, einmal auf dem Buhlewar! Mensch, einmal in Paris!« »Mutterns Hände«, ein Lied, in dem der Berliner Dialekt zur Dichtung erhoben ist, wird von Claire Waldoff vorgetragen:

Hast uns Stulln jeschnitten
un Kaffe jekocht
un de Töppe rübajeschohm —
un jewischt und jenäht
un jemacht und jedreht . . .
alles mit deine Hände.

Hast de Milch zujedeckt,
uns Bobongs zujesteckt
un Zeitungen ausjetragen —
hast die Hemden jezählt
und Kartoffeln jeschält . . .
alles mit deine Hände.

Hast uns manches Mal
bei jroßen Schkandal
auch 'n Katzenkopp jejeben.
Hast uns hochjebracht.
Wir wahn Sticker acht,
sechse sind noch am Leben. . .
alles mit deine Hände.

Heiß warn se un kalt
Nu sind se alt.
Nu bist du bald am Ende.
Da stehn wa nu hier,
und denn komm wir bei dir
und streicheln deine Hände.

Kate Kühls rauhem Sex widmete er das Seemannslied »Mal singen, Leute —!« Er schreibt für Rosa Valetti, für Trude Hesterberg und Gussy Holl. Er feiert die Venus der Spree, die Berlinerin, in dem wundervollen »Mädchen, kein Casanova hätte dir je imponiert«, und er singt dem vergnügungslüsternen »Frollein« ein tröstendes Liedchen: »Das ganze Kino wird in dir lebendig, du wackelst vorn und wackelst hinten rum. In deinem Blick sind alle Bumskapellen der Sonnabendabende, wo was geschieht. Ich hör dich Butterbrot zum Aal bestellen — Gott segne deinen lieben Appetit.«

Oft kam er nicht mehr in seine Heimatstadt. Wenn er aber kam, dann gab es einen Aufruhr. »Dann wurden wir eilig in der Douglasstraße zusammengetrommelt«, erzählt Erich Kästner, »wir, das waren die Mitarbeiter der ›Weltbühne‹: Carl von Ossietzky, Arnold Zweig, Alfred Polgar, Rudolf Arnheim, Morus, Werner Hegemann, Hermann Kesten und einige andere. Tucholsky saß dann zwischen uns, keineswegs als sei er aus Paris oder Gripsholm, sondern höchstens aus Steglitz oder Schöneberg auf einen Sprung in den Grunewald herübergekommen . . .«

Einmal, es war am 3. Dezember 1926, mußte er in Paris jedoch sehr schnell die Koffer packen. Siegfried Jacobsohn, der Freund und Mentor, von dem er gelernt hatte zu sagen, was er meinte, war plötzlich gestorben. In seinem Testament hatte er Kurt Tucholsky zum Nachfolger auf dem Posten des Chefredakteurs der »Weltbühne« bestimmt. Tucho traf auf ein anderes Berlin als das, was er im Sommer 1924 verlassen hatte. Die Stadt an der Spree schickte sich an, eine Weltstadt zu werden. Eine Weltstadt des Theaters, der Musik, der bildenden Künste, des Sports und der Wirtschaft. Trotzdem fühlte er sich unbehaglich auf dem Stuhl Jacobsohns. Er war kein Redakteur, sondern ein Schreibender, er führte die Feder lieber als den Rotstift. Den letzten Willen des verstorbenen Freundes aber wollte er trotz allem erfüllen. »Unsere Beiträge waren eigentlich alle nur Briefe an ihn, für ihn geschrieben. Im Hinblick auf ihn: auf sein

Lachen, auf seine Billigung — ihm zur Freude.« Nach einigen Monaten jedoch kann er nicht mehr. Er übergibt die Geschäfte Carl von Ossietzky und kehrt zurück nach Paris.

1929 zog er nach Schweden, in das Land, in dem er die norddeutsche Heimat wiederzuerkennen glaubte. In seinem Haus in Hindas schrieb er den Roman »Schloß Gripsholm«. Er schrieb ihn viermal um. Es war dieselbe Sorgfalt, die er an seine »kleinen Spaßgeschichten« verwendete, wie er seine Essays, Glossen, Satiren, Kurzgeschichten nannte. »Gripsholm« wurde ein Bestseller, der heute eine Auflage von über einer Million erreicht hat.

Es wird stiller um ihn. Jahrzehntelang hat er mit Degen und Florett gefochten, hat mit der Keule zugeschlagen, hat um sich gedroschen und getreten, hat gewarnt, hat beschworen, hat gefleht, um den Barbaren den Weg zu verlegen, deren Trommeln er schon so lange gehört hatte. Jetzt resigniert er. Verbittert gesteht er sich ein, daß es ihm in zwanzigjährigem Kampf noch nicht einmal gelungen ist, einen Schutzmann von seinem Posten abzulösen.

Am 10. Mai 1933 fliegen seine Bücher auf dem Platz vor der Berliner Universität in die Scheiterhaufen. Es gellt das fanatische »Brenne, brenne, brenne Tucholsky!« Am 25. August lesen die Berliner im »Deutschen Reichs- und Preußischen Staatsanzeiger«, daß dem Dr. Tucholsky, Kurt, die deutsche Staatsangehörigkeit aberkannt werde, weil er mit seinem Verhalten »gegen die Pflicht zur Treue gegen Reich und Volk verstoßen« und damit die deutschen Belange geschädigt habe.

Tucholsky nimmt keine Notiz davon. Er verstummt. Er lehnt es sogar ab, für die Emigrantenpresse zu schreiben. Er hat alles gesagt, was er zu sagen hatte, und würde sich nur wiederholen. »Ich bin ein aufgehörter Schriftsteller.« Verzweifelt, verbittert, von Haß geschüttelt, gequält von fürchterlichen Schmerzen in der Stirnhöhle, vegetiert er in seinem Haus in Hindas. »Die wahrste aller Demokratien ist die Demokratie des Todes.« Wird er sterben können? Vielleicht kann ihm ein Arzt dabei helfen. »Und wenn ich nicht gar zu große Schmerzen habe, werde ich verlegen und bescheiden lächeln: ›Bitte, entschuldigen Sie, . . . es ist das erste Mal‹ . . .« Auf die letzte Seite seines Sudelbuches malt er eine Treppe: »SPRECHEN — SCHREIBEN — SCHWEIGEN.«

Am 19. Dezember 1935 nimmt er Gift. Er will sich ganz leise davonmachen, so »wie man behutsam aus einem Film geht, um die anderen nicht zu stören«. Am 21. Dezember stirbt er in einem Krankenhaus in Göteborg. Am Weihnachtstage bettet man ihn auf dem Friedhof Mariefred bei Schloß Gripsholm zur letzten Ruhe.

Um noch einmal auf die Lübecker Straße zurückzukommen: Am 9. Januar 1960, zum 70. Geburtstag Tucholskys, enthüllte der Bürgermeister des Bezirks Tiergarten am Hause Nr. 13 eine Gedenktafel. Womit Versäumtes nachgeholt wäre.

Er entdeckte den Berliner Humor

»Der Lümmel ist zahm geworden«, schrieb das preußische Innenministerium im Jahre 1868 auf den Deckel einer dickleibigen Akte, auf dem in großen Lettern vermerkt stand: »Glaßbrenner, Adolf.« Und dann lehnte sich das Innenministerium in den Bürosessel zurück und atmete tief auf. Der über vierzig Jahre währende Kampf einer Behörde gegen einen aufsässigen Untertan war endlich beendet.

Auch Adolf Glaßbrenner tat in diesem Moment einen tiefen Atemzug. Er hatte die Berliner Luft zu lange entbehren müssen, um sie nicht jeden Tag aufs neue zu schätzen. Er bog, wie an jedem Nachmittag, um die Petrikirche herum und ging die Brüderstraße hinunter in Richtung der Linden. Er trug einen altmodischen Gehrock und eine ebensolche Halsbinde. In dem von einer Schifferfräse umrahmten Gesicht fielen die lustigen, funkelnden Augen auf. Beim Grüßen lüftete er schwungvoll den Zylinder und hob dabei das dünne Spazierrohr mit der Silberkrücke ein wenig in die Höhe. Sie hatten ihn nicht vergessen, die Berliner, sie kannten ihn alle noch, trotz der schweren langen Zeit, die er im »Ausland«, in Neustrelitz und in Hamburg, hatte verbringen müssen.

War er wirklich zahm geworden? Nun, nach außen hin schon. Der Vulkan spie keine Flammen mehr, er schien erloschen. In den Spalten der »Berliner Montagszeitung«, die Glaßbrenner seit einigen Jahren sein eigen nennen konnte, wurde nicht mehr wider der Tyrannen Übermut zu Felde gezogen, man beschränkte sich darauf, Schauspieler zu kritisieren, Maler, Architekten und Literaten. Aber deswegen hatte er denen da oben nicht verziehen, daß sie ihn jahrzehntelang verfemt, verfolgt, verraten hatten, daß sie ihn, den berlinischsten aller Berliner, aus seiner Vaterstadt gejagt hatten wie einen tollwütigen Hund. Wenn er trotzdem jetzt die Ruhe als seine erste Bürgerpflicht betrachtete, so geschah es aus der jahrtausendealten Resignation des Propheten, der da sagte: »Dixi et salvavi animam meam« — Ich habe gesprochen und meine Seele gerettet.

Eigentlich hatte er ja Pfarrer werden wollen, der kleine Glaßbrenner. Aber da kann man von Glück sagen, daß seine Mutter, die Frau Schmuckfederfabrikantin aus der Leipziger Straße in Berlin, ihn von der Untertertia des Friedrichwerderschen Gymnasiums nahm, um ihn den Geschäften des bürgerlichen Lebens zu überantworten — wie es in seinem Abgangszeugnis hieß. Denn was er als Pfarrer für Predigten gehalten hätte, der bloße Gedanke daran könnte ganze Kirchenversammlungen erbleichen lassen.

Die Geschäfte des bürgerlichen Lebens repräsentierten sich für Stift Adolf in der Gabinschen Seidenhandlung in der Breiten Straße. Hier stand er, ließ knisternde Seide an der Elle vorbeirauschen, fluchte seinem Schicksal und ging abends in die Universität, um sich dem großen Hegel zu Füßen zu setzen. Nebenbei schrieb er für den »Berliner Courier«, den Herr Saphir aus Wien, ein dunkler Ehrenmann und berüchtigter Witzbold, herausgab. 1828, an seinem Geburtstag, klagte er: »Und 18 Jahre sind verschwunden, in denen ich umsonst gestrebt. Mir bleiben nur die wen'gen Stunden, die ich den Musen hier gelebt.«

Zwei Jahre später nahm er bei Gabin seinen Hut und sagte nicht auf Wiedersehen. Er hatte sich endgültig für die Musen entschieden. Das Berliner Oberpräsidium erhielt ein Gesuch, in dem ein gewesener Seidenhändler um die Erlaubnis bat, eine unpolitische, heitere, nicht gegen Sitte und Schicklichkeit verstoßende Zeitschrift herauszugeben. »Berliner Don Quixote« sollte sie heißen und den Untertitel tragen »Erscheint täglich mit Ausnahme der Wochentage«. Das Oberpräsidium, nicht ahnend, welche Saat es hier säte, erteilte die Genehmigung und übertrug die Zensur dem Privatgelehrten Langbein.

Das konnte nicht gut gehen. Der Zensor Langbein war nicht nur zu gutmütig, er mußte so schallend lachen über Glaßbrenners scharfe Zunge, daß er vergaß, Schere und Rotstift zu gebrauchen. Denn der »Don Quixote« gebärdete sich keineswegs unpolitisch. Des verstorbenen Goethe Privatsekretär, der so Geheime wie steife Hofrat John, löste ihn daraufhin ab. John lachte *nicht,* er machte dem König klar, daß dieser Redakteur, der hier so schamlos die heiligsten Güter des Vaterlandes beschmutze, eigentlich ein Ladenschwengel sei — ein gefährlicher Ladenschwengel. »Wie verderblich er wirkt«, referierte er, »kann ich beobachten, wenn die Laufburschen vor dem Zensurbüro sich unter Gelächter seine Lästerungen vorlesen.«

Als sich Glaßbrenner auf dem Zensurbüro noch einen »Exzeß« zuschulden kommen läßt, das heißt: gegen die Schikanen des Herrn John lautstark protestiert, ist das Maß voll. Der »Don Quixote« wird verboten. Seinem Begründer wird auf die Dauer von fünf Jahren untersagt, in Preußen eine redaktionelle Tätigkeit auszuüben.

Glaßbrenner läßt sich nicht einschüchtern. Er kontert meisterlich: Die schärfsten Beiträge aus seinem verbotenen Blatt faßt er in einer Broschüre zusammen, die den anzüglichen Titel trägt »Aus den Papieren eines Hingerichteten«.

Verbot Numero zwei war die Folge.

Es war die Kehrseite des als so traulich überlieferten Biedermeiers, die Adolf Glaßbrenner erlebte, des traurigen Zeitalters Metternichscher Reaktion, in dem man sich in Preußen bemühte, die Siegeskränze der Befreiungskriege welken zu lassen, in dem man nichts wissen wollte von den Versprechungen, die man dem Volke gemacht hatte. Wer räsonieren wollte, der mußte es inwendig tun oder die Faust in der Tasche ballen. Es war die Zeit, in der man Schillers Werke zusammenstrich — weil die Freiheit als ein Luxus angesehen wurde, den sich der gemeine Mann nicht leisten konnte — und Goethes Flohlied aus dem »Faust« eliminierte — weil der Floh darin Minister wird.

Berlin zählte in den dreißiger Jahren zwar bereits 275 000 Einwohner, diese Zahl aber täuscht. Im Grunde handelte es sich bei dieser Massierung von Häusern und Menschen nur um ein riesiges Dorf. Ein Krähwinkel, in dem der Spießer pfeifeschmauchend — ein Vergnügen, das auf den Straßen der Innenstadt verboten war — seine Landpartie nach Moabit machte und die Spree hinab die bunten Schiffe gleiten sah. Lag er mit der Zipfelmütze im hochgetürmten Bett, dann hörte er draußen den Nachtwächter sein »Hört ihr Leute, laßt euch sagen« rufen. In diese kleinbürgerlich stickige Atmosphäre einer Stadt, die sich noch nicht selbst begriffen hatte, brachte Glaßbrenner einen frischen Luftzug. Der polizeilich verhinderte Redakteur spazierte durch die Straßen Berlins und schaute den Leuten aufs Maul.

Er erlebt den Dienstmann Nante, der an der Ecke steht, mit Tragegurt und Nummernschild, und innig hofft, es möge ihn keiner zur Arbeit verführen. »Rollen?« sagt er, »for acht Groschen zwee Stunden? Nee, det greift mir zu sehre an.« Er ist der Gossenphilosoph Spreeathens. Und hätte ihm ein Alexander einen Wunsch gewährt, wie einst dem Diogenes, so würde Nante um eine Pulle Kümmel gebeten haben.

Auf dem Spittelmarkt sitzen die Hökerinnen, bärbeißige, streitbare Weiber mit Haaren auf den Zähnen, die sich weder vor dem Teufel noch vor dem Polizeibüttel fürchten. Wehe der Frau Geheimrätin, die es wagt, ihre Ware zu beleidigen: »Ob unter meine Nüsse taube sind? Ja, hören Se mal, ick wär' mit Vergnügen in jede ringekrochen un hätte mal nachgesehen, aber ick derf die Schalen nich ufmachen.«

Verglichen mit den Droschkenkutschern, die am Brandenburger Tor auf Fahrgäste nach dem Kurort Charlottenburg warten, sind die Hökerinnen allerdings sanfte Pastorentöchter. Die »Charlottenburger«, wie sie genannt werden, sind saugrob wie die märkischen Kiefernstubben. »Knuffen, buffen, Tobak roochen, det is mein Pläsier uf de Wagen hier. Eene lumpijte Person fehlt hier bloß noch, Herr Baron. Fahren Sie mit mir! Det is mein Pläsier.« Eine unbändige Lebenskraft dringt aus dem Wesen dieser rohesten Klasse aller Berliner Plebejer.

Und da sind die Sandjungens, die mit ihren Bretterwagen über das Kopfsteinpflaster rattern und gellend schreien: »Kooft Sand, kooft Sand! Kooft keener keenen Sand?« Frühmorgens haben sie vor den Toren das aus der märkischen Streusandbüchse stammende Putz- und Scheuermittel aufgeladen, jetzt malträtieren sie die Köchin Jette, die ihr Faß aber noch randvoll hat. Jette steht hinter den bleigefaßten Scheiben ihrer Küche und packt einen übriggebliebenen Kuchen, ein halbes Kilo Speck und einige aus der Sonntagskiste des Hausherren »herausgefallene« Zigarren in ihr rotkariertes Schnupftuch. Sie will am Feiertag mit ihrem Jrenadier zum Schwof in die Tanztabagie, und da kriegt der doch immer so'n Hunger.

»Berlin, wie es ist und — trinkt« nannte Glaßbrenner seine Szenen aus dem Alltag des Berliner Volkes. Schieres, saftiges, nie gekanntes Leben sprudelte aus den bunten Heftchen, in denen sie auf den Markt kamen. Ihr Erfolg war sensationell: Jedes einzelne wurde innerhalb weniger Wochen zu einem Bestseller. Die Leute drängten sich vor den Buchhandlungen wie bei einer Hungersnot vor den Bäckerläden. In Leipzig, Wien, Hamburg und München trieb man philosophische Studien, um in das Innere des Berliner Jargons zu dringen. Manches Tageblatt ernährte sich monatelang von Glaßbrenners Einfällen, ohne auch nur anzudeuten, woher sie gestohlen worden waren. Selbst an Übersetzungen ins Englische und Französische versuchte man sich. Adolf Glaßbrenner war über Nacht berühmt geworden.

Wer sich heute in seinen Werken umsieht, wird das nicht immer begreifen. Da ist manches, was dem Zahn der Zeit nicht widerstanden hat: endlose Politisierereien, Kalauer, von denen man Zahnschmerzen kriegen könnte (Sofaklex für Sophokles. Jott seeft det Kind statt God save the king), hier und da merkwürdiges Berlinisch wie »sajen«, »frajen«, »banje« (bange) und »anjeln«.

Seine Berliner Typen aber sind heute so lebenskräftig wie damals. Wer sich eine Weile mit ihnen beschäftigt hat, glaubt, sie persönlich zu kennen. Da gibt es Szenen, die an den surrealistischen Witz unserer Tage erinnern: Der Kotzebue-Mörder Karl Ludwig Sand wird vom Henker so perfekt enthauptet, daß er nichts davon merkt und höflichst bittet: »Wollen Sie nu endlich so jut sein, ängstijen Se mir nich länger!« Woraufhin ihm der Scharfrichter empfiehlt, doch erst einmal nachzufühlen!

Zu shakespearischer Doppelbödigkeit erhebt sich Glaßbrenners Humor, wenn der still vor sich hinsaufende Barbiergehilfe Siesel über die Unsterblichkeit simeliert: »Ick habe darüber schon sechs Jahre nachgedacht, un nu habe ick't 'raus. Jebt mal Obacht! Seht mal, wenn wir dot sind, so knabbern uns de Würmer uf, nich wahr? Ja! Wenn uns nu die Würmer ufgeknabbert haben, so sind wir in lauter kleene Würmer drin: die werden nu wieder von jrößere Tiere ufjeknabbert, un so werden wir lauter jrößere Tiere; un die werden wieder von de Menschen ufjejessen, un so immer weiter . . .«

Die Literarhistoriker und die ästhetisierenden Goethe-Nachtreter, deren Werke beim Verleger verstaubten, blätterten damals ärgerlich in den Heftchen und fragten sich irritiert, was eigentlich daran sei. Es hatten sich doch vor Glaßbrenner schon andere mit dem Berlinertum befaßt. Julius v. Voß hatte den Dialekt in seinem »Stralower Fischzug« mit Erfolg angewandt. E. T. A. Hoffmann, der »Gespenster-Hoffmann«, hatte die Berliner von »Vetters Eckfenster« aus beobachtet. In den Zeichnungen Dörbecks, Krügers und Schadows waren die Berliner Typen längst zum Leben erwacht.

Nun, Glaßbrenners Geheimnis war es, daß er bescheiden war. Er wollte nicht am grünen Tisch »in Dichtung machen«, er wollte hautnahe Reportagen der Wirklichkeit geben. Die armen Luder von Eckenstehern, Fuhrleuten und Holzhauern sind ihm auch nicht bloße Objekte — er leidet mit ihnen. Und er schildert mit heiteren Farben, wo man die Feder eigentlich in Tränen tauchen müßte.

Die heiteren Farben lieferte ihm der Berliner Humor. Glaßbrenner hat ihn nicht »erfunden«, aber er hat ihn bewußtgemacht und literarisch erschlossen. In den besseren Kreisen war es plötzlich niemandem mehr genant, einen Witz in dem so verachteten Berliner Dialekt zu erzählen. Das einheimische Produkt wurde sogar hoffähig: Seine Majestät der vierte Friedrich Wilhelm zeigten sich enchantiert; vom Zaren Nikolaus kolportierte man, daß er bei guter Laune stundenlang Spreeathener Anekdoten erzählen konnte.

Und von Paris her klang die verwunderte Stimme des verbannten Heinrich Heine:

Borussenhauptstadt, Berlin, was machst Du?
Ob welchem Eckensteher lachst Du?
Zu meiner Zeit gab's noch keine Nante:
Es haben damals nur gewitzelt
Der Herr Wisotzki und der bekannte
Kronprinz, der jetzt auf dem Throne sitzelt.

Die Welt hatte *den Berliner* entdeckt!

»Der Berliner Witz«, schrieb ein Zeitgenosse in einem großartigen Vergleich, »war bis dahin nur ein Gassenjunge gewesen, ein Element, das auf allen Brunnenschwengeln, Treppengeländern und Fenstersimsen saß, mit den Beinen schlenkerte und schnoddrige Redensarten führte, aber von niemand recht beachtet wurde. Adolf Glaßbrenner wusch dem Burschen die Hände, kämmte ihm das Haar und ließ ihm die Hosen flicken. Soweit zugestutzt, nahm er ihn vor, um ihm begreiflich zu machen, was er eigentlich sei.

Berliner Witz, Du bist kein bloßer dummer Junge, sagte er zu ihm; Du bist das Genie Berlins, der souveräne Geist der Bevölkerung. Wenn Du Deiner selbst bewußt wirst, so kannst Du es zu etwas bringen und, sozusagen, ein Mann bei der Spritze werden. Du mußt Dich nur daran gewöhnen, Deine Blicke höher und über die

Kellerhälse der Häuser hinaus zu richten. Du mußt Dich um Gott und die Welt, zuletzt auch ein wenig um Politik und Geschichte bekümmern.«

Um Politik und um Geschichte sollte er sich kümmern, der Gassenlümmel; denn Glaßbrenner machte seine Witze nicht nur, damit die Leute etwas zu lachen hatten, seine Witze waren ihm Waffen! Auch Zille wollte ja mit seinen Zeichnungen nicht amüsieren, sondern aufrütteln. Der Trunkenbold Nante, der alte Guckkästner, der Rentier Buffey, sie sind es vor allem, die immer wieder versteckte Hiebe austeilen: gegen das Gottesgnadentum des Adels, gegen den Polizeiterror, gegen das Spitzelwesen, gegen den Untertanengeist des zipfelmützigen Kleinbürgers, gegen die Zensur. Glaßbrenner schrieb, um die Welt zu verbessern: ein freies Volk sollte in einem einigen Vaterland frei atmen können. Das war zwar ein edles, aber etwas verwaschenes Programm, doch Genaueres wußten die jungdeutschen Dichter des Vormärz alle nicht. Nur eines wußte Glaßbrenner ganz genau: Als Hauptstadt dieses einigen freien Deutschlands kam nur eine Stadt in Frage — *Berlin.*

Es konnte nicht ausbleiben, daß der Kampfhahn aus der Leipziger Straße wieder Ärger mit der Zensur bekam. Mehrere Hefte der Reihe »Berlin, wie es ist und — trinkt« wurden verboten.

Das Ergebnis des Verbotes war, daß die inkriminierten Hefte zu bibliophilen Kostbarkeiten wurden, für die man hohe Preise zahlte. In Glaßbrenners Taschen klimperten jetzt die Dukaten. Er bewohnte einen Salon im vornehmen »Hotel de Russie«, ließ seine Freunde lustig sein und trank mit Champagner auf das Wohl der Freiheit. Er wußte, daß er in Preußen auf einem Vulkan tanzte. Und danach lebte er.

Als das auf fünf Jahre befristete Berufsverbot abgelaufen war, bat Glaßbrenner das Ministerium um die Konzession für eine Zeitschrift. Man erklärte ihn für unwürdig und wies ihn ab, konnte aber nicht verhindern, daß er die Redaktion des »Freimüthigen« übernahm. Jetzt versuchte man es durch die Hintertür. Die Hofbühnen wurden vertraulich informiert, Glaßbrenners Frau, die Wiener Schauspielerin Adele Peroni, nicht mehr zu engagieren. Auch das Königstädtische Theater verschloß der gefeierten Salondame ihre Pforten. Adele hatte es für unter ihrer Würde gehalten, die erpresserische Frage »Scheidung oder Engagement« auch nur zu beantworten.

An einem regnerischen Märzmorgen des Jahres 1841 hob sich

der Schlagbaum am Oranienburger Tor. Eine Extrapost führte die Glaßbrenners in die Emigration, nach Neustrelitz.

Neustrelitz war die Haupt- und Residenzstadt des Großherzogtums Mecklenburg-Strelitz, eines jener deutschen Westentaschenstaaten, in denen die Reisenden ihre Postpferde zügeln mußten, wollten sie nicht gleich wieder draußen sein. Glaßbrenner fühlte sich bald unter lauter kleinen Feinden, die ihm so lästig waren wie Fliegen und Mücken. Im übrigen aber hatte er vorerst seine Ruhe und die tröstende Gewißheit, daß seine Frau mit einem lebenslänglichen Kontrakt an der Hofbühne untergekommen war. Er schrieb eine Reihe kleinerer Werke, darunter auch einige neue Hefte seiner Serie »Berlin, wie es ist und — trinkt«. Eine Sammlung von Spottversen ging unter der diabolischen Überschrift heraus »Verbotene Lieder eines norddeutschen Poeten«. Die Zensoren waren derselben Meinung und verboten die verbotenen Lieder für das Gebiet des Deutschen Bundes. Von dem Tag an hatte Glaßbrenner die Herren wieder im Nacken. Seine Satire »Neuer Reineke Fuchs« wurde von der Behörde provisorisch beschlagnahmt, ehe er überhaupt einen Verlag dafür gefunden hatte. Doch hier gelang es ihm, die Zensoren durch einen geschickten Schachzug, über den ganz Deutschland lachte, lahmzulegen.

Glaßbrenner gab seinem Leipziger Verleger folgenden Rat: Er solle die fünftausend Exemplare des »Neuen Reineke Fuchs« versandfertig machen, dann *ein* Exemplar vorschriftsmäßig der Kreisdirektion einreichen und, mit der Empfangsbescheinigung in der Hand, die gesamte Auflage an die Buchhändler absenden. Der Verleger Lork tat, wie man ihm geheißen, und als anderthalb Stunden später die Polizei an seine Tür klopfte, fand sie noch genau zwanzig Exemplare. Lork aber konnte nachweisen, daß er mit dem Versand nicht begonnen hatte, bevor ihm durch jene Bescheinigung die offizielle Ermächtigung dazu gegeben worden war. Die sofort angeordneten Recherchen in sämtlichen Buchläden des Deutschen Bundes förderten genau 98 Exemplare zutage — die gesamte Auflage war in wenigen Stunden verkauft worden!

Das vergaß man Glaßbrenner nie. Die untertänigste Bitte an den preußischen Minister des Inneren, seine todkranke siebzigjährige Mutter in Berlin besuchen zu dürfen, wurde mit der Drohung beantwortet, daß man ihn beim Überschreiten der Grenze sofort arretieren würde . . .

Im März 1848 braucht Adolf Glaßbrenner keine Aufenthaltsgenehmigung für seine Vaterstadt mehr. In Berlin ist die Revolution ausgebrochen. Am 19. März abends gegen elf Uhr trifft er an der Spree ein. Man begrüßt ihn jubelnd und führt ihn in die Artilleriekaserne zu den Aufständischen. Ihre Lage aber ist bereits hoffnungslos.

Nach Mitternacht ruft er eine Droschke heran. Der Kutscher fragt mißtrauisch: »Aber ooch Bürger? Keen verkleedter Soldat oder Polezist oder Rejierung oder sonst so'n Zeug?« — »Barrikadenbürger!« lautet die stolze Antwort. Eine Stunde später sitzt er mit seinen Brüdern, deutschen Gästen und Ausländern im »Hotel de Russie« zusammen. Man feiert den Emigranten Glaßbrenner als Freiheitshelden, trinkt viel Punsch und hält noch mehr Reden. »Bald umarmten und küßten wir uns alle — Deutsche, Franzosen, Engländer und Polen. Europa war verbrüdert — und ging gegen Morgen zu Bette.«

Auf die Barrikaden stieg Herr Biedermeier vorsichtshalber nicht. Das überließ er den Proletariern, den Handwerksgesellen und Fabrikarbeitern. Aber er war dabei, als die 187 Märzgefallenen in einem feierlich-grandiosen Leichenzug zum Friedrichshain geleitet wurden, als man den König zwang, vom Schloßbalkon die Toten entblößten Hauptes zu grüßen. »Deckel ab!« schrie man ihm zu, und in der Breiten Straße klebte man seinen beschwichtigenden Aufruf »An meine lieben Berliner« über das Loch, das eine Kanonenkugel in ein Haus gerissen hatte.

Glaßbrenner begnügte sich nicht mit dem Rausch schwärmerischer Begeisterung. Er nutzte die Chance, die ihm die dem Volk zum Fraße vorgeworfene Pressefreiheit bot, und gründete die Wochenschrift »Freie Blätter«. Er gab ihr den Untertitel »Illustrierte politische humoristische Zeitung«, denn auch jetzt, wo alles tierisch ernst in Freiheit machte, wollte er das, was er zu sagen hatte, mit Humor sagen. Viel Zeit dazu ließ man ihm nicht. General Wrangel, der den Bismarckschen Grundsatz vorwegnahm, daß gegen Demokraten nur Soldaten hülfen: er kam, sah und verbot das naseweise Blatt. Doch Glaßbrenner schreibt in der letzten Nummer einen Abgesang, dessen Kühnheit selbst dem schlagfertigen Wrangel die Sprache verschlägt:

»Herr General, Sie sind sehr populär, aber ich auch. Ich habe das große Glück, gelesen zu werden, in welcher Form ich auch vor dem deutschen Publikum erscheine. Meine Worte und Lieder sind kein

Gras, das sich niedertreten läßt. Es sind eben freie Blätter. Der rauhe Winter kann sie abreißen, im Frühling sind sie wieder da. Der Winter bleibt nicht ewig: Die Quellen, die jetzt vereist sind, werden rieseln, die Flüsse, welche jetzt stillstehen, werden rauschende Ströme, bald, bald wird es wieder grün und blumig werden in Charlottenburg und unter den Zelten und Linden, in Sanssouci und im Friedrichshain, und wo jetzt Ihre gegen die Bürger so tapferen Offiziere ›auf Ehre‹ schreien, werden tausend Lerchen jubilieren. Fangen Sie diese Lerchen dann ein, Herr General, und versuchen Sie, ihnen das ›Mit Gott für König und Vaterland‹ einzustudieren! Es wird wieder und wieder nicht glücken: Diese einfachen Sänger können nichts als ihr süßes Halleluja der Freiheit. Gute Nacht, Herr General!«

Für Glaßbrenner brach die Nacht herein. Erneut aus Berlin verbannt, wurde er auch aus Neustrelitz ausgewiesen. Mit der blödsinnigen Begründung, er bereite mit Hilfe der Londoner Kommunisten einen Staatsstreich vor. Er ging mit seiner Frau nach Hamburg, einer Stadt, die nicht nur dem Namen nach eine freie Stadt war. Hier schloß er sich dem Kreis um Heines Verleger Julius Campe an, der gleichfalls die Ehre genoß, im Fahndungsbuch der politischen Polizei als »getrübter Charakter und Literat der bedenklichsten Sorte« verzeichnet zu sein. In Hamburg wehte die Luft zwar frischer und freier, es war aber nicht die Luft Berlins. Glaßbrenner sehnte sich nach ihr und wurde im Laufe der Jahre immer hamburgmüder und verdrießlicher.

Als die Berliner Behörden ihn wissen ließen, daß er sein Heimatrecht verlieren würde, bliebe er noch länger außerhalb der Grenzen Preußens, überlegte er nicht lange und packte seine Koffer. Die Berliner waren glücklich, daß sie ihn wiederhatten. Die Polizei war es auch, konnte man ihm doch jetzt wieder auf die Finger sehen. Glaßbrenner aber spielte von nun an den braven Bürger.

Und das Innenministerium konnte bald jenen Satz auf den Deckel seiner Akte kritzeln, der die Tragik ganzer Schriftstellergenerationen umfaßt: »Der Lümmel ist zahm geworden . . .« Am 25. September 1878 starb Adolf Glaßbrenner. Die Erde des alten Jerusalemer Kirchhofs vor dem Halleschen Tor nahm seine irdischen Reste auf. In der großen Trauergemeinde, die seinem Sarg folgte, sah man die Spitzen der Gesellschaft — die Spitzen der Behörden aber fehlten: die Herren vom Magistrat und von den preußischen Ministerien nahmen über das Grab hinaus übel.

Und wer im Jahre 1960, im Jahre seines 150. Geburtstages, verfolgt hat, wie wenig man selbst in Berlin des Altmeisters des Spreeathener Humors gedachte, wird zu der resignierenden Erkenntnis gekommen sein, daß Glaßbrenner nicht nur zahm, sondern nun auch stumm geworden ist.

Das ist die Berliner Luft, Luft, Luft

Im Frühjahr 1945 klopft ein amerikanischer Offizier an die Tür eines möblierten Zimmers in Marienbad. »Paul Lincke« steht auf der Visitenkarte, die mit einem Reißnagel am Briefkasten befestigt ist. Eine verhärmte Frau öffnet einen Spalt breit, aus ihrem Gesicht spricht namenlose Angst. Wird man sie zum viertenmal aus der Wohnung treiben, will man sie noch einmal ausplündern? Sie haben ja gar nichts mehr, sie und ihr Meister, dem sie seit fünfundzwanzig Jahren den Haushalt führt. Alles haben ihnen die Tschechen genommen: den Schmuck, die Noten, die Schreibmaschine, den blauen Frack, die Urkunden, Orden, Bilder, die alten Erinnerungsstücke.

Der Offizier macht ihr in gebrochenem Deutsch klar, daß er den Mr. Lincke zu sprechen wünsche. Dann ist er auch schon im Zimmer. Lincke erhebt sich zögernd aus seinem Sessel. Er trägt eine braunseidene Hausjacke, das Kinn ist rasiert, die Hose gebügelt. Der »feine Paul«, wie die Berliner ihn immer nannten, hat sich im Unglück nicht gehenlassen. Nur die tiefen Ringe unter den Augen zeugen von dem, was er erleiden mußte.

»Pierce«, sagt der Offizier mit einer leichten Verbeugung. Der Komponist erkennt an der Uniform, daß er es mit einem hohen Tier zu tun hat. Er sagt unsicher »Lincke«, und dann schüttelt ihm der Fremde plötzlich die Hand, will sie nicht wieder loslassen.

»Ich freue mich sehr«, sagt er, »es war mein größter Wunsch, einmal kennenzulernen den Mann, der den Glowworm gemacht.«

Am anderen Tag saß Paul Lincke mit Johanna Hildebrandt, seiner Haushälterin, im Rücksitz eines Jeeps und verließ die Hölle Sudetenland in Richtung Deutschland. General Pierce, der Kommandeur der 16. amerikanischen Division, hatte ihm eine Offizierswache als Begleitschutz mitgegeben. In dem oberfränkischen Städtchen Arzberg kroch der Komponist des Glühwürmchens bei einem Freund unter. Er teilte das Schicksal vieler Deutscher: ihm gehörte nur noch, was er auf dem Leibe trug. Im Alter von 78 Jahren mußte er noch einmal zum Taktstock greifen. Er tat es ohne Bitterkeit. Ja, er freute sich unbändig darüber, mit welchem Enthusiasmus die Leute ihn in Kulmbach und Nürnberg feierten.

Dann erschien ein Artikel in einem fränkischen Blättchen, in dem Lincke als Nazi-Professor, Altparteigenosse und berüchtigter Militarist verleumdet wurde. Fünf Zeitungen, darunter eine Berliner, druckten den Artikel nach. Es genügte, um Linckes weitere Tätigkeit als Musiker unmöglich zu machen.

Im Juli 1946 beobachten Passanten im Harzkurort Hahnenklee einen alten Herrn, der auf den Knien die Straße entlangrutscht und Haferkörner in eine alte Tüte sammelt. Es ist Paul Lincke, der sich mit etwas Hühnerfutter bei seinen Wirtsleuten für die liebe Betreuung revanchieren will. Hahnenklee ist inzwischen sein neues Exil geworden. Er soll es nicht mehr verlassen. Am 3. September 1946 fällt der Schatten des Todes auf Paul Lincke. Der Musiker hebt noch einmal die rechte Hand, er gibt einem imaginären Orchester das Zeichen zum Einsatz, seine Lippen bewegen sich — dann hört das Herz auf zu schlagen. Sie geleiten ihn auf den Waldfriedhof zur letzten Ruhe. Als der Trauerzug die Kommandantur passiert, sinkt die britische Flagge auf halbmast. Vom offenen Grab weht Musik:

Wenn auch die Jahre enteilen,
bleibt die Erinnerung doch
— — — — — — — — —
Denke, die Märchen beginnen
alle: Es war einmal!

Das Leben Paul Linckes war ein Märchen: ein Berliner Straßenjunge aus dem Arbeiterbezirk Kreuzberg, dessen Vater die Cholera hinweggerafft hatte, dessen Mutter ihre drei Kinder mit Weißnähen und Wäschewaschen durchbringen mußte, wurde innerhalb weniger Jahrzehnte zum Millionär. Nun waren solche Karrieren nicht allzu selten im wilhelminischen Berlin. Auch Borsig, Fürstenberg und Renz zum Beispiel waren mit nicht viel mehr als einem Persilkarton an der Spree gelandet. Was Linckes Karriere jedoch den besonderen Stempel verlieh, war die Tatsache, daß es hier zum erstenmal einem Musikanten gelang, mit seinen Kompositionen eine Art industriellen Großbetriebs aufzuziehen.

Paule war schon in der Schule ein cleverer Bursche. Während seine Schulkameraden Freizeit und Taschengeld vertrödelten, sparte er sich das Geld für eine kleine Geige zusammen und übte wie besessen. Der Musikdirektor Rudolf Kleinow in Wittenberge an der Elbe sagte deshalb sofort ja, als Mutter Lincke wegen einer Lehrstelle anfragen ließ. Er verzichtete sogar auf die sonst üblichen 400 Mark Kostgeld im Jahr. Der neue Lehrling half ja mit seiner Geige gleich mitverdienen.

Das Städtchen Wittenberge in der westlichen Prignitz hat mit der Lutherstadt Wittenberg nur das eine gemeinsam, daß eines mit dem andern ständig verwechselt wird. Auch das Institut des Herrn Direktor Kleinow darf man nicht verwechseln mit einem Konservatorium heutigen Stils. Es war eine sogenannte Stadtpfeife, die der vierzehnjährige Paul Lincke bezog. Unter diesem Namen waren die bis zum Ausgang des zweiten Weltkrieges existierenden kleinstädtischen Musikschulen bekannt. Der Name erinnert an die uralte Tradition dieser Einrichtung. Im fünfzehnten Jahrhundert taten sich in vielen deutschen Städten die Gilden der Stadt- und Kunstpfeifer auf. Sie standen unter der Leitung eines Stadtzinkenmeisters, der das Monopol besaß, das Leben seiner Mitbürger durch Musik zu erleichtern. Mit seiner Bande fiedelte er zu Begräbnissen und Hochzeiten, feierte den Schützenkönig und schickte die Lehrlinge auf den Kirchturm, von wo herunter sie tagsüber Choräle bliesen und nachts mit grellem Trompetenschall Feueralarm gaben. Ein Gehalt zahlten ihm die Stadtväter in Form von Sachleistungen: freie Wohnung, freier Acker, frei Holz. Alle privaten Nebenverdienste wanderten unversteuert in seinen Säckel.

Als Lincke sich bei Rudolf Kleinow zur Stelle meldete, waren viereinhalb Jahrhunderte seit der Gründung der ersten Stadtpfeifen vergangen. An den altväterisch rauhen Sitten aber hatte sich nichts geändert. Paule durfte sich nicht etwa ein Instrument wählen. Da man den zweiten Fagottisten wegen Trunksucht gerade mit dem nächsten Zug nach Hause geschickt hatte, drückte man dem Neuen das Fagott in die Hand. Nur Musiker können sich vorstellen, was er unter diesem an einen Zaunpfahl erinnernden Monstrum litt. Sein zweites Instrument, das Tenorhorn, war auch nicht viel handlicher. Im übrigen wurde ihm das Musizieren beigebracht, wie man die Bäckerjungen das Brötchenbacken lehrte. Musikmachen war ein Handwerk wie jedes andere, der Chef wurde »Meester« genannt, und die Gesellen gaben beim Unterricht handfeste Korrekturen.

Der Lehrling Paul benutzte jede Gelegenheit, den dürftigen Unterricht aufzubessern. Seinen Anteil an den Bierrunden, die den Musikern bei Hochzeiten und Bällen zufielen, verwandte er dazu, sich von lästigen Nebenbeschäftigungen zu befreien: vom Stiefelputzen und Geschirrspülen, vom Holzhacken und Stubendienst. Dafür schlich er sich, unter der Schirmherrschaft der ihm wohlgesinnten Frau Kleinow, in des Meesters gute Stube und klimperte lange Stunden auf dem Klavier herum. Das Ergebnis war die erste eigene Komposition, ein lärmender Marsch, den er »Gruß an Wittenberge« nannte. Als er nach drei Jahren ausgelernt hatte, brachten ihn vierzig Stadtpfeifer, an der Spitze der Herr Stadtmusikdirektor persönlich, mit Trarabumbum zum Bahnhof.

»Herr Lincke«, sagte Kleinow mit feierlich belegter Stimme, »wir wissen alle, du wirst mal deinen Weg machen!«

Paule nickte gelassen aus dem Abteilfenster hinaus: er hatte sich längst vorgenommen, Berlin zu erobern.

Anfangs sah es schlecht damit aus. Auf den Rat seiner Mutter bewarb er sich bei einem Militärorchester: das sei, so meinte sie mit dem Sicherheitsbedürfnis aller Mütter, eine gute Sache und werde im Alter eine hübsche Pension abwerfen. Leider entsprach die Konstitution ihres Sohnes nicht seinem Können. So begeistert der Korpsführer nach dem Probespiel gewesen war, so mißmutig hatte der Stabsarzt mit seinem Monokel die Hühnerbrust des Militäranwärters Lincke fixiert. Paule wurde auch später immer wieder vom Kommiß zurückgestellt. Worüber er sich dann nicht mehr grämte.

Gezwungen, sich sein Geld als Zivilmusiker zu verdienen, gewann er tiefe Einblicke in das Berliner Nachtleben. Er musizierte im »Coursaal« in der Jägerstraße, in dem Schlag Mitternacht eine Originalfürstin aus dem uralten, aber verarmten Hause Pignatelli die große Polonäse anführte, und in den »Gesellschaftssälen« an der Niederwallstraße. wo zu derselben Stunde der Direktor Kühne auf einem Apfelschimmel über das Tanzparkett donnerte, was jedesmal einen ungeheuerlichen Jubel auslöste. Er spielte auf den so beliebten »Witwenbällen«, deren Name allerdings reine Ironie war. Man traf hier in erster Linie Damen, die erst Witwen werden wollten, oder bestenfalls Strohwitwen. Heinrich Zille hatte deshalb unter eine seiner Milieuskizzen vom Witwenball geschrieben: »Nanu, Frau Lemke, Sie hier auf'm Witwenball?« — »Ach ja, wissen Se, mein'

Oska jeht's jar nich jut.«

Im Ostend-Theater in der Großen Frankfurter Straße, wo später die Roses residierten, geschah es dann, daß man dem Fagottisten Lincke den Taktstock in die Hand drückte, wenn der Alte mal eine Sause machen wollte. Daraus wurde eine liebe Gewohnheit. Immer häufiger stand Paule auf dem Podium. In den Pausen lernte er viele Leute kennen. Darunter die Soubrette Anna Müller, seine spätere Frau, und einen Herrn Bolten-Baeckers, seinen späteren Textdichter.

Im Königstädtischen Theater am Alexanderplatz konnte er das leidige Fagott endgültig in die Rumpelkammer stellen: Er hatte sich als Dirigent durchgesetzt. Im Sommer, wenn die meisten Theater schlossen, tingelte er mit einer Sängergesellschaft quer durch Deutschland. Aber er kehrte immer wieder nach Berlin zurück. Und langsam begann sein Weizen auf dem Acker an der Spree zu blühen ...

Zuerst wurden die Berlinerinnen aufmerksam auf den jungen Mann. Wie der da oben stand, den Frack wie angenietet auf der schlanken Figur, die Bewegungen beim Dirigieren knapp und nonchalant, dazu das effektvolle Blitzen in den Augen, wenn er den Kopf wandte (zusammen mit dem hochgebürsteten Schnurrbart ergab das sogar eine gewisse Ähnlichkeit mit dem Kaiser), na einfach fabelhaft! Dabei wußten nur die Eingeweihten, daß dieser Lincke nebenbei auch komponierte, ja daß jener Gassenhauer von ihm stammte, den zur Zeit alle Leierkästen auf der Walze hatten, den alle Köchinnen nassen Auges sangen, den selbst Geheimrats Töchterchen verstohlen vor sich hinsummte:

Emmas Herz klopft ungestüm
bei dem ersten Brief von ihm.
Selig ihr zumute ist,
als sie diese Worte liest:
Liebst du mich, nur mich allein?
Komme heut' zum Stelldichein.
In der Laube von Jasmin
soll auch unser Glück erblühn!
O komm, o komm, o komm!

Wenn die Blätter leise rauschen
in des Mondes Silberschein,

Liebchen, laß uns Küsse tauschen,
laß uns beide glücklich sein!

Einfach fabelhaft, dachte auch der Direktor des Apollo-Theaters und machte den jungen Mann zum musikalischen Chef seines Institutes. Das »Apollo« lag in der südlichen Friedrichstraße und galt als sogenanntes »Spezialitäten-Theater«, wie man damals die Varietés nannte. Auf und über seinen Brettern tummelten sich Kunstjodler, Luftspringer, Hundedresseure, Tenöre und Tandems. Jede Nummer mußte mit einem anderen Musikstück begleitet werden, das ein anderes Tempo, eine andere Lautstärke und andere Einsätze verlangte. Jede Nummer wechselte nach vierzehn Tagen und machte einer neuen Attraktion Platz, mit neuer Musik, neuen Tempi, neuen Lautstärken und Einsätzen. Das Brot eines Varietékapellmeisters ist deshalb kein leichtes Brot. Paul Lincke mußte aufpassen wie ein Vorstehhund, sonst war die Nummer geschmissen: Ein verspäteter Trommelwirbel zum Beispiel konnte den kopfunter im Gebiß seines Partners hängenden Jongleur zur Weißglut bringen. Dieser Lincke aber schien Nerven wie Klavierdrähte zu haben. Bei ihm gab es keine Pannen. Er konnte einfach alles. Wurde ein Komiker krank, so ließ er sich schminken und übernahm die Rolle. Brauchte ein Sänger ein neues Chanson, so setzte er sich in die Garderobe und schrieb ihm eins. Er komponierte Operetteneinakter und Zwischenaktmusik. Eines Tages aber gab es diesen Wunderknaben nicht mehr. Im Juli 1897 meldete die Pariser Zeitung »Figaro«: »Monsieur Paul Lincke est définitivement engagé comme chef d'orchestre aux Folies Bergères«. Wenige Wochen später sang Otto Reutter aus Gardelegen, dessen aktuelle Couplets eine Art Barometer des Ruhmes bildeten, mit rollendem R.:

Du dirigierst jetzt in Paris,
reis hin mit Gott, mon cher.
Bloß kauf dir ein Retourbillet
und komm rasch wieder her . . .

Beinahe wäre Lincke sehr schnell wieder nach Hause gekommen. Ein Deutscher als musikalischer Leiter des berühmtesten französischen Revuetheaters — das kam einer nationalen Schande gleich; ein Deutscher, der seine Ähnlichkeit mit »le Kaiser« noch betonte —

das war eine offene Provokation. Die Boulevardblätter sprachen von einer »germanisation de Paris« und verglichen Linckes Orchester mit einem verkappten Bataillon von Preußen (Lincke hatte sich einige Musiker aus Berlin mitgebracht).

Paul Lincke hatte zuviel Berliner Ruhe, als daß er sich von diesen Attacken aus dem Frack stoßen ließ. Er vergalt Gleiches nicht mit Gleichem, sondern machte den Leuten von der Seine eine Liebeserklärung mit einer neuen Komposition, dem Folies-Bergères-Marsch. Da er außerdem gut Französisch sprach, was man dortzulande bei einem Ausländer hoch bewertet, wandelte sich Antipathie schnell in Sympathie. Das Herz der Pariser gewann er vollends durch einen Skandal, eher ein Skandälchen, dessen Ursache er bildete.

Der Anna Müller-Lincke, die in Berlin geblieben war, hatte man hinterbracht, daß ihr Paul daranging, einen neuen französischen Landesrekord im Seitensprung aufzustellen. Vor Eifersucht schäumend, fuhr sie an die Seine, setzte sich unerkannt in die erste Reihe der Folies, und als Monsieur Lincke beim Schlußakkord die Arme hob, somit also hilflos war, sprang sie aufs Pult und knallte ihm zwei. Paule klopfte gelassen ab, entschuldigte sich mit einer galanten Verbeugung wegen der »kleinen Störung« und dirigierte weiter — vom Beifall umtost. Das Geräusch der Ohrfeigen aber bedeutete auch den Schlußakkord für eine Ehe, die seit Anbeginn von Dissonanzen begleitet war.

In der Liebe hat Paul Lincke nie das Glück gefunden wie in der Musik. Die junge Sängerin Ellen Souza, die er in einem Theaterchen an der Chausseestraße entdeckt, ausbilden läßt und der er zu einer glanzvollen Karriere verhilft, trennt sich von ihm, als er von ihr verlangt, nicht mehr »Frau Luna«, sondern nur noch Frau Lincke zu sein. Lincke ist so maßlos enttäuscht, daß er seinen eigenen Sohn nicht anerkennen will (der wird sich später trotzdem, nachdem seine Mutter den Großindustriellen Heller geheiratet hat, Paul Lincke-Heller nennen). Die Soubrette Lilly Fricke, deren Ausbildung er vom fünfzehnten bis zum achtzehnten Lebensjahr bezahlt, verläßt ihn eines Nachts in Nizza, weil er sie *nicht* zur Frau Lincke machen will.

Nach zwei Spielzeiten kehrte Paul Lincke von der Seine zur Spree zurück. Direktor Ziegra vom Apollo-Theater empfing ihn händeringend: sein Laden ging nicht mehr.

»Ich brauche«, sagte er im bombastischen Stil der Gründerjahre,

»etwas nie Dagewesenes, Phänomenales, Exklusiv-Kolossales, lieber Paule! Ich brauche eine Operette, die unsere Zeit widerspiegelt: den ungeheueren Straßenverkehr am Potsdamer Platz, die Velociped fahrende höhere Tochter, den Blaustrumpf, der sich auf den Universitäten prostituieren will, die Bauern aus Schöneberg, die durch ihre Äcker zu Millionären wurden, das Automobil des Herrn Daimler, die Schreibmaschine schreibenden Privatsekretärinnen und den Phonographen des Mister Edison; und vor allen Dingen diese total verrückten Aeronautiker, diesen Lilienthal aus Lichterfelde, der sich gerade den Hals gebrochen hat, und den verrückten Jrafen, den Zeppelin, der ihn sich noch brechen will.«

Lincke stieg mit seinem Freund Bolten-Baeckers in den Weinkeller von Lutter und Wegner hinab und hielt Kriegsrat. B. B. war ein Sachse und entsprechend helle. Er hatte das Licht der Welt in Chemnitz erblickt, was er zwar für ein Unglück, doch nicht für eine Schande hielt. B. B. entsann sich sofort der Worte des preußischen Kriegsministers Roon, der Pläne wie die des Grafen Zeppelin als »Operettenidee« abgetan hatte. Einen besseren Tip hätte der gar nicht geben können.

Im Frühjahr 1899, neun Monate, bevor die Berliner mit einem mörderischen Feuerwerk das zwanzigste Jahrhundert begrüßten, entstieg »Frau Luna«, eine »burlesk-phantastische Ausstattungs-Operette mit Tanz in zwei Abteilungen«, der Wiege des Apollo-Theaters. Der Erfolg war derart, daß er mit den einschlägigen Superlativen des Theater-Rotwelsches nicht wiederzugeben ist. Bereits in der ersten Serie erzielte sie über 600 Aufführungen. Kein Hinterhof, auf dem nicht schaurig hallend die Klage um den »Theophil« ertönte; kein Tanzetablissement, in dem der Kavalier seine Dame nicht anschmachtete, ihm doch ein »kleines bißchen Liebe, Liebe« zu schenken; kein Börsianer, der nicht bei passender Gelegenheit von den »Schlössern, die im Monde liegen« trällerte; kein professioneller Stimmungsmacher, der seinem Publikum nicht zurief, »den Kopf nicht hängen« zu lassen.

Was war die Ursache für die geradezu explosive Wirkung der Operette »Frau Luna«?

Da war einmal das Libretto. Seine Handlung war zwar von dem gleichen milden Schwachsinn durchtränkt wie die der Wiener Operetten, der Stoff aber, der war modern, war hochaktuell: eine Reise zum Mond, ausgeführt mit einem lenkbaren Luftschiff! Und die Besatzung des Luftschiffes bestand aus Berlinern: dem Mechaniker Fritz Steppke, der Pusebachen, seiner Hauswirtin; den Herren Lämmermeyer und Pannecke und dem Mariechen. Das waren Leute wie du und ich, Leute, mit denen das Publikum mitleben und mitleiden konnte. Mit Steppke hatte der Textdichter Bolten-Baeckers einen Haupttreffer gezogen. Hier stand endlich jener Typ des fixen Berliner Jungen auf den Brettern, wie ihn das reichshauptstädtische Berlin geprägt hatte.

Und da waren Linckes Melodien! Sie waren Schlager in des Wortes ursprünglicher Bedeutung: sie *schlugen,* sie prügelten den unmusikalischsten Zuhörer so lange, bis er ihnen erlegen war. Primitiv gebaut seien diese Melodien, nörgelte die Musikkritik, nicht zu vergleichen mit der kunstvollen Gliederung des Wiener Operetten-Walzers, der Tonumfang mäßig und die Refrains mit ihren vier Textzeilen, die ständig wiederholt wurden, mehr als billig. Rein akademisch gesehen, hatte die Musikkritik recht, aber sie verkannte, daß diese Melodien so und nicht anders sein durften, daß hier zum erstenmal das Wesen Berlins seinen musikalischen Ausdruck gefunden hatte. Hier sang und klang, hier pfiff und trommelte, hier jubelte und trubelte das Herz Berlins: mit seinem Witz und seiner Banalität, seinem Kleinbürgertum und seinem Anspruch auf Weltgeltung, seiner Sentimentalität und Schnoddrigkeit, seinem Kohlgeruch und Parfümhauch. Hier war jene diskrepante Mischung, wie sie nur eine Stadt hervorbringen konnte, die aus kleinen Verhältnissen stammte und sich bemühte, das vergessen zu machen.

Daß die Schaffensjahre eines Komponisten doppelt schnell enteilen, sagte sich Paul Lincke schon als Mittdreißiger. Als Richard Strauß deshalb die deutschen Komponisten aufrief, sich zum Schutz ihrer Urheberrechte zusammenzuschließen, war Lincke sofort dabei. Er hatte es nicht vergessen, daß man ihm für seinen Bestseller »Wenn die Blätter leise rauschen« eine einmalige Abfindung in Höhe von 150 Mark gezahlt hatte. Die Forderung, die die Vorkämpfer der heutigen Gema (der »Gesellschaft für musikalische Aufführungs- und mechanische Vervielfältigungsrechte«) stellten, klang allerdings ungeheuerlich: jeder Komponist sollte eine Kleinigkeit abkriegen, wenn irgendwo in der Öffentlichkeit seine Werke gespielt wurden. Ein mißtönendes Hohngelächter antwortete den größenwahnsinnig gewordenen Musikanten. Die Orchester fragten verstimmt, warum sie einem Manne, dessen Lieder sie zu *seinem*

Ruhme verbreiteten, noch dafür bezahlen sollten. Die Tanzbudiker, die mit der Musik eine Menge Kies machten, tippten sich mit dem Zeigefinger an die Stirn. Man beschloß, die Mitglieder der Urheberrechtsbewegung zu boykottieren und ihre Stücke so lange nicht zu spielen, bis sie wieder zur Vernunft gekommen waren. Die jahrelangen Kämpfe, die sogar in den Reichstag übergriffen, endeten schließlich mit dem Sieg der Musiker. Dem geschäftstüchtigen Paul genügte dieser Sieg nicht. Er beschloß, seine selbstgezogenen Früchte in Zukunft auch selbst zu verkaufen. Zusammen mit einem Musikalienhändler gründete er einen Verlag, den er sinnigerweise »Apollo-Verlag« nannte. Auf diese Art kam Lincke in jungen Jahren zu einem ansehnlichen Vermögen. Dabei hatte er den Höhepunkt seiner Karriere noch nicht erreicht.

Nicht weit vom Apollo-Theater lag ein anderes großes Amüsiertheater Berlins, das Metropol. Die Gebrüder Ronacher aus Wien hatten es im geschwollenen Neubarock in der Behrenstraße Nr. 55/57 errichten lassen. Trotz der unvergleichlichen Atmosphäre, die die Architekten mit hineingebaut hatten, saß bald der Pleitegeier auf dem Giebel. Erst der dritte Besitzer, ein Herr Schulz, brachte das Glück ins Haus. Er veranstaltete pompöse Ausstattungsrevuen, die sich durch Berliner Witz und Pariser Chic auszeichneten. Er hatte die feine Nase, in Wien eine blutjunge Schauspielerin für drei Jahre zu engagieren, die bald so populär werden sollte, daß man eine Zigarette nach ihr benannte. Es war Fritzi Massary, die »Frau von Format«. Ihre Kunst adelte die albernsten Schnulzen, vor ihr kapitulierten die grimmigsten Operettenfeinde. Neben ihr stand Josef Giampietro, ein Charmeur von Gottes Gnaden: Reiterfijur, Monokel und Stöckchen, herrlich blasiert, gekonnt versnobt. Eine Premiere im Metropol versäumt zu haben gehörte in Berlin bald zu den sieben gesellschaftlichen Todsünden. Provinzler konnten sich allenfalls das Pergamonmuseum schenken, wenn sie die Hauptstadt besuchten, von der Metropol-Revue aber mußten sie zu Hause erzählen. Das kam gleich nach: »Wir haben den Kaiser gesehen!« Im ersten Rang saß die animierte Creme de la creme, schlürfte Heidsieck-Schampus aus den Stöckelschuhen der Lebedamen und fand es grandios, wenn ein russischer Großfürst wieder mal eine leere Pulle in die venezianischen Wandspiegel schmetterte. Im »Promenoir«, wie der Umgang hinter den Logen hieß, ließ man sich sehen, um gesehen zu werden. Offiziere natürlich in Zivil. S. M. persönlich verknackten einmal den Kronprinzen zu vier Wochen Stubenarrest, als S. M. hinterbracht wurde, sein Ältester sei in der Behrenstraße gesehen worden.

In dieses Theater wurde nun Paul Lincke berufen. Er kam nicht allein, er brachte seinen Freund mit, den kugelig-komischen Guido Thielscher, der als »Charleys Tante« so umwerfend agiert hatte, daß der Hof ihn ins Neue Palais nach Potsdam einlud. Im Metropol war man sehr, sehr anspruchsvoll und erwartete sehr, sehr viel von dem neuen Kapellmeister. Paule aber dachte: »Bloß nicht imponieren lassen!«, setzte sich hin und schrieb die Musik zu einer »Großen humoristisch-satyrischen Ausstattungsrevue in acht Bildern mit Gesang und Balletts«. Mit dem »satyrisch« waren die kabarettistischen Seitenhiebe gemeint, die man gegen die Sozis führte und gegen die U-Bahn-Buddelei, gegen die Seuche des Diabolospiels und die gestiegenen Preise der Droschken erster Güte, gegen die Parzellierung des Grunewalds und die Rollschuhläuferinnen, die »Rollmöpse«. Zwischendurch wurde man sehr patriotisch und ließ in einem blutigernsten Intermezzo die kugelzerfetzten Fahnen von Gravelotte wehen. Doch gleich danach zog sich wieder eine Dame aus. Das war für den Beschauer enorm spannend, denn es dauerte lange: ein paar Dutzend Haken, Bänder, Ösen, Knöpfe, Spangen, Kämme, Nadeln, falsche Haare, Drahtwülste und fischbeinerne Stangen mußten gelöst werden, ehe die vorletzte Hülle gefallen war. Zur letzten kam es selbstverständlich nicht. Man war bei allem locker verruchten Gehabe relativ sittenstreng und spürte bereits ein pikantes Frösteln, wenn die vier Desmond-Schülerinnen nach den Klängen einer Gavotte ihre schwarzen Seidenstrümpfe einmal heraufrollten und einmal hinunter, einmal herauf und einmal hinunter. Die Revue hieß »Donnerwetter — tadellos!«, und so lautete auch der Titel des Hauptschlagers. Julius Freund hatte den Text geschrieben, der von einem normalen Schlagertext so weit entfernt war wie ein Werk der Weltliteratur vom Groschenheft. Das war klassische politische Satire, wie man sie sonst nur aus den Zeichnungen im »Simplizissimus« kannte. Jardeoffizier Giampietro brachte es in seiner so oft kopierten und nie erreichten Manier:

Garde meist sehr exklusiv,
Von feudalem Geist,
Sieht auf Bürgerpack nur schief,

Weil der Grundsatz heißt:
»Adelsprädikat bezweckt,
Daß kein Plebs uns naht,
Völlig wertlos so'n Subjekt
Ohne Prädikat!«

Besteigen wir keck die Schabracken,
Da geben wir allen was vor —
Man kennt die Manöverattacken
Der Jungens vom Garde du Corps!
Donnerwetter, Donnerwetter, wir sind Kerle!
Bei Kritik sagt Majestät: Famos, famos!
Donnerwetter, jeder einzelne 'ne Perle!
Also wirklich: Donnerwetter, tadellos!

Hoppegarten! Die Armee!
Kurzes Stoßgebet —
Weil für Ruhm und Port'monnaie
Viel am Spiele steht!
Nervige Hand den Gaul verhält —
Leistung kolossal!
Bis das ganze andere Feld
Ausgepumpt total!

Dann geben wir plötzlich die Hacken
Und gehn wie der Wirbelwind vor —
Man kennt die Rennplatzattacken
Der Jungens vom Garde du Corps!
Donnerwetter, Donnerwetter, wir sind Kerle!
Holen uns im Sattel Renommee und Moos!
Donnerwetter, jeder einzelne 'ne Perle!
Also wirklich: Donnerwetter, tadellos!

In der schneid'gen Uniform
Knappheit prononciert!
In der Haltung, in der Form
Schlappheit zart markiert!
Schultern etwas vorgehängt,
Ein Parfum am Leib,

Das pikant zusammendrängt
Stall und Sekt und Weib!

Der Teufel sitzt uns im Nacken,
Die Weiber leihn uns ihr Ohr —
Man kennt die Liebesattacken
Der Jungens vom Garde du Corps!
Donnerwetter, Donnerwetter, wir sind Kerle!
Frauenandrang manchmal geradezu grandios!
Donnerwetter, jeder einzelne 'ne Perle!
Also wirklich: Donnerwetter, tadellos!

Paul Lincke bestand auch vor der verwöhnten Gemeinde des Metropol-Theaters. Seine Popularität überstrahlte bald den Glanz der großen Stars. Es verging keine Premiere, ohne daß man ihm einen Lorbeerkranz auf die Schultern legte, kein Abend ohne überdimensionale Blumenkörbe. Im Sommer unternahm er seine Triumphzüge durch Deutschland und Europa. Er dirigierte im Breslauer Konzerthaus, im Leipziger Kristallpalast, im Palmengarten zu Frankfurt am Main, in der Londoner Queen's-Hall, im Pariser Olympia-Theater und am dänischen Königshof. Bei der Ankunft in New York stürmten die Reporter die Kabine seines Schiffes. Auf der Tournee durch Italien spielte jeder bessere Straßenmusikant die »Gavotta delle lucciole«, das Glühwürmchen-Idyll. Ein Lied, das in Budapest »János-bogárka, csak csillogj, csillogj« hieß und in Rumänien »Idila licuriciliui«. Im Kölner »Domhotel« enthüllte man in dem Zimmer, in dem Lincke die Glühwürmchen erschaffen hatte, eine Gedenktafel.

Der musikalische Erfolg im Ausland wurde ergänzt durch die glänzende Figur, die dieser Mann machte. Er entsprach so gar nicht den landesüblichen Vorstellungen vom Rucksackdeutschen. Paul Lincke, der Sohn der abgehetzten Weißnäherin vom Berliner Kreuzberg, bewegte sich auf allen Parketten mit gelassener Sicherheit. Ein Gentleman, dessen Eleganz mit der des bestangezogenen Mannes Deutschlands, des Kronprinzen, wetteiferte. Er war eitel wie die meisten Operettenkomponisten seiner Generation, doch nicht so eitel wie einer seiner Kollegen, der sich sogar verbeugt haben soll, wenn der Regen gegen die Fensterscheiben *klatschte*. Selbst an engere Freunde verschickte er Postkarten mit seinem Bild. Das Ordenskettchen am Revers wurde im Laufe der Jahre immer länger, und auf den persischen Löwen- und Sonnenorden war er mächtig stolz. Er trug lilafarbene und mitternachtsblaue Fräcke und dirigierte mit blütenweißen Glacéhandschuhen. Diese Handschuhe zog er auch nicht aus, als er im Königlichen Schloß zu Berlin den Coupletsänger Otto Reutter am Flügel begleitete. Doch gehörte er nicht zu den Pulttenören, die ihre Verwandtschaft mit den Titanen durch allerlei genialische Taktstock-Mätzchen zu unterstreichen pflegen.

Der »feine Paul« zeigte bei jeder Gelegenheit, daß er dem Grundsatz anhing »leben und leben lassen«. Er gab sein Geld mit vollen Händen aus und war freigebig bis zur Dummheit. In Not geratenen Musikern half er großzügig, weil er am eigenen Leib erfahren hatte, wie weh Hunger tun kann. Nie vergaß er, woher er gekommen war: bei den Premieren saß Mutter im Schwarzseidenen vorn in der ersten Reihe, und Paul winkte ihr zu, wenn er mit elastischen Schritten das Podium erstieg. Lincke war oft Gast in den Feinschmecker-Oasen von Dressel und Hiller Unter den Linden, wo er meist in Begleitung einer schönen Frau auftrat, doch im Grunde seines Herzens war er ein Kleinbürger geblieben. Am wohlsten fühlte er sich in einer Berliner Kneipe bei 'ner Molle mit 'nem Korn und am Kartentisch. Kenner behaupten, daß er der ausgekochteste Skatspieler Berlins gewesen sei. Am liebsten spielte er mit Richard Strauß und Siegfried Translateur, dem Komponisten des sogenannten Sportpalastwalzers, weil die »am wenigsten dazwischenquatschten«. Strauß schrieb ihm mal aus Garmisch einen Brief, in dem er haarklein nachwies, daß die letzte Skatrechnung einen Rechenfehler enthalte, er deshalb eine Nachforderung in Höhe von 3,80 Mark erhebe.

Paul Lincke gehörte zu den populärsten Persönlichkeiten in Deutschland, er war im Ausland des Reiches bester Botschafter, er hatte den Berlinern mit seinem Marsch »Das ist die Berliner Luft, Luft, Luft« eine Art Nationalhymne geschrieben, doch bei Hofe schien er nicht in Gnade zu stehen. Vielleicht wegen des Donnerwetterliedes. Das Gesuch, das einige führende Musiker an den Kaiser richteten, den Komponisten Paul Lincke wegen seiner Verdienste zum Hofballmusikdirektor zu machen, wurde abschlägig beschieden.

Der erste Weltkrieg brach herein, und als er nach vier grauen Jahren zu Ende war, da schien es auch mit der Musik Paul Linckes zu Ende zu gehen. Man trug nicht mehr Operettenseligkeit, man zog sich dolchspitze Schuhe an, schnitt sich, sofern man zur Weiblichkeit gehörte, die Haare ab und die Röcke kurz und ging in die nächste »American Bar«, um dort nach einer neuartigen, nervensägenden, alle Freudsche Triebdynamik entfachenden Musik zu tanzen. *Jazz* hieß diese Musik. In den Kellerkneipen der amerikanischen Hafenstadt New Orleans war sie entstanden: als eine Verbindung der geistlichen Gesänge der Neger (Spirituals) und ihrer melancholischen Tanzlieder (Blues) mit den Volksweisen und Märschen der Weißen. Und aus jeder neuen Spielweise des Jazz entstanden nun neue Tänze. Wer sich heute beim Shimmy die Schultergelenke ausgekugelt hatte, mußte bereits morgen seine Fußgelenke beim Charleston vergewaltigen. Der Blackbottom verlangte Katzensprünge und Schlittschuhläuferschritte, der Shuffle Hinkbewegungen, und beim Ballin' the Jack galt es, mit dem Kopf zu wackeln. Was übrigens bald die Tanzlehrer taten, als es nicht aufhören wollte mit den Überseeimporten an Camelwalks, Dixielands, Bigapples, Jitterbugs, Blues, Chikagos, Stomps, Lindy Hops, Sheiks, Jives, Javas, Trudatrotts.

Auch Paul Lincke schüttelte den Kopf, wenn er jetzt abends ausging. Er verstand die Welt nicht mehr, und er erkannte sein altes Berlin nicht wieder. Diese »Original-Niggerjazzbands«, die keine waren, diese Bartrios mit ihren Lärminstrumenten, den Sandbüchsen, Heulblechen, Lotosflöten und Sousaphonen, diese hektischen Schreie aus dem Pseudodschungel. Niemand sang mehr selig beim Tanze: »O Theophil, o Theophil! Du warst mein alles auf der Welt!«, man trällerte frech-zweideutig: »Ausgerechnet Bananen verlangt sie von mir.« »Wer weiß, woher die Liebe stammt und wer den Kuß gelehrt?«, diese kindliche Frage hatte man sich längst abgeschminkt, den jungen Mann von heute interessierte das Problem, warum »sein Papagei keine harten Eier« fresse und wie der »Lippenstift in Krauses Unterbett« gekommen sei. Die junge Dame von Welt zog den Rock beim Shimmy in Schenkelhöhe und stimmte schnoddrig-zynisch in den Refrain ihres Partners ein: »Und willst du nicht die Meine sein — — na schön, denn nich! Und bist du hart wie'n Kieselstein — — na schön, denn nich!«

Altmeister Lincke, dem die Berliner so viele »Ohrwürmer« verdankten, zog sich auf sein Altenteil zurück: in die Oranienstraße Numero 64. Dort hockte er zwischen vergilbten Kränzen, gerahmten Urkunden und Bergen alter Noten, löste Kreuzworträtsel und klimperte gelegentlich auf dem Klavier herum. Wenn es klingelte, dann standen meist zwei Herren vor der Tür, die ihn überreden wollten, die Zeichen der Zeit zu verstehen und endlich auf modern zu machen. Aber Paule antwortete jedesmal: »Ich kann nich auf modern, ich kann nur auf berlinerisch.« Tatsächlich hat es in seinem Leben nie einen Stilwandel gegeben. Er schrieb mit achtzig noch so wie mit achtzehn, und wer in seinem Kompositionsverzeichnis einen Tango oder einen Foxtrott sucht, der wird vergeblich suchen. Im übrigen sagte er sich, daß er warten könne und der ganze Jazzklimbim sich bald überlebt haben werde. Das aber war ein Irrtum. Zwar flackerte das Interesse an seiner Musik immer wieder auf. Besonders der Rundfunk, diese nagelneue Erfindung, sorgte dafür, daß seine ollen Kamellen nicht völlig verschimmelten. Doch zu einer Lincke-Renaissance kam es erst im Jahre 1933.

Die neuen Machthaber suchten dringend nach lebensfroher Musik, die imstande war, Kraft durch Freude zu vermitteln. Die Herren Fall, Kalman, Abraham, Holländer und Gilbert hätten zwar damit dienen können, doch wiesen sie leider einen untilgbaren Mangel auf: die nichtarische Großmutter. Dieser Lincke aber war gottlob ein »Arier«. Und sie spielten ihn, und sie feierten ihn! Allein die Operette »Frau Luna« erlebte innerhalb weniger Jahre über 4000 Aufführungen. Lincke ließ es sich gern gefallen. Er war, was man von so vielen Künstlern, ob nun zu Recht oder zu Unrecht, als Entschuldigung anführt, »völlig unpolitisch« und freute sich, daß man ihn der Vergessenheit entriß. Seine berlinische Skepsis verließ ihn allerdings nicht. Zu seinem 70. Geburtstag nahm er zwar diesen grausamen »Ehrentaktstock« aus Elfenbein und Gold entgegen, der ihm im Namen der Reichsregierung überreicht wurde, aber er protestierte mit Erfolg gegen eine »Paul-Lincke-Straße«. Er ließ sich zum Ehrenbürger der Stadt Berlin machen (womit in erster Linie der Anspruch auf eine kostenfreie Beerdigung verbunden ist), wurde aber fuchsteufelswild, wenn ihn jemand mit seinem Professorentitel anredete. Am 7. November 1941, an seinem 75. Geburtstag, dirigierte er im Theater des Volkes einige seiner Evergreens. Zwei Jahre später folgte er einer Einladung des Stadttheaters von Marienbad.

Und er verließ Berlin, um es nie wieder zu sehen . . .

Quellenhinweise

Das Gedicht »Erinnerungen« von Robert Gilbert (Seite wurde seinem Gedichtband »Meckern ist wichtig, nett sein kann jeder«, erschienen im Lothar Blanvalet Verlag, Berlin, mit dessen freundlicher Genehmigung entnommen.

Für das Kapitel »Der Verteidiger hat das Wort« diente als Hauptquelle das Memoirenwerk »Ich beantrage Freispruch. Aus den Erinnerungen des Strafverteidigers Prof. Dr. Dr. Erich Frey«, Blüchert Verlag, Hamburg (1959).

Die Gedichte und Textstellen von Kurt Tucholsky wurden mit der freundlichen Genehmigung des Rowohlt Verlag, Reinbeck, aufgenommen. Seite 15, Ges. Werke Bd. I, S. 922; Seite 110/111 Ges. Werke Bd. III, S. 176; Seite 152 Ges. Werke Bd. II, S. 53; Seite 155 Ges. Werke Bd. II, S. 395; Seite 159/160 Ges. Werke Bd. III, S. 138.)

Bitte beachten Sie
die folgenden Seiten:

Hans Joachim Kulenkampffs höchst-vergnügliche Anekdoten-sammlung

Ullstein Buch 2912

Die Freunde Hans Joachim Kulenkampffs wissen: »Kuli« hat eine ganze Truhe voller Anekdoten, Notizen, Manuskriptseiten und Zeitungsblätter.
Diesen Schatz hat er hier unter die Leute gebracht; als eines der Bücher, die man nicht nur liest – in einem Zug und ohne aufzuhören, sondern auch gern besitzt und gern verschenkt.
Filmleute, Schriftsteller und Komponisten, gelernte Generäle und Soldaten unterliegen »Kulis« Witz.
Und selbst die erlauchten Eminenzen, wie Ihre Heiligkeiten, die Päpste, schmunzeln mit . . .

ein Ullstein Buch

Carl Brinitzer

Bacchus, Gambrinus und Co.

Eine nüchterne Geschichte des menschlich-unmenschlichen Durstes

Ullstein Buch 2879

ein Ullstein Buch

»Der Säufer und der Abstinenzler sind nicht nur beide im Irrtum, sondern sie begehen beide denselben Irrtum: Beide sehen den Wein als betäubenden Trank und nicht als Getränk.« Dieser Ausspruch Gilbert K. Chestertons könnte als Motto und Auftakt über diesem Streifzug durch die Kulturgeschichte des Trinkens und der Getränke stehen.

Heiterkeit in Dur und Moll

Deutscher Humor gesammelt von Erich Kästner

Band 1
Ullstein Buch 2900
Band 2
Ullstein Buch 2921
Band 3
Ullstein Buch 2954

ein Ullstein Buch

Deutscher Humor aus den vergangenen sieben Jahrzehnten, die keineswegs nur zum Lachen waren.
»Es gibt tatsächlich kein ernsteres Thema als die Heiterkeit! Ich soll mich ja nicht an die Schreibmaschine setzen und herzlich lachen. Sondern ich soll übers Lachen nachdenken und darüber schreiben. Das gehört zu den ernstesten Sachen der Welt.«
Erich Kästner